BASTEI
LÜBBE

KARL WITOPIL

DAS EWIGE LEBEN

BASTEI
LÜBBE

BASTEI LÜBBE TASCHENBUCH
Band 12653

Bastei Lübbe Taschenbücher ist ein Imprint
der Verlagsgruppe Lübbe

Originalausgabe

Umschlaggestaltung: Eigenproduktion
Aslan Arzneimittel GmbH
Titelbild und Abbildungen des Innenteils:
Aslan Arzneimittel GmbH
Gesamtherstellung: Ebner & Spiegel, Ulm
Printed in Germany
ISBN 3-404-12653-X

Sie finden uns im Internet unter
www.luebbe.de

Der Preis dieses Bandes versteht sich einschließlich
der gesetzlichen Mehrwertsteuer.

Prolog

»Sie heißen?« Der Uniformierte verzog keine Miene. Die Stimme war leise und ausdruckslos – weder befehlend noch freundlich.

»Sie wissen ganz genau, wie ich heiße!«

Ihr war bewußt, daß ihre Antwort viel zu schnell gekommen war. Wo blieb ihr Selbstbewußtsein? Das leichte Grauen, das Gefühl hilflosen Ausgeliefertseins, wurde stärker. O Gott, dachte sie, bitte laß mich das überstehen.

»Sie heißen?« wiederholte der Major ungerührt. Sein leerer Blick fixierte die Schreibtischplatte.

»Sie wissen genau, wie ich heiße! Ich bin Professor Aslan. Generaldirektorin des nationalen Institutes für Geriatrie und Gerontologie.« Sie merkte, daß ihre Stimme Panik verriet. »Ich wünsche augenblicklich eine Erklärung für ihr ungeheuerliches Vergehen!«

»Professor Doktor med., Doktor rer. nat. Aslan, geboren am 1. Januar 1897, wohnhaft in Bukarest?« erkundigte sich der Uniformierte, ohne den Blick zu heben.

»Ja, Ana Aslan«, antwortete sie tonlos – die Angst nahm ihr jede Energie.

»Mitglied der Akademie von Rumänien und mehrfach ausgezeichnete Heldin der sozialistischen Arbeit?«

Die Mutlosigkeit überfiel sie wie eine alles unter sich begrabende Springflut. Sie hatte das Spiel verloren. Ganz am Ende mußte sie sich doch noch geschlagen geben. Sie nickte stumm. Sie wußte genau, in welches Gebäude man sie gebracht hatte. Sie wußte, daß sie in einem Verhörzimmer der Securitate, der berüchtigten rumänischen Geheimpolizei, saß. Wie viele Menschen mochten in diesem Raum schon brutalen Verhören unterzogen worden sein? Welches Leid, von dem niemand je erfahren würde, war in diesem Raum schon geschehen?

Ana Aslan wäre nie auf den Gedanken gekommen, daß es auch einmal sie selbst treffen könnte. Natürlich wußte sie, daß wissenschaftliche Kollegen, auch Mitarbeiter ihres Krankenhauses, abgeholt und nie wieder zurückgebracht worden waren. Aber sie selbst, die weltberühmte Ärztin und Forscherin, in den tödlichen Fängen der Securitate?

»Sie wissen, warum wir Sie hierher gebracht haben?« Zum erstenmal blickte ihr Gegenüber auf. Sie sah in eiskalte graue Augen und in ein versteinertes glattrasiertes Gesicht, dem jede Emotion fremd zu sein schien.

Wie ein Bienenschwarm schwirrten ihr die Gedanken durch den Kopf: die Fluchtvorbereitung, ihre unglaubliche Entdeckung, die Formel, die die Welt verändern könnte. Aber sie war unfähig, sich auf einen dieser Gedanken zu konzentrieren. Ihr wurde übel vor Angst.

Die Stimme des Vernehmungsoffiziers wurde um eine Nuance aggressiver: »Frau Professor! Meine Eltern haben mich gelehrt, Ehrfurcht vor dem Alter zu haben. An diesen Grundsatz habe ich mich immer gehalten. Sie sind eine Frau von einundneunzig Jahren. Sie könnten meine Großmutter sein. Bitte, zwingen Sie mich nicht zur Anwendung von Methoden, die ich aus tiefster Seele verabscheue. Frau Professor, was verbergen Sie uns?«

Sie öffnete den Mund, um ihm zu sagen, daß sie keine Ahnung habe, wovon er überhaupt sprach, besann sich aber eines anderen. Es war sinnlos. Statt einer Antwort erhob sie sich. Ein paar Schritte nur, etwas Bewegung, würde ihr jetzt gut tun.

Wortlos durchmaß sie den karg, nur mit einem Metallschreibtisch, altmodischen Bürostühlen aus Holz und einer Untersuchungsliege ausgestatteten Raum. Der Major schwieg, lehnte mit verschränkten Armen am Schreibtisch und beobachtete sie.

Zehn Schritte hin, zehn Schritte zurück. Die Minuten vergingen in absoluter Stille, sie hörte kaum das Geräusch ihrer eigenen Schritte. Ein Ausweg – sie brauchte jetzt unbedingt einen klaren Gedanken!

Plötzlich und ohne jede Vorwarnung schlug der Securitateoffizier zu. Seine flache Hand traf sie im Gesicht. Die betagte Wissenschaftlerin schwankte, konnte sich aber gerade noch an einem der schweren Besucherstühle festhalten. Sofort setzte sie sich hin. Sie fühlte, daß Blut aus ihrem Mund tropfte. Schmerzen hatte sie keine. Sie suchte nach einem Taschentuch, aber man hatte ihr alles genommen.

Sie wußte jetzt, daß dies das Ende war, daß sie dieses Gebäude nicht mehr lebend verlassen würde. Auf einmal war ihre Angst verflogen und einer tiefen, hoffnungslosen Traurigkeit gewichen. Sie hatte den Tod und das Altern verzögert, das wußte sie bestimmt. Sie hatte die Formel entdeckt, die diese Welt verändern konnte, wenn sie in die richtigen Hände gelangte.

»Frau Professor! Was ist mit den Laborratten der Population C34?« Merkwürdig dumpf, wie durch einen Wattenebel, hörte sie die Stimme ihres Vernehmungsoffiziers: »Warum sterben diese Ratten nicht? Was verheimlichen Sie uns?«

»O Michael«, dachte sie, »mein geliebter, mein einzig geliebter Michael. Wie gern hätte ich es dir gebracht, mein Geliebter, das Leben, das ewige Leben.«

Die Stimme des Majors war jetzt nah an ihrem Ohr; sie fühlte seinen warmen Atem in ihrem Nacken: »Frau Professor! Was verheimlichen Sie uns? Warum sterben diese verdammten Ratten nicht?«

1

Das Ferngespräch war nach endlosen Tagen des Wartens doch noch zustande gekommen: eine knisternde, rauschende Sonderleitung, geschaltet über die Fernmeldezentrale des deutschen Oberkommandos in Hermannstadt. Sie kannte Alexandru, den jungen Botschaftssekretär, mit dem sie sprach, von ihrem Besuch in Berlin. Er war Michaels Freund. Ein enger Freund sogar. Und gerade deshalb hatte sie der verzweifelte Unterton in seiner Stimme mißtrauisch – oder vielleicht eher ängstlich – gemacht.

Der Entschluß, für ein paar Tage nach Berlin zu reisen, war, noch ehe sie den Telefonhörer wieder aufgelegt hatte, gefaßt.

Obwohl die in Rumänien stationierten deutschen Soldaten mit jedem Tag nervöser zu werden schienen (die Alliierten hatten bereits halb Frankreich besetzt, und auch in Rußland mußten die Frontlinien immer schneller zurückweichen), hatte der zuständige Kommandostab der deutschen Wehrmacht in Bukarest problemlos ihre Bahnfahrkarte abgestempelt und ihr das erforderliche Einreisevisum gegeben. Noch gehörte das kleine Königreich Rumänien zu den Verbündeten Großdeutschlands.

Sie konnte nicht glauben, daß wichtige »Staatsgeschäfte« Michael davon abhielten, persönlich mit ihr zu sprechen. Sie wollte sich selbst überzeugen, daß er durch dringende Angelegenheiten verhindert war und nicht etwa wegen einer anderen Frau . . . Diesen Verdacht wollte sie lieber erst gar nicht aufkommen lassen.

Was war nur mit Michael?

Bis auf die oft wiederholte Bitte, ihn wegen der vielen gefährlichen Bombenangriffe nicht in Berlin zu besuchen, waren seine Briefe so zärtlich und liebevoll wie immer. Die rätselhafte Hautkrankheit, über die er vor ungefähr einem Jahr in amüsanter Art zu berichten wußte – weil Du nicht da bist, fallen mir jetzt schon die Haare aus, mein Liebling! –, hatte er lange schon nicht mehr erwähnt.

Jetzt würde sie ihn doch mit einem Besuch überraschen. Sie hatte sich fest vorgenommen, notfalls um Michael zu kämpfen. Freiwillig jedenfalls würde sie diese Liebe nicht aufgeben. Sie hatte schon zu lange gewartet und ihr Recht auf Zärtlichkeit und Nähe und Liebe Studium und Beruf untergeordnet.

Damals, als ihr Michael auf dem Neujahrsempfang des Grafen Danilew vorgestellt worden war, hatte sie gerade die leidenschaftslose Verlobung mit Daniel gelöst, sie hatte nicht einmal geweint. Später behauptete sie, Michael habe nur ihr Interesse geweckt, weil er sie zum Tanzen aufgefordert hatte, aber das entsprach keineswegs der Wahrheit.

Michael hatte auf Anhieb ihre Aufmerksamkeit geweckt. Schon als er hereinkam und der Gräfin nonchalant die Hand geküßt hatte (diese lächelnden, ironischen Augen), war ihr warm ums Herz geworden, und sie hatte das merkwürdige Gefühl, ihn schon lange zu kennen, schon bevor sie auf die Welt gekommen war, mit ihm zusammen gewesen zu sein.

Michael Nicuta-Newana war zweiundfünfzig Jahre alt und nach seinem Ausscheiden als Rittmeister der königlich-rumänischen Kavallerie in den diplomatischen Dienst getreten – eine Laufbahn, die für jüngere Söhne der Landaristokratie nicht unüblich war. Und Michael war seit über fünf Jahren kinderloser Witwer.

Im Juni 1943 hatte sie ihn schon einmal in Berlin besucht, damals war er gerade zum »Legationsrat Erster Klasse« ernannt worden. Und sie würde diesen nur der Liebe gewidmeten Sommer und den unendlich schmerzhaften Abschied nie vergessen. Seit dieser wunderbaren Zeit wußte sie genau, daß Michael der Mann war, den sie ihr ganzes Leben lang gesucht hatte: die große Liebe ihres Lebens, die sie im August 1944 schon seit über einem Jahr erfüllte.

Der Zug hielt zum wiederholten Mal auf freier Strecke. Das vierte Mal schon, seit sie in Prag umgestiegen war. Verstohlen warf sie einen Blick auf die kleine goldene Armbanduhr, die ihr der Vater vor fast fünfundzwanzig Jahren zum Abitur geschenkt hatte: 18.33 Uhr.

Langsam und doch voll ungeduldiger Nervosität erhob sie sich von ihrem Fensterplatz, um den Grund für den erneuten Aufenthalt zu erfahren. Natürlich wieder Bombenschäden! Deutschland schien langsam, aber sicher unter Schutt und Asche zu versinken.

Das Abteilfenster ließ sich nur schwer öffnen, aber es gelang ihr, und sie beugte sich, so weit es ging, hinaus. Saubere, warme Augustluft umfing sie. Über den weiten abgeernteten Feldern ging die Sonne unter. Sie sah, daß auch aus den anderen Waggons Fahrgäste nach der Ursache des Halts Ausschau hielten.

Etwa in fünfzig Metern Entfernung, dort, wo die im Leertakt stampfende Lokomotive stand, herrschte reges Treiben. Sie erkannte einen schräb neben den Gleisen haltenden Wehrmachts-Lkw und sah durch den weißen Dampfnebel fünfzehn bis zwanzig Männer – offensichtlich Kriegsgefangene –, die damit beschäftigt waren, große Holzbohlen und Schienenstücke von einer Stelle zur anderen zu tragen. Regelmäßige Hammerschläge und Wortfetzen in polnischer und deutscher Sprache waren zu hören. Die Sätze in Deutsch klangen befehlend, kurz und laut.

Diesmal würde es länger dauern.

»Bitte machen Sie doch das Fenster wieder zu, Fräulein, es zieht!« Die korpulente Dame, die das Erster-Klasse-Abteil zusammen mit den beiden Luftwaffenleutnants – beide Ritterkreuzträger, der blonde hatte sogar das Eichenlaub dazu – seit dem Zugwechsel in Prag wie eine Festung gegen andere Fahrgäste verteidigt hatte, sah eher schicksalsergeben als ärgerlich von ihrer Lektüre auf. Nur einem einbeinigen alten Stabsfeldwebel, der seine Krücken verschämt unter den Sitzbänken verstaut hatte, war es gelungen, ihr Herz zu erweichen. Er saß in der Ecke des Abteils unmittelbar neben der Schiebetür zum Gang.

Wortlos schloß Ana das Zugfenster und sank mit einem kleinen Seufzer auf ihren Sitz. Gott sei Dank war es wenigstens sauber hier! Der Zug, der sie von Bukarest nach Prag gebracht hatte, war vorher für einen Truppentransport eingesetzt worden und mit Dreck und Abfall übersät gewesen.

Ana Aslan mochte ihre korpulente Mitreisende nicht. Die Art und Weise, wie sie ihr Gepäck – vier große und zwei kleinere, dafür prall gefüllte Koffer – im ganzen Abteil verteilt hatte, war ihr schon negativ aufgefallen. Vielleicht störte sie aber auch nur das aufdringlich wirkende goldrote Parteiabzeichen, das die deutsche Dame wie eine Brosche trug.

»Fräulein!« Es fiel ihr schwer, dieser unangenehmen Vertreterin der arischen Rasse nicht schroff ins Gesicht zu sagen, daß sie es gewohnt war, mit Frau »Doktor« angesprochen zu werden.

Trotz ihres zugegeben außergewöhnlich jugendlichen Aussehens war sie bereits siebenundvierzig Jahre alt. Und sie hatte es geschafft. Seit einem Jahr war sie Chefärztin des Filantropia-Hospitals in Bukarest. Ihr alter Lehrer und Mentor Professor Parhon hatte sie für diese Position empfohlen, und deshalb war sie auch selbstbewußt genug, davon überzeugt zu sein, daß sie die Position auch ohne die unglückliche Tatsache, daß fast alle Ärzte in der Armee dienen mußten, errungen hätte.

Der stehende Zug zischte, von draußen war das Stampfen der leerlaufenden Lok zu hören, Gesprächsfetzen wurden laut, Türen klappten, zwischendurch bellte die hagere bayerische Zugführerin irgendwelche Anweisungen.

Ana Aslan schloß die Augen und sah Michaels lächelndes, immer etwas ironisch blickendes Gesicht vor sich. Seine schönen blauen Augen schauten sie voller Zärtlichkeit an: »Ana, mon Cherie.« Wie immer, wenn sie sich so gegenüberstanden, nahm er ihre Hände und drückte sie sanft. »Auch dieser Krieg dauert nicht ewig, kleine Ana. O Ana, ich liebe dich mehr als mein Leben.« Zärtlich küßte er sie auf den Mund.

Es war ziemlich dunkel, als sie wach wurde, nur die dämmrige Notbeleuchtung schimmerte vom Gang her ins Abteil. Sie brauchte ein paar Minuten, um sich zurechtzufinden. Der Zug fuhr extrem langsam. Neben dem monotonen Fahrgeräusch und dem gedämpften, kaum identifizierbaren Stimmengemurmel in anderen Abteilen, war alles still. Ihr war heiß, und sie hatte einen unangenehmen Geschmack im Mund.

Wie die Landschaft draußen aussah, konnte sie nicht sehen. Die schweren Verdunklungsvorhänge waren zugezogen, um feindliche Flugzeuge davon abzuhalten, den Zug anzugreifen. Ihr gegenüber schnarchte die Parteidame, den Kopf weit nach hinten gelegt. Der einbeinige Feldwebel, an dessen Schulter der blonde, blaugrau uniformierte Ritterkreuzträger lehnte und schlief, schaute sie aus hellwachen Augen schweigend an. Der kleinere der beiden Leutnants hatte das Abteil verlassen. Seine Sachen, Mantel, Mütze und ein vollgestopfter graugrüner Kleidersack, waren noch da.

Sie wollte auf ihre Uhr schauen, aber in der Dunkelheit würde sie das kleine Zifferblatt doch nicht erkennen. Nachdem sie sich durch einen Blick vom Einverständnis des Landsers vergewissert hatte, zog sie den Vorhang vorsichtig ein wenig beiseite und spähte nach draußen. Obwohl tiefe schwarze Nacht herrschte und der Mond durch dunkle Regenwolken verdeckt war, erkannte sie sofort den Grund für die langsame Fahrt. Offensichtlich fuhren sie durch eine Stadt. Aber durch welche Stadt? Unregelmäßige, nachtschwarze Häuserschatten glitten vorbei, hier und da erkannte sie schemenhafte Straßenschluchten. Kein Licht war zu sehen, nur Telegrafenmasten und Signalzeichen. Stand da ein Mensch? Ein Schatten? Unmöglich zu erkennen.

Gebannt starrte sie in die langsam vorbeiziehende, geisterhaft dunkle Stadtlandschaft. Das konnte unmöglich schon Berlin sein! Das leuchtende, reklameglitzernde Vorkriegs-Berlin kannte sie zwar nur aus Journalen, aber auch das Berlin des Sommers 1943 war trotz der scharf kontrollierten Verdunklungsmaßnahmen nie so schwarz gewesen wie diese Totenstadt da draußen. Damals hatte man nachts Autoscheinwerfer aufleuchten sehen, auch wenn diese bis auf kleine Schlitze zugeklebt waren. Obwohl sie die vielen Uniformen ein wenig irritierend gefunden hatte, war sie von dieser Weltstadt beeindruckt gewesen, und sie hatte sie lieben gelernt, oder lag das nur an ihrer Liebe zu Michael? Ja, sie mochte die Deutschen. Nicht, weil das Königreich Rumänien mit Deutschland »in unverbrüchlicher Völkergemeinschaft«, wie König Michael I. immer wieder verkündete, verbunden war und rumänische und deutsche Soldaten gemeinsam den »jüdischen Bolschewismus« aus Europa vertrieben hatten. Nein, die Politik war ihr eigentlich ziemlich egal, und der Krieg konnte ihr gestohlen bleiben.

Sie mochte die Deutschen, weil sie großartige, ja einzigartige Naturwissenschaftler und Ärzte hervorgebracht hatten. Männer, die die moderne Medizin revolutioniert hatten. Durch ihr Medizinstudium kannte sie alle: Robert Koch, Rudolf Virchow, Paul Ehrlich und den von ihr besonders verehrten Professor Sauerbruch. Ja, das war ihre Welt! Schon als Kind gab es für sie keinen schöneren Beruf als der einer Ärztin.

Damals war Berlin bis auf wenige, meist nächtliche Einzelangriffe von Bomben weitgehend verschont geblieben. Trotzdem hatte es manchmal Luftalarm gegeben, und sie mußten nachts aufstehen und diesen staubigen, speziell ausgebauten Keller aufsuchen. Aber sonst? Die schlimme Niederlage von

Stalingrad war überwunden und die großdeutsche Wehrmacht siegte wieder an allen Fronten. Die zahlreichen Sondermeldungen der deutschen Heeresleitung, die sie über an den Straßenecken aufgestellten Lautsprechern hören konnte, zeugten jedenfalls davon. Es gab, wenn auch nur auf Lebensmittelmarken, genug zu essen, ja sogar Bier und Wein in den Cafés und Restaurants der deutschen Hauptstadt. Zudem hatte Michael als Angehöriger des Diplomatischen Corps Vergünstigungen.

Einmal, als sie händchenhaltend auf dem Kurfürstendamm flaniert waren und in den nach fünf Kriegsjahren noch erstaunlich gut sortierten Modehäusern nach einem Kleid für sie gesucht hatten, war der Absatz ihres Schuhs abgebrochen. Hinkend und kichernd war sie von Michael sofort . . .

»Berlin, Anhalter Bahnhof! Wir erreichen in wenigen Minuten Berlin!« Obwohl die bayerische Zugführerin das Erreichen des Fahrziels drei oder vier Abteile entfernt ankündigte, fuhr Ana erschrocken herum. Mit einem Ruck wurde die Schiebetür des Abteils aufgezogen: »Berlin Anhalter Bahnhof! Wir erreichen in wenigen Minuten Berlin!« Die Zugführerin – die rote Schirmmütze paßte irgendwie nicht zu ihrer hageren Gestalt –, ging zum nächsten Abteil. Die Tür ließ sie offen stehen.

Den Kragen ihres hübschen, an den Ärmeln rot paspelierten, hellblauen Sommermantels keck hochgeschlagen, stand Ana Aslan in der Bahnhofshalle. Den kleinen Koffer hatte sie vor sich abgestellt. Obwohl es gewiß nicht kalt war, zitterte sie ein wenig in der Morgenfrische.

Ein zufälliger Beobachter hätte nie und nimmer die selbstbewußte, kompetente Chefärztin des auch in Deutschland nicht unbekannten Filantropia-Hospitals in Bukarest in ihr gesehen. Dort stand eine sommerlich-elegant gekleidete, zierliche, nur einsfünfundfünfzig große junge Frau mit brünetten, von einer weißblauen Schleife gehaltenen Haaren. Auf den ersten Blick hätte man sie durchaus für ein Kind halten können, das darauf wartet, von seinen Eltern abgeholt zu werden.

Alles um sie herum war fremd, dunkel und ungewohnt. Der wilhelminisch-prächtige und von innen erleuchtete Anhalterbahnhof, an dem Michael sie erst vor einem Jahr abgeholt hatte, war verschwunden. Dies hier war eine halbzerstörte, düstere, nur noch von Stützgerüsten aufrecht gehaltene Ruine. Obwohl gerade erst die Morgendämmerung anbrach, wimmelte es von Menschen.

Soldaten aller Waffengattungen, viele von ihnen feldmarschmäßig mit Stahlhelm, Tornister und umgehängtem Karabiner ausstaffiert, kamen und gingen. In einer Ecke, schwach durch eine Feldlaterne beleuchtet, lagen ein paar Verwundete mit blutigen Verbänden auf ihren Transportliegen. Eine Rot-Kreuz-Schwester stand verloren mitten unter ihnen und hielt einen Stapel Papiere in den Händen. Ein buntes Plakat der »Nationalsozialistischen Volksfürsorge« rief dazu auf, für das Winterhilfswerk zu spenden.

Zwei Feldjäger – wegen des an der Halskette befestigten, umgehängten Polizeischildes »Kettenhunde« genannt – schlenderten mit einem maulkorbbewehrten Schäferhund an der Leine vorbei. Die Lautsprecher verkündeten blechern, daß der verspätete Lazarettzug aus Warschau in wenigen Minuten eintreffen würde. Ein Wehrmachtsoffizier, Pistolenhalfter am Koppel, hastete mit schnellen Schritten an ihr vorbei. Gedankenlos registrierte sie die Rangabzeichen eines Hauptmanns.

Ein Alptraum! Sie kam sich vor wie in einem Alptraum! Das hatte sie nicht erwartet. Ihr lief ein Schauer über den Rükken. Wenn sie Michael doch wenigstens ein Telegramm mit ihrer Ankunftszeit geschickt hätte!

Jetzt bereute sie, das burschikos vorgebrachte Angebot ihrer Zugbegleiterin – die Dame hatte doch tatsächlich ein zweites Parteiabzeichen auf dem Mantel – sie zu einer Straßenbahnhaltestelle zu bringen, höflich, aber bestimmt abgelehnt zu haben.

Die leise Männerstimme, die sie durch ihre wachsende Mutlosigkeit erreichte, hörte sie zunächst kaum: »... helfen?« Langsam wanderte ihr Blick von der behandschuhten Hand, die sanft ihren Arm gefaßt hatte, nach oben. Sie blickte in ein freundliches Altherrengesicht: »Kann ich Ihnen irgendwie helfen?« Das Gesicht lächelte sie freundlich an. Sie konnte, den Tränen nah, nur noch nicken.

»Mein Name ist Boticelli, Rafaele Boticelli. Ich bin in der glücklichen Lage, ein Dienstfahrzeug zur Verfügung zu haben«, stellte sich der alte, elegant gekleidete und ungewöhnlich schlanke Herr vor. »Wenn Sie möchten, kann ich Sie gern zu Ihrem Ziel hier in Berlin bringen.« Sein Deutsch war fast akzentfrei.

Dankbar nahm sie dieses großzügige Angebot an und stellte sich ihrerseits vor. Ein Wink, und ein junger Mann in der Uniform der italienischen Streitkräfte nahm ihren Koffer auf. Ehe sie es recht begriff, saß sie neben Signor Boticelli im Fond eines geräumigen, mattgrauen Citroën und rollte durch die Straßen Berlins. Sie hatte die Adresse der königlich-rumänischen Botschaft in der Wilhelmstraße 26, Bezirk Tiergarten, angegeben.

Der heraufziehende Tag brachte schwere graue Wolken mit. Es sah nach einem ergiebigen Sommerregen aus.

»Ein Beutefahrzeug«, erklärte Signor Boticelli lächelnd die Tatsache, daß er ein französisches Auto besaß, und deutete an, daß er ein Mitglied der italienischen Exilregierung sei, die von den Deutschen nach der Befreiung Mussolinis soeben gebildet worden war. »Mehr kann ich Ihnen heute nicht sagen, Sie verstehen, Signorina Aslan?« Er hatte seinen Sohn, der in einer den Deutschen noch ergebenen Gebirgsjägereinheit diente, zum Bahnhof gebracht und erzählte nun so lebhaft von seinem »Bella Italia« und von den phantastischen Absichten seines Duce, daß sie die trümmerübersäten Straßen, die vielen Ruinen – einige der zerstörten Häuser schienen noch zu qualmen – in Berlin nur am Rande zur Kenntnis nehmen konnte, ja, noch nicht einmal dazu kam, Erstaunen über diese unerwartet schrecklichen Zerstörungen zu empfinden.

Nachdem er sie vor der Botschaft abgesetzt hatte – das vertraute Gebäude stand noch genau so da, wie sie es kannte. Gott sei Dank! –, hielt er ihre zum Abschied durch das Autofenster gereichte Hand etwas länger als üblich fest und schaute sie strahlend an: »Sie müssen mir versprechen, Signorina Dottore, daß Sie meine Einladung nach Rom annehmen. Ich rechne fest damit.«

Sie nickte lächelnd, und er gab seinem jungen Fahrer den Befehl weiterzufahren. Als er sich nach ein paar Metern noch einmal zu ihr umdrehte, sah sie die Resignation in seinen Augen. Wahrscheinlich wußte er längst, daß es nie wieder eine italienische Regierung unter dem Duce geben und er sein geliebtes Rom nie wiedersehen würde.

Entschlossen nahm sie ihren Koffer auf und ging die große, links und rechts mit steinernen Löwen bewehrte Treppe zum Haupteingang der Botschaft hinauf. Obwohl es inzwischen taghell war – es mußte mittlerweile so gegen neun Uhr sein –, war die schwere Eingangstür noch fest verschlossen. Ohne zu zögern drückte sie auf den großen, seitwärts angebrachten Klingelknopf aus Messing. Ganz fern hörte sie einen Gong schlagen.

Nachdem sie eine Weile gewartet hatte, hörte sie, wie sich der Schlüssel im Türschloß drehte. Nach ein paar Sekunden öffnete sich vorsichtig die Tür, und die neugierigen Augen Alexandrus, des jungen Botschaftssekretärs, schauten sie an.

»O Gott!« In der plötzlichen Erkenntnis, wen er vor sich hatte, schlug Alexandru unbewußt die Hände vor den Mund, und seine Augen wurden groß vor Schreck. »O Gott!« wiederholte er tonlos.

Sie war außer sich vor Zorn, Wut und Angst: »Warum kann ich ihn nicht sprechen?« Ihre Stimme überschlug sich bebend: »Ich glaube Ihnen kein Wort, kein einziges Wort!«

Alexandru drückte sich mit hochrotem Kopf, so tief er konnte, in seinen ledergepolsterten Schreibtischstuhl. »Weil es eine geheime Staatsangelegenheit ist«, sagte er zum wiederholten Male gepreßt. »Und weil er es mir ausdrücklich verboten hat.« Sein rotblondes Haar hing ihm wirr in die Stirn, seine Mundwinkel zuckten.

Nachdem er seine erste Überraschung und das Entsetzen überwunden hatte, hatte Alexandru sie verlegen umarmt und sofort in sein kleines Büro im zweiten Stock geführt. Hier hatte er ihr ohne Umschweife erklärt, daß sie Michael auf keinen Fall sehen könne und die Stadt sofort wieder verlassen müsse. Michael sei nicht in der Stadt und zudem in hochgeheime Staatsgelegenheiten verwickelt. Niemand, auch sie nicht, ja, sogar der Botschafter selbst nicht, dürfe wissen, womit er betraut war. Auf jeden Fall hinge Leben oder Tod davon ab.

Ihre Verzweiflung war rasch in zornige Ungläubigkeit umgeschlagen. Instinktiv spürte sie, daß er log. Seine Augen flackerten, und er konnte ihr nicht länger als ein paar Sekunden in die Augen schauen. Hier stimmte etwas nicht! Michael war etwas zugestoßen. Plötzlich überkam sie grauenhafte Angst um den Mann, den sie liebte.

»Ana, bitte verstehen Sie doch!« Alexandru beugte sich ein wenig vor und versuchte, seiner Stimme einen beruhigenden Klang zu verleihen. »Sie müssen Berlin sofort wieder verlassen, heute noch!« Er strich sich die Haare zurück. »Es hat überhaupt keinen Sinn hierzubleiben.«

Sie spürte kaum etwas, als der Damm ihrer Selbstbeherrschung endgültig brach. Ihre Angst um Michael schlug in unkontrollierbare, hysterische Panik um. Sie merkte nicht, daß sich ihre Augen mit Tränen füllten, daß sie sich erhob und in gebückter Haltung vor dem Schreibtisch des Botschaftssekretärs stand. »Michael!« schrie sie keuchend, »ich will Michael sehen! Ich gehe hier nicht weg, ohne Michael gesehen zu haben!« Die Tränen liefen ihr über das Gesicht, ihr Kinn zitterte. »Michaaeel!« Schluchzend fiel sie auf den Besucherstuhl zurück.

Daß sich hinter ihr die Tür zu dem kleinen Büro öffnete und jemand das Zimmer betrat, hörte sie in diesem Zustand genausowenig, wie sie bemerkte, daß Alexandrus Blick einen ängstlichen Ausdruck annahm. Der Schmerz hatte sie überwältigt.

»Was ist hier los?« Die schneidenden rumänischen Worte dröhnten laut, und Alexandru sprang hastig auf.

»Wer ist das?« fragte die herrische Stimme.

»Frau Doktor Ana Aslan aus Bukarest, Exzellenz.« Alexandrus Stimme bebte. »Die Verlobte von Michael Nicuta-Newana. Sie ist heute in Berlin angekommen und möchte ihn sehen.«

»Na und?« Man hörte, daß der Botschafter die Situation nicht verstand. »Soll sie ihn doch sehen.«

Das drang zu ihr durch! Ihr Schluchzen brach abrupt ab. Mit tränennassen Augen drehte sich Ana um und sah den königlich-rumänischen Botschafter, einen drahtigen, aristokratisch wirkenden, weißhaarigen Herrn um die sechzig, ungläubig vom Besucherstuhl aus an. Sagen konnte sie nichts.

»Aber sie weiß es nicht!« Alexandrus Stimme klang verzweifelt.

»O Gott« stöhnte der Botschafter seltsam kraftlos und fuhr sich mit der rechten Hand über das Haar. »Na dann sagen Sie ihr es eben. Früher oder später erfährt sie es ja doch!« Er machte Anstalten, den Raum zu verlassen, drehte sich an der Tür aber noch einmal um, setzte an etwas zu sagen, ließ es aber. Nach einem mitleidigen Blick auf Ana Aslan verließ er schließlich den Raum.

Alexandru fiel wie eine Puppe auf den Bürosessel, schlug beide Hände vors Gesicht und weinte.

Ana fuhr hoch, der Schmerz war Ratlosigkeit gewichen. Sie starrte Alexandru an. »Alexandru!« Ihre heisere Stimme hatte einen fast drohenden Klang angenommen. »Alexandru, Sie sagen mir jetzt auf der Stelle, was mit Michael los ist!«

Alexandru hatte ihr alles gesagt, alles. Erschöpft lehnte sie sich zurück und starrte auf die leere Kaffeetasse und den überquellenden Aschenbecher. Obwohl sie sich zwischendurch zweimal frisch machen konnte, waren ihre Augen immer noch tränengerötet. Alexandru hatte sich eine Zigarette nach der anderen angesteckt.

Das war es also: Michael war krank. Wahrscheinlich todkrank.

Seit über drei Monaten lag er jetzt schon in einem kleinen, von Nonnen geleiteten katholischen Krankenhaus in Lichterfelde, einem der noch relativ unzerstörten Außenbezirke Berlins. Den Platz dort hatte er »sehr speziellen Beziehungen« – Alexandru drückte sich an dieser Stelle höchst unklar aus – zu verdanken und wurde von einer älteren, mit dem aus Rumänien stammenden Apotheker des Krankenhauses verheirateten Oberärztin betreut. Vorher war er in der weltbekannten Berliner Charité, der großen Klinik der Humboldt-Universität, behandelt worden, die besten Ärzte und Medizinspezialisten hatte man bemüht. Vergebens.

Angefangen hatte alles im vergangenen Jahr. Kaum war sie nach Bukarest abgereist, hatte Michael eine ihm völlig unerklärliche Müdigkeit ergriffen, die er durch ein paar Tage Bettruhe zunächst auszukurieren hoffte. Dies schien auch zu helfen, es ging ihm besser. Allerdings nur solange er Bettruhe hielt. Stand er auf, um seiner normalen Tätigkeit in der Botschaft nachzugehen, fühlte er sich schon nach ein, zwei Stunden am Schreibtisch wieder schlapp und unkonzentriert.

Bevor Michael einen Arzt aufsuchte, versuchte er zunächst das Problem zu ignorieren und durch eiserne Selbstdisziplin zu besiegen. Auch Alexandru, dem Michaels abgespanntes Aussehen natürlich auffiel und der ihn zu einem Arztbesuch drängte, konnte zuerst nichts ausrichten. Michael konnte und wollte sich keine Schwächen eingestehen. Offensichtlich eine typische Eigenschaft von Männern, die ihren fünfzigsten Geburtstag hinter sich haben.

Anfang September 1943 – er hatte in der Zwischenzeit schon drei oder vier wunderbare lyrische Briefe an Ana geschrieben –, bemerkte er eines morgens ungewöhnlich viele Haare in seinem Kamm. Ängstlich schaute er in den Spiegel und zupfe prüfend an seinen Haaren. Er verspürte kaum ein sanftes Ziehen und hielt ein ganzes Büschel seiner Haare in der Hand. Daß sein Gesicht grau und eingefallen aussah, nahm er an diesem Tag noch nicht wahr, oder er schrieb es seiner »Überarbeitung« zu.

Die Haare! Michael hätte nie eingestanden, daß Eitelkeit eine auf ihn zutreffende Eigenschaft sein könnte. Aber der Verlust seiner Haare beunruhigte ihn auf einmal sehr. Noch am gleichen Nachmittag suchte Michael einen Arzt auf.

Der Arzt, ein über sechzigjähriger Praktiker, der erstaunlich viele Diplomaten und Mitarbeiter diplomatischer Vertretungen zu seinen Patienten zählte – vielleicht lag das daran, daß er seine gut ausgestattete Praxis in der Hindenburgstraße, mitten im sogenannten Botschaftsviertel unterhielt – hatte ihn gewissenhaft untersucht, Blut entnommen und ihn für den nächsten Tag zu einem neuerlichen Gespräch gebeten. Dieses Gespräch war nicht besonders aufschlußreich verlaufen. Kurz: der alte Doktor erklärte, keine Ursache für die seltsame Müdigkeit und den Haarausfall feststellen zu können und bat Michael, sich in die Charité, dem mit Abstand größten und bestausgestatteten Klinikum der Stadt, vorzustellen.

Michael versuchte, den Krankenhausbesuch zunächst aufzuschieben, gab nach einer Woche aber doch Alexandrus Drängen nach und stellte sich in dem riesigen, von Patienten überfüllten Krankenhaus vor. Professor Dr. Muthammer, der Leiter der Hämatologischen Abteilung, hatte seinen hausärztlichen Voruntersuchungsbericht bereits gelesen. Was er Michael, nach einer gründlichen, sich vier oder fünf Tage hinziehenden Untersuchung eröffnete, war niederschmetternd.

Michael litt an »Progeria adultorum«, an einer sehr seltenen, offenbar genetisch bedingten Krankheit, die rasch und unmittelbar zum Tode führte. Vorher altern die Betroffenen allerdings so schnell, daß sich Tage wie Wochen und Wochen wie Jahre eines natürlichen Alterungsprozesses auswirken.

Ana Aslan seufzte tief. Tausend Gedanken rasten ihr durch den Kopf. Was hatte sie in ihrer Studienzeit über Alterungsprozesse gelernt? Was wußte sie über diese Krankheit? Nicht viel. Ihr Fachgebiet war die Chirurgie. Eine wilde Entschlossenheit vertrieb die Verzweiflung. Sie würde alles in ihrer Macht Stehende tun, um ihm zu helfen. Und sie kannte die besten Ärzte Europas.

»Ich möchte Michael sehen, sofort!« sagte sie.

Alexandru, der ihre stillen Überlegungen in den letzten Stunden als resignative Trauer mißgedeutet und sie, zwischendurch immer mal wieder eine Zigarette rauchend, ganz in Ruhe gelassen hatte, zuckte zusammen. Er hatte sich mit dem Unausweichlichen längst abgefunden. »Aber Ana«, antwortete er leise, »bitte schauen Sie doch einmal, wie spät es ist.«

Irritiert sah sie auf ihre Armbanduhr. Es war schon nach zwanzig Uhr. Längst war es draußen dunkel geworden, die Arbeitsgeräusche in den Gängen des großen Botschaftsgebäudes seit Stunden schon verhallt.

»Ich habe für Sie unser Gästezimmer herrichten und dort einen kleinen Imbiß bereitstellen lassen. Schlafen Sie sich doch erst einmal aus. Morgen, von mir aus auch ganz früh schon, fahren wir gemeinsam zu Michael.«

Die unnatürliche Spannung fiel auf einmal von ihr ab. Es war, als ob jemand einen Schalter ausgeknipst hätte. Sie war jetzt seit über fünfzehn Stunden auf den Beinen und mit so völlig unerwarteten, aufwühlenden Problemen konfrontiert gewesen, daß sie später behauptete, dies wären die schrecklichsten Stunden ihres Lebens gewesen. Plötzlich fühlte sie sich erschöpft und zerschlagen.

»Danke Alexandru«, murmelte sie, »danke für alles.« Sie ließ sich von ihm in das kleine, aber gemütlich eingerichtete Gästezimmer im Dachgeschoß des Botschaftsgebäudes bringen. Die Instruktionen, die Alexandru ihr für den Fall eines nächtlichen Luftalarms noch mit halblauter Stimme erteilte, erfaßte sie schon nicht mehr. Trotzdem quittierte sie seine Fürsorglichkeit mit einem resignierten Lächeln.

In dieser Nacht erschien ihr Michael noch einmal im Traum. »Ana!« Unendlich traurig sah er sie aus seinen blauen Augen an, seine braunen Haare waren vollkommen weiß geworden. »Kleine, süße Ana. Jetzt haben wir diesen Krieg wohl doch verloren.« Sie wollte ihn umarmen, ihn an sich ziehen; konnte ihn aber nicht erreichen. Er war zu weit weg. O Michael!

Es war acht Uhr morgens, als Alexandru den schon arg mitgenommenen, verbeulten Opel Blitz endlich aus der Garage holte. Der alte Lieferwagen war, neben dem offiziellen Dienstmercedes des Botschafters, das einzige Fahrzeug, das der Botschaft im fünften Kriegsjahr noch zur Verfügung stand.

Sie war bereits gegen vier Uhr morgens aufgewacht. Für einen kurzen Moment, schlaftrunken noch, flüchtete sich ihr Verstand in die trügerische Hoffnung, alles sei nur ein böser Traum gewesen, doch das Wissen um die Realität machte sie plötzlich hellwach.

Sie knipste die Nachttischlampe an und überzeugte sich mit einem vorsichtigen Blick durch einen Spalt in den dichten Vorhängen von der ungewöhnlich frühen Morgenstunde. Wie erwartet, war es noch stockdunkel. Ruhig und konzentriert wusch sie sich, zog sich an und schminkte sich dezent. Auf den Lippenstift verzichtete sie.

Sie war fest davon überzeugt, tief und absolut traumlos geschlafen zu haben. Daß die am Abend noch luftig aufgeschlagenen Kissen ihres Bettzeugs zerdrückt und feucht waren, wollte sie nicht wahrnehmen.

Als die ersten Sonnenstrahlen durch die Schlitze in den Verdunklungsvorhängen drangen, zog sie die Vorhänge mit einem Ruck auf und beobachtete, wie in dem großen, prächtig bepflanzten Botschaftsgarten nach und nach das Leben erwachte. Den von Bäumen und Büschen halb verdeckten, ausgebrannten Häusersilouetten im Hintergrund schenkte sie bewußt keine Beachtung.

Ihre Nachttischlampe brannte noch, als Alexandru sie verabredungsgemäß gegen sieben Uhr zum Frühstück bat. Essen konnte sie kaum etwas.

Wenn sie später von diesem 12. August 1944, von dieser morgendlichen Fahrt in die Außenbezirke Berlins erzählte, behauptete sie, an diesem Morgen sei ihr erstmals klar geworden, daß Deutschland den Krieg verlieren würde und darüber hinaus zu einem schrecklichen Untergang verurteilt sei.

So grauenerregend hatte sie sich die Zerstörung nicht vorgestellt. Gestern, auf der Fahrt zur Botschaft, war ihr der schlimme Zustand der Stadt zwar schon bewußt geworden, da sie sich jedoch auf die lebhaften Erzählungen von Signor Boticelli konzentriert hatte, hatte sie ihre Umgebung aber nur am Rande wahrgenommen. Diese Erfahrung holte sie nun gezwungenermaßen nach.

Berlin war eine Trümmerwüste, eine mit Schuttbergen angefüllte Ruinenstadt. Ganze Häuserzeilen waren verschwunden oder ragten als sinnlose, mit leeren Fensterhöhlen ausgestattete Kulissen eines Schreckenszenarios in den Himmel. Ausgebrannte Autowracks, zum Teil halb mit Schutt bedeckt, standen herum, ab und zu sah sie den schwarzen, fensterlosen Käfig eines verbrannten Straßenbahnwagens. Über all dem lag ein intensiver ätzender Brandgeruch. Menschen sah sie kaum, nur manchmal hasteten gebückte, kopftuchverschleierte Frauengestalten vorbei.

Vorsichtig lenkte Alexandru das alte Auto durch die kaum noch erkennbaren Straßen. Ohne daß es ihr bewußt war, hatte sie die Hand vor den Mund geschlagen und starrte mit fassungslosem Gesichtsausdruck durch die Windschutzscheibe. O Gott, dachte sie, was ist mit den Menschen passiert, mit den armen Menschen?

Obwohl die Zerstörungen, je mehr sie aus dem unmittelbaren Zentrum der Reichshauptstadt herausfuhren, deutlich geringer wurden, stand ihr das Bild der Apokalypse noch vor Augen, als sie in die leicht ansteigende Zufahrt zu dem älteren, von einem kleinen Kirchturm gekrönten »St.-Agnes-Hospital« in Lichterfelde einbogen.

Trotzdem registrierte sie, daß das dreistöckige, wohl um die Jahrhundertwende gebaute Haus, nur geringfügig beschädigt und noch in voller Funktion war. Quer über dem Haupteingang hing eine riesige weiße Fahne, auf die ein ebenso riesiges, weithin sichtbares, rotes Kreuz aufgenäht war. In Höhe des Kellergeschosses hatte jemand in großen Sütterlin-Buchstaben »Führer, befiehl, wir folgen« geschrieben. Vier oder fünf stark verdreckte Sanitätskraftwagen der Wehrmacht standen herum. Ein pfeilförmiges, in Richtung Haupteingang gerichtetes Schild verkündete, daß dies hier zugleich der »Hauptverbandsplatz des Verteidigungsbezirks Berlin-Nord« sei.

Nur ein Flügel des aus insgesamt drei großen, glasgerahmten Toren bestehenden Haupteingangs war geöffnet. Links und rechts neben dem geöffneten Tor standen Soldaten und paßten auf, daß das Krankenhaus nur von befugten Personen betreten wurde. An den kleinen Wappen an den Stahlhelmen war erkennbar, daß es sich um Angehörige der Waffen-SS handelte.

Alexandru parkte den Wagen unmittelbar vor dem Haupteingang und ging zielstrebig auf den dickeren der beiden SS-Wachen, einen Unterscharführer, zu. Lässig präsentierte er seinen roten Diplomatenpaß und zeigte erklärend auf Ana. Der SS-Soldat salutierte stramm und trat beiseite. Beim Hineingehen sah Ana, daß er am linken Uniformärmel einen schwarzen Stoffstreifen mit der Bezeichnung »Leibstandarte« trug.

Obwohl es in den letzten Tagen keine Bombenangriffe gegeben hatte, war das Krankenhaus überfüllt. Bereits die sich unmittelbar an den Eingangsbereich anschließende Haupthalle war voll mit Verwundeten. Überall lagen, saßen und standen verbundene, zum Teil sich nur mühselig an Krücken haltende, Menschen. Soldaten und Zivilisten, alte Männer und jüngere Frauen, Kinder. Drei oder vier Krankenschwester-Nonnen in bodenlangen Kleidern und weißen Hauben verteilten Medikamente und wechselten Verbände. Die Szene war von einem diffusen, anhaltend jammervollen Stöhnen überlagert.

Ana hatte das dringende Gefühl, helfen zu müssen. Sie entdeckte einen falsch gewickelten Verband und einen offensichtlich unter Schock stehenden, blauuniformierten Flakhelfer, der den Blick starr auf seinen nur notdürftig verbundenen Armstumpf richtete und unbedingt Hilfe brauchte. Hat ihm schon jemand Kalzium gespritzt? Die Ärztin, die uneigennützig handelnde, mitfühlende und jederzeit hilfsbereite Ärztin brach sich in ihr Bahn.

»Kommen Sie, Ana!« Alexandru hatte sie fest am Arm gepackt und führte sie hastig durch die übervolle Eingangshalle auf den breiten Treppenaufgang zu. Ein über dem Treppenaufgang etwas schief aufgehängtes Schild wies aus, daß es hier zur Chirurgischen Abteilung und zu den Operationssälen im ersten Stock ging.

Wieso Chirurgie? Warum liegt Michael auf der Chirurgie? dachte sie, von den Eindrücken um sie herum noch ganz benommen, als Alexandru kurz vor dem Treppenhaus, scharf rechts herum auf eine mittelgroße, weiße Holztür zusteuerte. Ohne anzuklopfen, trat er ein, zog Ana mit sich und schloß rasch die Tür. Auf dem kleinen, neben der Tür angebrachten Schild konnte sie gerade noch lesen, daß es sich hier um die Krankenhausapotheke handelte.

»Heil, Hitler!« Ein rundlicher, vielleicht fünfzigjähriger Mann erhob sich von seinem mit Papieren, kleinen Glasschälchen und undefinierbaren Schachteln übersäten Schreibtisch und kam auf sie zu. Im Hintergrund des Raumes sah sie große Regale mit Medizinflaschen und -behältern aller Art. Der Mann trug einen verknitterten weißen Kittel und hatte seine randlose Brille auf die Nasenspitze geschoben. Freundlich lächelte er sie an: »Sie müssen Frau Doktor Aslan aus Bukarest sein. Herzlich willkommen! Michael spricht oft von Ihnen.« Er sprach Rumänisch.

Michael! Sie verspürte das heftige Verlangen, ihn zu sehen, ihn zu umarmen, zu liebkosen und ihm zu helfen. Ja, sie würde ihm helfen können, ganz bestimmt. Der Gedanke an Michael tat ihr unglaublich weh. »Bitte, ich möchte ihn sehen«, stammelte sie leise.

»Ja, natürlich.« Der freundliche Apotheker sah sie besorgt an. »Meine Frau wird Sie zu ihm bringen, ich werde sofort nach ihr telefonieren.« Er deutete auf einen neben einem gußeisernen Kanonenofen stehenden Besucherstuhl: »Bitte setzen Sie sich doch einstweilen.«

Ana schüttelte stumm den Kopf. Die Vorstellung, Michael so nahe zu sein und ihn endlich sehen zu können, den über alles geliebten Mann gleich in die Arme zu schließen, nahm sie so gefangen, daß sie den vieldeutigen Blick, den ihr Landsmann mit Alexandru tauschte, nicht registrierte. »Danke, ich möchte mich nicht setzen.«

Mit einem lakonischen Nicken ging der Apotheker zu dem alten schwarzen Behördentelefon, wählte eine kurze Nummer und bat einen imaginären Gesprächspartner, nachdem er sich knapp mit »Popescu« vorgestellt hatte, man möge seine Frau bitte zu ihm schicken. Es sei dringend.

Als Frau Doktor Popescu, eine mittelblonde, unscheinbar aussehende Frau in den späten Fünfzigern, eintrat, waren kaum zehn Minuten vergangen. Ana war diese Zeit wie eine Ewigkeit vorgekommen. Alexandru hatte die ganze Zeit am Fenster gestanden und geraucht. Es war kein einziges Wort gefallen.

Auch Frau Doktor Popescu tauschte zuerst einen forschenden Blick mit Alexandru, bevor sie sich, deutsch sprechend, Ana zuwandte: »Willkommen im St. Agnes. Ich bin Irene Popescu«, ihr Händedruck war überraschend vorsichtig, fast weich, »Sie möchten zu Michael!?«

Ana fühlte einen Kloß im Hals, auf einmal kam ihr dies hier alles unwirklich vor: »Ana Aslan«, sagte sie nur leise, und nach einer kleinen Pause setzte sie hinzu: »Ich möchte ihn gerne sehen, bitte.«

»Wenn Sie mir bitte folgen wollen?« Die Krankenhausärztin hatte die Tür schon halb geöffnet. »Ich bringe Sie zu ihm.«

Wortlos folgte sie der Ärztin. Bereits nach wenigen Minuten, die Ana dennoch wie eine Ewigkeit vorkamen, blieb Frau Doktor Popescu unvermittelt vor einer Tür stehen. In diesem Teil des Krankenhauses herrschte Stille. »Hier ist es!«

Ana nahm diese Worte längst nicht mehr wahr. Ihre Nerven waren zum Zerreißen gespannt, kalter Schweiß stand ihr auf der Stirn.

»Lassen Sie mich bitte mit Michael allein. Bitte!« Wie oft hatte sie daheim in Bukarest schon vor der Tür eines Todgeweihten gestanden. Als Ärztin waren Siechtum und Sterben für sie ein alltägliches Geschehen. Aber diesmal lag hinter dieser Tür nicht ein namenloser Patient, sondern der Mann, den sie über alles liebte.

Langsam betrat sie das Zimmer. Zunächst blendete sie das gleißende Licht, das durch das vorhanglose Fenster flutete, dann sah sie das weiße Stahlrohrbett an der Wand zu ihrer Linken. Und dann Michael.

Vor ihr lag ein Greis. Tiefliegende Augen, glanzlos, in einem faltigen, ausgemergelten Gesicht, blickten sie an. Es bereitete ihr körperliche Pein, diesem Blick standzuhalten. Sie wollte etwas sagen, aber auch die Sprache versagte ihr.

Sekunden vergingen. »Habe ich dich erschreckt?« Michael Nicuta-Newana versuchte sich aufzurichten. Seine dünnen Arme, die aus dem weiten Krankenhaushemd hervorragten, hielten ihn kaum, als er sich abstützte. »Ich bin so froh, daß du da bist. Komm setz dich zu mir.«

»Wie geht es dir?« Was für eine dumme Frage! Sie legte seine Hände in die ihren und küßte ihn zärtlich auf die Stirn, ohne jede Scheu, ohne Ekel. »Ich mußte dich einfach sehen.«

Sie schwiegen. Sie suchten nur die gegenseitige Nähe, Worte hätten diese Harmonie gestört. Und mit jeder Sekunde, die verging, fand Ana ihre Fassung wieder. Das Mitleid wich und der Wille, Michael zu helfen, drängte sich in den Vordergrund.

Es fiel ihm nicht leicht, von seiner Krankheit zu erzählen, er tat es dennoch wie ein Mann, der die innere Ruhe längst gefunden hatte. Und obwohl es ihm Mühe machte, sich so lange zu konzentrieren, wollte er keine Schwäche zeigen. Nach einer Stunde konnte Ana ihn nicht länger leiden sehen. »Schlaf jetzt ein wenig, Liebster. Wir haben noch soviel Zeit.« Sie erhob sich. »Am Nachmittag komme ich wieder.«

Als sie sein Krankenzimmer schließlich verlassen hatte, atmete sie tief durch. Das alles hatte sie mehr mitgenommen, als sie sich eingestehen wollte.

Sie fand Alexandru in Popescus Zimmer. Er schaute wie vorhin aus dem Fenster und rauchte. Als sie eintrat, drehte er sich langsam zu ihr um. »Sie haben geweint Ana!« Es war eher eine Feststellung als eine Frage.

Erst jetzt bemerkte sie, daß Tränen über die Wangen liefen. Aber sie schämte sich nicht, vielmehr ließ sie ihren Gefühlen freien Lauf und sank Alexandru in die Arme. Weinkrämpfe durchzuckten ihren zarten Köprer. »Warum er? Warum gerade Michael?«

Mit vereinten Kräften – auch Popescu selbst hatte wieder das Zimmer betreten – setzten sie Ana auf einen der Besucherstühle. Der Apotheker reichte ihr eine kleine weiße Tablette und ein Glas Wasser: »Nehmen Sie dies, Frau Doktor Aslan, es wird Ihnen gut tun.«

Trotz des Beruhigungsmittels dauerte es eine Weile, bis

sich Ana wieder gefangen hatte. Zu tief hatte sich der zerstörerische Eindruck von Michaels Krankheit in ihr Innerstes gefressen. In diesem Moment war sie einfach nur die liebende Frau, und sie begriff, daß Lieben auch immer Leiden heißt.

»Es ist hoffnungslos, nicht wahr?« Als weder Popescu noch Alexandru antworteten, sagte sie: »Er wird sterben, bald sterben.«

Aber Ana wäre eine schlechte Ärztin gewesen, wenn sie den Kampf um Michaels Leben verloren gegeben hätte. Sie nahm sich vor, alles zu tun und ihm sein Leiden zu erleichtern oder besser ihm noch möglichst viel Zeit zu geben.

Zum erstenmal in ihrem Leben verspürte sie den Drang, den Tod ein für allemal besiegen zu wollen. Ein Gedanke, der ihrem späteren Leben die entscheidende Wendung geben sollte.

Den Rest des Tages verbrachte sie im Krankenhaus. Mal saß sie still und in sich gekehrt am Bett ihres Geliebten, hielt seine Hände und sprach ihm Mut zu, mal trieb es sie in die Bibliothek des Hauses, um in den verstaubten Regalen nach Literatur über »Progeria adultorum« zu suchen. Wenn Michael vor Erschöpfung einschlief, vertiefte sie sich in die Bücher, wenn er erwachte, war sie für ihn da.

Das Ehepaar Popescu lud sie zum Abendessen ein und bot ihr an, bei ihnen zu wohnen, so lange sie wolle. Wahrscheinlich haben sie Mitleid mit mir, dachte sie, nahm aber dankend an.

Am frühen Abend verließen die drei das Krankenhaus. Michael war längst eingeschlafen und auch Alexandru hatte sich verabschiedet, um in die Botschaft zurückzukehren. Sie gingen zu Fuß die kurze Strecke zur Wohnung der Popescus. Ana war froh, endlich wieder frische Luft atmen zu können, aber ihre Gedanken blieben bei Michael.

Sie redeten wenig, nur ab und zu deutete der Krankenhausapotheker auf die Überreste eines Gebäudes. »Hier stand das Reichsmuseum für Kunst und Geschichte«, und er schwärmte von den Zeiten, als Berlin noch Berlin war.

Nur noch wenige Menschen waren um diese Zeit unterwegs. Die meisten von ihnen hasteten ihren Wohnungen oder dem, was davon noch übriggeblieben war, entgegen. Es war eine Szenarie aus einem Alptraum: kranke, hungernde Menschen vor der Kulisse der Zerstörung. Ein alter Mann in einem abgewetzten Wehrmachtsmantel hatte sich in einer Toreinfahrt zum Schlafen zusammengekauert, und Ana überlegte kurz, ob dieser Greis den nächsten Tag noch überleben würde.

Das alte Patrizierhaus, in dem ihre neuen Gastgeber wohnten, war erstaunlicherweise fast unversehrt. »Treten Sie ein«, der Apotheker öffnete die Wohnungstür im dritten Stock. »Fühlen Sie sich bitte wie zu Hause.« Ana wußte, daß dies mehr als nur eine Floskel war.

Die sprichwörtliche Gemütlichkeit des deutschen Bürgertums empfing sie. Hier schien die Zeit stehengeblieben zu sein, schwere Teppiche auf dem Boden, einladende Ledersessel und kunstvoll geschnitzte Schränke und Anrichten strömten Wärme aus. Wertvolle Bilder an den Wänden und das blankgeputzte Silber in der Vitrine zeugten vom Wohlstand der Bewohner.

»Ich werde uns etwas zu essen machen.« Irene Popescu verschwand in der angrenzenden Küche, und bald hörte Ana das Klappern von Töpfen und Geschirr. Sie hatte Zeit, sich genauer umzuschauen.

Als erstes fiel ihr Blick auf einen schweren siebenarmigen Kerzenleuchter. Sie stutzte. Dann sah sie in einem Schrank auf den ledergefaßten Rücken einiger Bücher hebräische Schriftzüge, und mit einemmal hatte sie die Gewißheit. »Sie sind jüdischen Glaubens, Herr Popescu?« fragte sie ohne jedes Vorurteil.

Auch in dem entfernten Rumänien war der Holocaust an der deutsch-jüdischen Bevölkerung mehr als nur ein Gerücht gewesen. Ana war nie so blauäugig gewesen, den offiziellen Stellungnahmen zu glauben, sie hatte gelernt, auch zwischen den Zeilen zu lesen. Und sie hatte Freunde, die ihr von den Schreckenstaten in den Konzentrationslagern berichtet hatten.

»Ja, wir sind Juden. Haben Sie Angst, Frau Doktor Aslan?« Der so gemütlich wirkende Apotheker war sehr ernst. Ana wußte nicht, was sie antworten sollte, und war froh, daß in diesem Moment die Hausherrin mit einem großen Teller belegter Brote und einer Platte mit Spiegeleiern – es seien Gaben von dankbaren Patienten – das Wohnzimmer betrat.

Während sie aßen, fiel Anas Blick auf das Foto eines jungen Mannes, das in einem silbernen Rahmen auf dem Buffet stand. Das Bild war mit einer schwarzen Seidenschleife geschmückt. »Ist das Ihr Sohn?« Sterben und Tod schienen sie heute den ganzen Tag zu begleiten.

»Ja, das ist Daniel, unser Sohn. Er starb im Februar.« Frau Doktor Popescu ließ ihre Gabel sinken, »er war unser einziges Kind.«

»Starb er im ...?« Das Wort Konzentrationslager brachte sie nicht über die Lippen.

Jetzt antwortete der Apotheker. »Daniel lebte im Untergrund. Als überzeugter Kommunist kämpfte er gegen Hitler und das Regime. Mit vielen anderen Widerstandskämpfern wurde er in der Gaskammer von Dachau hingerichtet, einfach vernichtet.« Dem sonst so ruhigen gefaßten Mann merkte man die Erregung an.

Für eine Weile lag eine belastende Stille über dem Zimmer. Keiner wollte den anderen mit seinen Gefühlen, seinen Problemen belästigen.

Nachdem sie gegessen hatten, half Ana beim Abdecken des Geschirrs. Als die beiden Frauen allein in der Küche waren, nahm sie allen Mut zusammen: »Befürchten Sie denn keine Repressalien? Als Juden können Sie sich frei bewegen und gehen sogar Ihrem Beruf nach, als wäre hier in Deutschland nichts geschehen. Ehrlich gesagt, ich verstehe das nicht.«

»Sie haben Angst, Frau Kollegin, nicht wahr?« Sie hatte völlig recht.

»Ja, aber . . .«

»Ich will versuchen, es Ihnen zu erklären. Bis zu meiner Heirat war ich Christin, und nur aus Liebe zu meinem Mann bin ich zum jüdischen Glauben übergetreten. Aber wir sind keine orthodoxen Juden. Nur wenige unserer Freunde wissen von unserer Religion, gute Freunde, die uns niemals verraten würden. Einer davon ist übrigens der Direktor unseres Krankenhauses. Sie sehen, Sie sind hier völlig sicher.«

Obwohl Ana nicht völlig beruhigt war, wollte sie nicht weiter in die Frau dringen. Den Rest des Abends unterhielten sie sich über belanglose Dinge, auch das Thema Michael und seine Krankheit sprach niemand an.

Die Nacht verbrachte Ana im Zimmer des verstorbenen Sohnes. Sie schlief schlecht. Immer wieder kamen ihr die Bilder des greisen Geliebten in den Sinn, sie sah ihn mit seinen dünnen Armen nach ihr greifen. Er umarmte sie, und diese Umarmung wurde fester und fester, bis sie keine Luft mehr bekam. Schweißgebadet wachte sie immer wieder auf. Als am nächsten Morgen die ersten Sonnenstrahlen ins Zimmer strömten, fühlte sie sich wie gerädert.

Die Popescus waren bereits wach. Nach einem kleinen Frühstück – diesmal gab es die Eier weich gekocht – machten sie sich sofort auf den Weg ins Krankenhaus. Ana wollte so schnell wie möglich zu Michael.

Um diese Zeit waren die Straßen etwas belebter. Vor allem Kinder waren in den Morgenstunden unterwegs, um in den Schutt- und Trümmerbergen nach Brauchbarem zu suchen. Meist in Gruppen durchwühlten die Mädchen und Jungen die Halden und ließen sich auch von verschütteten Leichen, die sie manchmal zu Tage förderten, nicht abhalten.

Ein kleines Mädchen von vielleicht drei, vier Jahren streichelte inbrünstig den Kopf eines verendeten Pferdes.

Michael Nicuta-Newana ging es an diesem Morgen etwas besser. Als Ana das Zimmer betrat, saß er in einem Sessel am Fenster und schaute versonnen in die Parkanlage. Das Frühstück, das neben ihm auf dem Beistelltischchen stand, war unberührt. Ana küßte ihn zärtlich auf die Stirn.

»Du mußt essen, Michael, damit du wieder zu Kräften kommst.« Wie eine fürsorgliche Mutter reichte sie ihm ein Stück Marmeladenbrot. »Du siehst schon viel besser aus als gestern.« Ich muß ihm Mut machen, dachte sie.

Mit einer fast schroffen Bewegung drehte er den Kopf zur Seite. »Bitte laß mich, ich habe andere Sorgen als dieses Frühstück.«

Ana fühlte genau, daß ihn irgend etwas bedrückte. »Möchtest du lieber allein sein?«

Langsam erhob er sich aus seinem Sessel, nur mühsam konnte er einige Schritte im Zimmer auf und ab gehen. »Hast du kein Radio gehört?« antwortete er mit einer Gegenfrage.

Nein, das hatte sie nicht. Sie konnte nicht ahnen, welche politischen Ereignisse sich an diesem 15. August 1944 in ihrer Heimat abspielten. Von einem Tag zum anderen hatte in Rumänien eine »stille Revolution« stattgefunden. Angesichts vorrückender russischer Truppen hatte man sich mit Stalin verbündet. Noch wußte keiner, wie es weitergehen sollte.

Michael war bereits in den frühen Morgenstunden von einem Botschaftsangestellten über das Geschehen informiert worden. Auch der Großdeutsche Rundfunk hatte sein Radioprogramm unterbrochen und brachte stündlich Sondermeldungen aus Bukarest.

»Und was bedeutet das?« Ana war eigentlich eine unpolitische Frau, aber intelligent genug, um zu ahnen, welche Auswirkungen eine solche Entwicklung auf sie alle hatte.

»Die Deutschen werden sich das nicht bieten lassen.« Er

hatte sich wieder ans Fenster gesetzt, die wenigen Schritte waren anstrengend gewesen. Deprimiert und müde zugleich verbarg er sein blasses, faltiges Gesicht in den Händen. »Wir werden es bald zu spüren bekommen.«

Wenige Minuten später betrat Frau Doktor Popescu das Zimmer, um nach dem Kranken zu sehen. Gemeinsam mit Ana besprach sie die nächsten Therapiemaßnahmen – beide ließen sich ihre ärztliche Ohnmacht nicht anmerken. Ihr Patient wirkte teilnahmslos.

Eine wirksame Behandlung von »Progeria adultorum« gab es nicht, man konnte lediglich die Schmerzen bekämpfen und versuchen, den zunehmenden Verfall des Körpers zu verlangsamen. Beide Frauen würden nichts unversucht lassen, Michael Nicuta-Newana zu helfen.

In diesem Moment wurde die Tür mit lautem Geräusch aufgerissen, und Botschaftssekretär Alexandru stürmte mit hochrotem Kopf und völlig aufgelöst herein. »Herr Legationsrat«, keuchte er, »die Botschaft ist gerade von Beamten der Reichspolizei und bewaffneter SS besetzt und geschlossen worden. Der Botschafter und fast alle unsere Angestellten sind inhaftiert. Ich konnte gerade noch fliehen.«

Atemlose Stille. Trotz seiner Krankheit fand Michael am schnellsten die Fassung. »Dann sind wir auch hier nicht sicher.« Man spürte, wie er versuchte, die plötzlich auf ihn eingestürmten Ereignisse zu verarbeiten.

Schließlich schlug er vor, sich den Deutschen freiwillig zu stellen. Ana sollte mit Alexandrus Hilfe versuchen, sich nach Bukarest durchzuschlagen. Alle wußten, daß die Zeit drängte.

Alexandru gab einen Lagebericht. Offiziell sei bis zur Stunde nicht bekannt, ob die deutschen Truppen in Rumänien bereits auf Widerstand der Bevölkerung gestoßen seien. Einzelne Übergriffe konnten aber auch nicht völlig ausgeschlossen werden. Die Angestellten der Botschaft in Berlin hatten keinen Widerstand geleistet, Verletzte oder gar Tote hätte es nicht gegeben. Die Deutschen seien aber dennoch mit äußerster Entschlossenheit und Gewalt vorgegangen.

Ana hatte sich alles in Ruhe angehört. »Michael, du kannst nicht von mir erwarten, daß ich dich in dieser Situation allein lasse!« Sie duldete keine Widerrede. Diese letzten Wochen oder vielleicht auch nur Tage mit Michael waren wie ein wertvolles Geschenk. »Wir bleiben zusammen.«

Aber wohin sollten sie sich wenden? Im Krankenhaus waren sie nicht sicher, zu viele wußten, daß sich der rumänische Legationsrat hier zur Behandlung fand. Jeden Moment konnten Polizei und Gestapo vor der Tür stehen. Eine Flucht nach Rumänien war von vornherein ausgeschlossen. Die Situation schien aussichtslos!

»Sie können alle mit zu uns!« Irene Popescu sprach so ruhig und sachlich, als hätte sie gerade eine ärztliche Diagnose gestellt. »Mein Mann wird einverstanden sein, und Sie haben genügend Zeit, sich die weiteren Schritte zu überlegen.« Ana hätte ihre Kollegin am liebsten vor Dankbarkeit in die Arme genommen.

Alle wußten, daß dies die einzige Möglichkeit war. Aber sie wußten auch, in welche Gefahr sich die Popescus bringen würden. Sollte ihr Versteck entdeckt werden, hätte dies den sicheren Tod ihrer Gastgeber zur Folge. Die deutschen Machthaber würden in einem solchen Fall schnell und unerbittlich handeln.

Die Szene war makaber. Nie im Leben sollte Ana die folgenden Ereignisse vergessen. Der junge Alexandru schob den Krankenstuhl. Ana hatte sich bei ihm eingehängt – als Paar waren sie unverdächtiger. Michael hatte man in wärmende Decken gehüllt. Dennoch hatte sie das Gefühl, die Blicke der Passanten magisch anzuziehen. Die elegante Kleidung von Ana und Alexandru tat ein übriges. Sie fielen auf. Die Angst konnten sie nur schwer verbergen. Hinter jeder Straßenecke, in jeder Toreinfahrt erwarteten sie ... ja, was erwarteten sie eigentlich?

Die durch ein tragisches Schicksal miteinander verbundene kleine Gruppe hoffnungsloser Menschen machte sich auf den Weg durch das mittägliche Berlin. Weit weg von ihrer Heimat, allein und allein gelassen in einer fremden Stadt, die ebenfalls dem Tod entgegenging.

Michael Nicuta-Newana wirkte eingefallener und blasser als noch vor wenigen Minuten. Er, der einst so stolze, selbstbewußte und attraktive Mann fühlte sich minderwertig, als Last, die der Fürsorge anderer ausgeliefert war. Jeder mitleidvolle Blick der Vorbeieilenden war wie ein schmerzvoller Stich ins Herz.

Unbehelligt erreichten sie schließlich das Haus der Popescus. Jetzt noch dreißig Stufen, und sie wären vorläufig in Sicherheit.

»Sie wollen sicher zu der Frau Doktor?« Der kleinwüchsige Mann, der ihnen zwischen der ersten und zweiten Etage entgegenkam, hatte ein Vogelgesicht. Die kleinen, eng beieinanderliegenden Augen blickten verschlagen, sein Lächeln wirkte zynisch. »Die Frau Doktor ist nicht zu Hause, da müssen Sie später noch einmal wiederkommen.« Auf dem Revers seines verschlissenen grauen Anzuges sah Ana einige ihr unbekannte Orden und Abzeichen. Alle zeigten das Hakenkreuz.

Jetzt bloß keinen Fehler machen! Tausend Gedanken schwirrten durch Anas Kopf. »Ich bin auch Ärztin und eine Kollegin Ihrer Nachbarin. Wir haben uns Arbeit mit nach Hause genommen.« Sie zeigte auf Michael und versuchte ein Lächeln. Ihren rumänischen Akzent versuchte sie erst gar nicht zu verbergen.

Das Vogelgesicht lachte schallend. »Ärztliche Heimarbeit, das ist gut . . .« Immer noch lachend verschwand er nach unten. ». . . das ist gut!«

Die drei atmeten tief durch. Sie hatten einen Vorgeschmack dessen bekommen, was sie die nächsten Tage erwartete – Angst, Verstecken und wieder Angst! Ana hoffte inständig, daß ihr Ablenkungsmanöver echt gewirkt hatte.

Michael war mittlerweile müde geworden – er hatte nicht einmal mehr die Kraft, Angst zu zeigen – und ließ sich ohne Sträuben von Ana ins Bett bringen, in das, in dem sie die letzte Nacht verbracht hatte. Sie wartete noch, bis er eingeschlafen war, dann setzte sie sich zu Alexandru ins Wohnzimmer. »Und jetzt?«

Beide fühlten sich sehr allein in diesem Augenblick. Zwei Rumänen in einem fremden Land, zwischen den Fronten, gesucht und verfolgt und ohne Hoffnung. Sachte legte Ana ihre Hand auf die ihres Begleiters. Sie spürte seine Furcht, er zitterte.

In Notsituationen sind Frauen oft stärker als Männer. Sie versuchte, Alexandru Mut zu machen. »Morgen kann alles ganz anders aussehen.«

Nein, es änderte sich nichts in den nächsten Tagen. Die Popescus gingen, als wäre nichts geschehen, ihrem Beruf nach. Sie kamen am späten Abend und gingen in der Früh. Den Rest des Tages waren sie allein. Michael ging es von Tag zu Tag schlechter.

Selten verließ Ana die Wohnung. Nicht daß sie Angst hatte, entdeckt zu werden – wer kannte sie schon in Berlin? –, sie wollte einfach jedes Risiko vermeiden. Und sie wollte bei Michael sein.

Ihr Tagesablauf wechselte zwischen Fürsorge und Pflege des Geliebten und der Lektüre von Fachliteratur, die ihr Doktor Popescu jeden Abend aus der Krankenhausbibliothek mitbrachte. Ana schwankte zwischen Ohnmacht, wenn sie Michaels Siechtum miterlebte, und aufkeimender Hoffnung, wenn sie bei ihren Studien auf neue medizinische Erkenntnisse stieß. Und Michael alterte von Tag zu Tag.

»Ana, Liebste, warum ist das Leben so ungerecht?« In den wenigen Momenten, in denen Michael noch bei vollem Bewußtsein war, hörte sie diesen Satz immer wieder. »Warum altert der Mensch, und warum gehe gerade ich mit so schnellen Schritten meinem Tod entgegen? Bitte hilf mir, Ana!«

Michael wog nur noch fünfunddreißig Kilo, und er war längst nicht mehr in der Lage, eine Tasse zu heben oder Emotionen auszudrücken. In jeder Nacht, wenn Ana diesen ausgemergelten Menschen neben sich spürte, weinte sie, bis sie keine Tränen mehr hatte oder der Schlaf sie endlich erlöste.

Alexandrus Gedanken drehten sich nur um das Thema Flucht. Schon morgens verließ er die Wohnung, um erst am späten Abend zurückzukehren. Er hatte zahlreiche Freunde und Bekannte in der Stadt, und er ließ nichts unversucht, mit Ana und Michael Deutschland verlassen zu können. Doch jedesmal, wenn er erschöpft und müde nach Hause kam, wirkte er deprimiert.

Michaels Zustand verschlechterte sich rapide, obwohl sich beide Ärztinnen rührend um ihn bemühten. Es gab Stunden, in denen er gar nicht mehr ansprechbar war. Er dämmerte vor sich hin wie ein Greis, dessen letzter Lebensfunke langsam zu erlöschen droht. In klaren Momenten drückte er Anas Hand und blickte ihr unentwegt, aber ausdruckslos in die Augen.

Sein Tod war eine Erlösung!

Es war der Abend des 30. August 1944. Gerade hatte Ana Michaels Bett neu bezogen, als Alexandru die Wohnung betrat. Zum erstenmal seit langem wirkte er fröhlich und gelöst. »Ich habe Papiere für uns drei organisiert und das Beste: Wir haben einen Bahn- und Berechtigungsschein bis Budapest. Ein Freund hat mir diesen ›Marschbefehl‹ besorgt. Morgen früh ist es so weit.«

Ana hatte längst jede Hoffnung aufgegeben. Auch als sie diese gute Nachricht vernahm, war sie zunächst skeptisch. Als Alexandru ihr aber die gefälschten deutschen Pässe zeigte und sie überschwenglich in die Arme nahm, wurde sie von seinem Glücksgefühl angesteckt. »Und du meinst, wir können es schaffen?«

Der junge Botschaftssekretär, der in den letzten Tagen und Wochen zum Mann gereift war, machte ihr mit seiner Euphorie neue Hoffnung. Er erläuterte seinen Plan. Die Papiere wiesen sie als Ärzte aus, die zur Versorgung der deutschen Truppen nach Ungarn beordert waren. Die Fälschung des Marschbefehls, der erforderlich war, um die Reichsbahn benützen zu dürfen, war hervorragend. Doch würde Michael diese Strapazen überstehen?

Beide waren mit ihren Planungen beschäftigt, als sie ein lautes Stöhnen aus ihrem Begeisterungstaumel riß. Michael!

Sekunden später stand Ana am Bett ihres Geliebten. Sie sah auf den ersten Blick, daß es zu Ende ging. Zwar war er anscheinend noch bei Bewußtsein, seine Augen waren glasig und leer. Er starb.

Mit letzter Kraft winkte er sie zu sich. Sie nahm ihn in die Arme und brachte ihr Ohr ganz nah an seinen Mund. Sie hörte sein schweres, unregelmäßiges Atmen. Mit ihrem Haar trocknete sie den Schweiß von seiner Stirn. Dann noch einmal ein Stöhnen – und ein leises »Danke, kleine Ana«. Dann war alles vorbei. Es war still! Ana hatte keine Tränen mehr, um zu weinen. Wie in Trance verharrte sie einen Moment, dann strich sie zärtlich und liebevoll über sein Gesicht und schloß behutsam seine Augen. Sie faltete seine Hände.

»Ist er . . .?« Alexandru hatte das Sterbezimmer betreten. Ana nickte wortlos.

Wie lange sie reglos am Bett gesessen hatte, wußte sie später nicht mehr. Erst als sie hörte, wie die Wohnungstür aufging, kam sie wieder zu sich. Die Popescus versuchten, ihr die Trauer zu erleichtern, und sprachen ihr Mut zu. »Wir mußten damit rechnen.«

Wer jemals den Tod eines geliebten Menschen erfahren hat, weiß, daß in diesem Moment jede Anteilnahme sinnlos ist. Der Schmerz ist zu groß; das Gefühl des Alleingelassens und die Angst vor der Zukunft rauben dem Zurückgebliebenen jeden Verstand. Auch Ana hatte sich aus der Realität in ihre Gefühle geflüchtet.

Man ließ ihr Zeit. Lange Zeit.

Es war bereits nach Mitternacht, als sie sich im Wohnzimmer zusammensetzten. Sie sprachen wenig, um nicht neue Emotionen zu wecken. Gleichwohl wußten alle, daß nun Entscheidungen getroffen werden mußten. Was wurde aus der geplanten Flucht? Wohin mit dem Leichnam?

Frau Popescu hatte eine Flasche Weinbrand geöffnet – ebenfalls ein Patientengeschenk –, und sie hatten sich wie bei einem konspirativen Treffen um den massiven Tisch versammelt. Sie aßen dunkles Schrotbrot und Käse.

»Und Sie wollen es morgen trotzdem wagen?« Die Frage des Apothekers richtete sich an Alexandru. Dieser blickte Ana an, und als sie keine Reaktion zeigte, nickte er. »Haben wir eine andere Chance?«

»Sie wissen, welches Risiko Sie eingehen? Sollte man Sie mit falschen Papieren und Reiseerlaubnissen erwischen, wäre es Ihr Ende. Ich kann Ihnen nicht mehr anbieten als meine Gastfreundschaft. Wenn Sie möchten, bleiben Sie hier.« Er meinte es ernst. »Es wird sowieso nicht mehr lange dauern!« Alle wußten, was er damit zum Ausdruck bringen wollte.

Herr Popescu hatte den letzten Satz noch nicht zu Ende gesprochen, als es lautstark an die Tür klopfte. Alle schreckten auf.

»Polizei, öffnen Sie sofort, sonst wenden wir Gewalt an. Wir wissen, daß Sie zu Hause sind!« Die Stimme klang kompromißlos.

Obwohl sie in den letzten Tagen stets mit der Angst vor der Entdeckung gelebt hatten, kam dieser Überfall für alle überraschend. Gerade in diesem Augenblick. Ratlos schauten sie sich an. Im Angesicht des Todes von Michael, fürchteten sie jetzt selbst um ihr Leben.

Frau Doktor Popescu öffnete nach kurzem Zögern die Tür. Ein Dutzend Uniformierter und Personen in Zivil stürmten in den Flur und verteilten sich in der Wohnung. Einige von ihnen hielten Pistolen in den Händen. »Bitte weisen Sie sich aus, und versuchen Sie nicht zu flüchten, wir machen von der Schußwaffe Gebrauch.« Der Leiter der Aktion, anscheinend ein Mitarbeiter der Geheimen Staatspolizei, betrat das Wohnzimmer.

Er trug einen fast wadenlangen, dunkelgrünen Ledermantel, der von einem breiten Gürtel zusammengehalten wurde. Der Mann, vielleicht um die Vierzig, machte sich nicht die Mühe, seinen Hut abzunehmen.

Bereits nach wenigen Sekunden hatten seine Leute Michaels Leichnam entdeckt. Sie machten Meldung. Die Situation wurde immer prekärer. »Wer ist der Tote?« Der Gestapo-Offizier blätterte ohne aufzuschauen die ihm mittlerweile überreichten Pässe durch. Alexandru hatte für sich und Ana die Fälschungen übergeben und war blaß vor Angst.

Es hatte wenig Zweck zu lügen. Herr Popescu gab unumwunden zu: »Unser Gast war der ehemalige Legationsrat an der königlich-rumänischen Botschaft, Michael Nicuta-Newana. Er war Patient meiner Frau und starb erst vor wenigen Stunden.«

»Sie wußten, daß dieser Mann seit vierzehn Tagen auf der Fahndungsliste stand?«

Popescu nickte.

Der Deutsche wandte sich jetzt an Ana und Alexandru. »Und was haben Sie hier zu suchen?«

»Wir sind mit den Popescus befreundet.« Ana versuchte so gleichgültig wie möglich zu wirken. »Morgen haben wir einen Marschbefehl nach Budapest zur medizinischen Betreuung unseres Heeres. Wir feiern Abschied.« Sie hätte nie gedacht, daß sie so schamlos lügen konnte.

»Sie haben einen rumänischen Akzent!«

Bevor sich Ana eine Antwort überlegen konnte, änderte sich die Situation schlagartig. Die Eindringlinge hatten den silbernen Kerzenleuchter entdeckt und sofort die richtigen Schlüsse gezogen.

»Wir haben in ein Judennest gestochen, Herr Oberst.« Blanker Haß blitzte in den Augen des Beamten, als er mit einer herrischen Bewegung die jüdischen Bücher aus dem Regal fegte.

Aus und vorbei!

Der Mann im Ledermantel hatte seine Dienstpistole gezogen und setzte den Lauf direkt zwischen Popescus Augen. Dann zog er angewidert die Mundwinkel nach unten. »Du Schwein, ich würde dich am liebsten sofort erschießen, aber so einfach kommst du mir nicht davon.« Er winkte einem seiner Leute zu. »Abführen!«

Frau Popescu hatte bislang geschwiegen. Jetzt aber war sie mit ihrer Kraft am Ende und warf sich mit einem Schrei an den Hals ihres Mannes. »Was wollen Sie von ihm, er hat doch nichts verbrochen!« Sie klammerte sich verzweifelt an ihn.

Ein brutaler Tritt des Oberst schleuderte sie zu Boden. Schluchzend und halb ohnmächtig blieb sie zwischen Sessel und Tisch liegen. Blut lief ihr aus Mund und Nase.

Nun ging alles sehr schnell. Popescu wurde in Handschellen abgeführt und nach und nach verließen die Deutschen die Wohnung. So schnell der Spuk begonnen hatte, so schnell war er wieder vorbei. Stille!

Eine ganze Weile starrte Ana fassungslos vor sich hin. Sie konnte es nicht glauben, daß man sie unbehelligt gelassen hatte. Sie bemühte sich um ihre verletzte Kollegin – warum war sie nicht verhaftet worden? »Die Schweine werden wiederkommen.« Davon war sie fest überzeugt.

Alexandru und ihr gelang es nicht, ihre Gastgeberin, die mit den Nerven am Ende war, zu beruhigen. Immer wieder rief Frau Doktor Popescu den Namen ihres Mannes, immer wieder brach sie erneut in Tränen aus. Da halfen kein gutes Zureden und keine tröstenden Worte, sie wußte, daß sie vor ein paar Minuten ihren Mann für immer verloren hatte.

Durch die Geschehnisse der letzten Stunden hatte Ana ihre Trauer verdrängt. Jetzt brach sie wieder durch. Die Gestapo hatte den Leichnam in der Wohnung gelassen, Michaels private Sachen allerdings mitgenommen. Sie hatte das Bedürfnis, mit Michael allein zu sein.

Das rhythmische Auf und Ab der Sirenen kam unvermittelt.

»Fliegeralarm«! Plötzlich war alles anders. Noch vor wenigen Sekunden schien die Totenstadt Berlin fest unter einer schwarzen Decke zu schlafen. Jetzt wachte sie auf, geweckt von diesem verhaßten, todbringenden Geräusch.

Auf der Straße ertönten schnelle Schritte, erst einige wenige – dann immer mehr. Ana hörte Wortfetzen, meist wurden Namen gerufen. Die anderen Bewohner des Hauses verließen ihre Wohnungen, um in den Keller oder einen der nahegelegenen Luftschutzbunker zu flüchten.

»Komm, wir müssen hier raus!« Alexandru faßte Ana am Arm und zog sie hinter sich her zur Tür. »Kommen Sie, Frau Doktor Popescu, uns bleibt nicht viel Zeit.« Er hatte Angst, Schweißperlen standen auf seiner Stirn.

Auch Frau Popescu hatte Angst, dennoch machte sie keine Anstalten, Alexandru zu folgen. Sie saß ruhig in ihrem Sessel, hatte den Kopf in ihre Hände gestützt und war mit ihren Gedanken ganz woanders. Ihre Stimme klang unendlich müde: »Nein, ich bin es leid, mich zu verstecken oder zu fliehen. Ich kann nicht mehr.« Und nach einer Pause: »Ich werde bleiben.«

Ana merkte, daß es sinnlos wäre, weiter auf sie einzureden. Schweren Herzens ließen sie die Frau zurück. Nur mit dem Allernötigsten und ihren falschen Ausweisen versehen verließen sie die Wohnung, die für einige Tage ihr zu Hause gewesen war.

Stockfinstere Nacht erwartete sie. Es hatte etwas geregnet, und das Kopfsteinpflaster glänzte im Mondlicht. Immer noch heulten die Sirenen, in der Ferne hörte man die ersten Bombeneinschläge und ein dumpfes leises Grollen.

Es war beileibe nicht die erste Bombennacht, die Berlin erlebt, aber immer wieder war es für alle eine schlimme Erfahrung und eine Begegnung mit dem Tod. Ana sah die Angst in den Augen der Vorbeieilenden. Manche hatten nicht einmal die Zeit gehabt, sich zu bekleiden, andere trugen weinende Kinder auf den Armen. Greise und Verletzte hatte man auf Bollerwagen gesetzt und zog sie scheppernd hinter sich her. Und diese schreckliche Angst!

Ana und Alexandru wußten zunächst nicht, wie sie sich verhalten sollten. Dann schlossen sie sich einer Gruppe von Menschen an, die zielstrebig auf ein halbverfallenes Gebäude zuging. Über ihnen durchschnitten die starken Suchscheinwerfer der deutschen Flakabwehr wie Feuerfinger den schwarzen Himmel.

»Schneller, schneller.« Vor dem Hauseingang, an dem mit weißer Farbe das Wort »Luftschutzraum« gepinselt war, wurden sie von zwei älteren Männern mit Armbinden empfangen und in das Halbdunkel gedrängt. Nur eine schwache Notbeleuchtung zeigte ihnen den Weg.

Der Schutzraum im Keller des Gebäudes war bereits überfüllt. Mindestens zweihundert, dreihundert Menschen drängten sich dicht an dicht. Jeder hatte mit sich selbst genug zu tun, den Geruch von Urin und Angstschweiß nahm keiner mehr wahr. Als Ana und Alexandru sich einen Platz gesucht hatten, schlossen die beiden Bunkerwärter die schwere Metalltür. Dann war es ganz still.

Das nächste, was Ana hörte war ein Schreien und Klopfen von der anderen Seite der Bunkertür. Wer nicht schnell genug war, mußte draußen bleiben. Fast gleichzeitig zerriß eine erste Detonation die Luft, dann eine zweite.

»Meine Kinder, laßt meine Kinder rein!« Eine Frau mittleren Alters, die lediglich einen zerschlissenen roten Morgenrock trug, stürzte sich auf die beiden Aufseher und machte Anstalten, die Tür, die sie von ihren Kinder trennte, zu öffnen. Ihr Morgenmantel verrutschte, aber sie schämte sich ihrer Nacktheit nicht. Brutal wurde sie von anderen Zufluchtsuchenden zurückgerissen. In Notsituationen gibt es kein Mitgefühl, der Mensch sieht nur sich selbst, dachte Ana.

Sie selbst war unbeteiligt, dennoch zuckte auch sie bei jedem Einschlag zusammen. Die Treffer kamen näher. Erst kaum spürbar, dann immer deutlicher erbebte der Schutzkeller, so daß sogar die Entlüftungsrohre ächzten.

Dann ein markerschütternder Knall. Die Notbeleuchtung erlosch, glomm noch einmal kurz auf, dann war es stockfinster.

Das Chaos brach los. Die meisten schrien, einige weinten, wenige hatten die Hände gefaltet und murmelten ein Gebet. Die Frau, die neben Ana auf der grobgezimmerten Holzbank saß, mußte sich übergeben.

Und immer neue Einschläge. Ana glaubte, bereits seit Stunden hier zu sitzen.

Von einer Sekunde zur anderen war alles vorbei. Die Beleuchtung brannte wieder, und Ana schaute in die zahllosen, gespannten Gesichter, die angestrengt lauschten. Die Anspannung fiel von ihnen ab. Der Krieg hatte sie gelehrt, daß es nur Tod oder Überleben gab. Sie hatten überlebt. Diesmal.

Wieder Sirenengeheul, doch diesmal melodischer und hoffnungsfroher: Entwarnung. Dennoch dauerte es noch Minuten, bis die Bunkerwarte die Tür öffneten. Die Freiheit hatte sie wieder.

Beißender Qualm drang in das Innere des Bunkers. Ein Geruch nach Schwefel und verbranntem Fleisch erfüllte den Raum. Aber erst als Ana und Alexandru wieder auf der Straße standen und tief durchatmeten, sahen sie den wahren Umfang des Schreckens.

Berlin brannte an hunderten von Stellen. Wo vor Stunden noch das Haus der Popescus stand, ragte nur noch eine Ruine in den Morgenhimmel. Die englischen Bomben hatten ganze Arbeit geleistet. Die Kinder, die vergeblich gegen die Bunkertür geklopft hatten, fand man eng aneinandergedrückt. Der Luftdruck hatte ihre kleinen Körper aufgerissen.

Ana und ihr Begleiter wollten nur eins: raus aus diesem

Chaos. Nichts hielt sie mehr in dieser sterbenden Stadt, die zum anonymen Grab für Michael und Irene Popescu geworden war. Ana warf noch einen letzten Blick zurück, dann machten sie sich beide zu Fuß auf den Weg zum Anhalter-Bahnhof.

Sie kamen an offenen Pferdewagen vorbei, auf die die Leichen der Nacht geladen wurden, hörten das Läuten der Feuerwehren, die den Bränden machtlos gegenüberstanden. Was nicht mehr zu retten war, überließ man den Flammen. Für die Bürger kehrte wieder »Normalität« ein, und die Überlebenden stellten sich die Fragen: »Wo werde ich heute Nacht schlafen?«, »Wie werde ich satt?«, »Werde ich morgen überhaupt noch leben?«

Auch Berlins Bahnhof hatte mehrere Treffer erhalten. Ein Großteil der Gleisanlagen war zerstört – mit der Reparatur war schon begonnen worden –, die An- und Abfahrt der Züge war nur auf zwei Bahnsteigen außerhalb des Bahnhofgebäudes möglich.

Sie hatten Glück. An einem der provisorisch hergerichteten Informationsschalter – das zerborstene Glas war durch grobe Holzbretter ersetzt worden – erfuhren Ana und Alexandru, daß noch am selben Morgen die Abfahrt eines Zuges nach Budapest geplant war. Genaue Abfahrtszeiten gab es nicht, die Fahrgäste wurden durch Lautsprecher laufend informiert. Mit den falschen Pässen und dem Marschbefehl erhielten sie problemlos ihre Fahrkarten.

Jetzt hieß es warten. Trotz des lauen Sommertages fröstelte Ana, denn durch zahllose kaputte Fenster und Mauerrisse zog es fürchterlich, auch ein Teil des Daches fehlte. Jetzt bedauerte sie, daß sie wie alle anderen persönlichen Sachen auch ihren Mantel in der Wohnung der Popescus zurückgelassen hatte.

Ein Sanitätszug aus dem Osten hatte die Erlaubnis zur Einfahrt erhalten. Aus den zahllosen dunkelgrünen Waggons entluden sie die »Abfallprodukte« des Krieges und quollen auf den Bahnsteig. Krankenschwestern, fast nur junge Mädchen, die seltsam sauber und steril wirkten in ihren weißen Kitteln und den steif gebügelten Häubchen, nahmen die Soldaten, die noch laufen konnten in Empfang. Es folgte die große Schar der Schwerverletzten, die man auf Tragen transportieren mußte. Zuletzt verließen die Toten, eingewickelt in dunkelgrüne Wolldecken den Zug. Der Anhalter-Bahnhof hatte sich in ein riesiges Feldlazarett verwandelt.

»Achtung, Achtung, der gerade eingefahrene Zug aus Beuthen fährt weiter in wenigen Minuten über Dresden, Prag, Wien nach Budapest.« Die Lautsprecheransage war laut und sachlich.

Da stand er nun, ihr Zug in die Freiheit. Langsam, um ja nicht aufzufallen, stiegen sie ein. Weit vorn, im Waggon hinter der Lokomotive, suchten sie sich ein Abteil. Sie wollten möglichst ungestört sein.

Die Abfahrt verzögerte sich. Erst nach fast dreistündigem Warten setzte sich der Zug in Bewegung; langsam nahm die Dampflokomotive Fahrt auf.

Sie redeten wenig miteinander, jeder hing seinen eigenen Gedanken nach. Ab und zu warfen sie einen Blick auf die vorbeifliegende Landschaft. Mit hoher Geschwindigkeit ließen sie Deutschland hinter sich.

2

Schon beim Einfahren in den Zentralbahnhof der Stadt merkte Ana, daß sich Bukarest in den wenigen Tagen ihrer Abwesenheit verändert hatte. Die sechsunddreißigstündige Bahnfahrt mit Umsteigen in Budapest war reibungslos verlaufen. Es war still geworden auf den Bahnsteigen. Keine fliegenden Händler mehr, die lauthals die kleinen scharfen Fleischbällchen angeboten hatten. Auch die kleinen Jungen, die sich früher als Schuhputzer ihr Geld verdient hatten, waren verschwunden.

Die Bahnhofsbuchhandlung war geschlossen, ein Stapel Zeitungen lag unbeachtet vor den heruntergelassenen Rollgittern. Eine Gruppe zwielichtig aussehender Gestalten saß in einer Ecke der Eingangshalle und trank Schnaps. Zwei Beamte der Bahnpolizei in ihren mausgrauen Uniformen gingen achtlos vorbei. Aus dem Bahnhofs-Restaurant »Tramit«, früher ein Treffpunkt von Gourmets und Intellektuellen, klang das Grölen der Betrunkenen. Ana hätte gern eine Tasse Kaffee getrunken, aber sie hatte ein ungutes Gefühl.

Mit einem schlichten Händedruck hatten sie sich getrennt. Alexandru wollte sich zu seinen Eltern durchschlagen, die im fünfzig Kilometer entfernten Ploiesti wohnten. Auch Ana wollte so schnell wie möglich nach Hause. Beide mußten Abstand gewinnen von den schrecklichen Geschehnissen der letzten Tage. Sie versprachen, sich bald wiederzusehen, aber das war nicht mehr als eine Floskel. Einige Sekunden blickte sie dem jungen Mann noch nach, mit dem sie die schlimmsten Tage und Nächte ihres Lebens verbracht hatte. Dann war sie allein.

Der Bahnhofsvorplatz wirkte wie leergefegt. Sie fand nicht einmal ein Taxi. Dort, wo noch vor kurzem zehn bis zwanzig Droschken auf ihre Fahrgäste warteten, stand jetzt ein einzelner Panzer der deutschen Wehrmacht, Soldaten waren nicht zu sehen. Die zwei Kilometer zu ihrer Wohnung würde sie zu Fuß zurücklegen müssen.

Sie ging durch menschenleere Straßen. Nicht wenige der Geschäfte in der Innenstadt hatten ihre Schaufenster mit Brettern vernagelt. Fast an jeder Häuserwand las sie Parolen, deren Inhalte sie nicht verstand. Die Farbe Rot herrschte vor, sei es als Zeichen von Hammer und Sichel oder als ellenlanger »Aufruf an die Bevölkerung«. Wörter wie Solidarität, Arbeiter, Proletariat, Volk und Demokratie wiederholten sich. Ana nahm sich aber nicht die Zeit, sich mit den neuen Schlagwörtern zu befassen.

Vor der Pietrus-Kirche war das Reiterstandbild König Michaels mit roter Farbe beschmiert; ganz frisch, denn Ana nahm den Geruch noch wahr. Irgendwo in einer Seitenstraße erklang die Sirene einer Polizeistreife.

Ana brauchte fast eine halbe Stunde bis zu ihrer Wohnung. Ohne genau darüber nachzudenken, riß sie das handgeschriebene Flugblatt von der schönen alten holzgeschnitzten Eingangstür. Es war schön, wieder zu Hause zu sein.

Die nächsten Tage verliefen wenig ereignisreich. Ana stürzte sich in ihre tägliche Arbeit, und ihre Stellung als Chefärztin verlangte auch ihren vollen Einsatz. Sie wollte vergessen, merkte aber schnell, daß sie nur verdrängen konnte. Es war eigentlich nicht der Tod des geliebten Mannes – damit mußte sie sich abfinden, oder es zumindest versuchen –, es war ihre Ohnmacht vor seiner Krankheit und seinem Tod, die ihr zusetzte. Wie ein Tumor setzte sich der Gedanke in ihrem Kopf fest, daß es ihre persönliche Aufgabe war, dem Siechtum und dem Älterwerden entgegenzuwirken. Wie schon in Berlin begann sie erneut, medizinische Fachliteratur zu studieren. Immer in der Hoffnung, der Ursache des Alterungsprozesses auf den Grund zu kommen – Michaels Greisengesicht ging ihr nicht mehr aus dem Sinn.

Von dem alltäglichen Geschehen um sie herum nahm sie so gut wie nichts wahr. Dabei befand sich Rumänien in diesen Tagen im Umbruch. Die Ereignisse überschlugen sich. Was gestern noch galt, konnte heute schon verboten sein.

Alles hatte mit dem langsamen Rückzug der deutschen Besatzungstruppen begonnen. Angesichts der erdrückenden Ohnmacht der immer näherkommenden russischen Streitkräfte verschoben sich die militärischen Machtverhältnisse nicht nur in Rumänien, sondern in ganz Osteuropa. Die Leidtragenden waren die Zivilbevölkerung.

Rumänien traf es besonders hart. Nach dem Staatsstreich des Generals Antonescu im Jahre 1940 und der Abdankung König Carols zugunsten seines Sohnes Michael, war das Land 1941 in den Krieg gegen die Sowjetunion eingetreten. Jetzt, da die deutsche Macht zerbröckelte und ohne großen Widerstand den Rückzug angetreten hatte, folgte die Rache der Kommunisten.

Vor allem die königstreuen Rumänen bekamen den Haß der Russen zu spüren. Als Faschisten denunziert, waren sie stetigen Übergriffen ausgesetzt, an denen sich auch die wiedererstarkten nationalen Widerstandskämpfer beteiligten. Es folgte ein innenpolitischer Machtkampf, dessen Sieger von vornherein feststand: der Kommunismus.

20. Oktober 1944. Wie jeden Morgen machte sich Ana auf den Weg zur Klinik. Die wenigen Kilometer ging sie zu Fuß, obwohl es nicht ganz ungefährlich für eine Frau war, sich in den frühen Morgenstunden allein in der Stadt zu bewegen. Russische Soldaten, die erst vor wenigen Tagen die Macht übernommen hatte, und ehemalige rumänische Untergrundaktivisten – in Zivil, aber ausgestattet mit roten Hammer-und-Sichel-Armbinden – bestimmten das Straßenbild. An

fast jeder Kreuzung der Innenstadt standen verstreute Gruppen, Panzer parkten vor den öffentlichen Gebäuden – und nicht selten gab es Zusammenstöße mit der Bevölkerung.

Ana Aslan war keine politische Frau. Natürlich hatte sie Sympathien und Antipathien, natürlich haßte sie den Krieg und sehnte sich den Frieden herbei. Welche politische Couleur aber ihrem Vaterland diesen Frieden bringen sollte, war ihr gleichgültig. Vorurteile gegen die neuen Machthaber hatte sie nicht, eher brachte sie ihnen Neugier und eine gesunde Skepsis entgegen.

Nicht nur in Berlin konnte man die Wunden des Krieges sehen, auch in Bukarest war das Leid an der Tagesordnung. Zwar war man von Bombenterror und Flächenvernichtung verschont geblieben, aber die Bürger hungerten. Ana hatte es längst aufgegeben, den zahllosen Bettlern, die ihr auf dem Weg zum Krankenhaus begegneten, eine kleine Münze zuzustecken. Und es wurden von Tag zu Tag mehr.

Sie ging über den ehemaligen Prachtboulevard ihrer Heimatstadt, die nicht zu Unrecht als das Paris des Ostens bezeichnet wurde. Von den attraktiven Läden und Kaufhäusern waren nur noch die Reklameflächen geblieben. Was den geringsten Wert aufwies, war längst geplündert worden. Und geplündert hatten sie alle, die Deutschen, die Russen und auch die Rumänen selbst. Sie erkannte ihr Lieblingsrestaurant, wo noch vor Jahren der Sekt in Strömen floß. Jetzt sah sie durch die nicht mehr vorhandene Eingangstür in ein leeres schwarzes Loch.

Das Eisenbahner-Krankenhaus befand sich in einem Villenvorort unweit der Innenstadt. Zwischen viel Grün sah man den langgestreckten Backsteinbau aus der Jahrhundertwende. Arbeiter hatten begonnen, die alten Platanen zu fällen, die rechts und links der Zufahrt standen – man brauchte das Holz zum Heizen.

Wie an jedem Morgen herrschte heillose Hektik. Das Krankenhaus war überbelegt. Selbst in den Gängen, in den

Wäschekammern und sogar im Ärzte-Kasino hatte man zusätzliche Betten aufgestellt, um die Not in den Griff zu bekommen.

Die kardiologische Abteilung befand sich in der zweiten Etage. Auch hier wurden im Minutentakt von Sanitätern Schwer- und Schwerstverletzte hineingetragen, weil andere Abteilungen schon mehr als voll waren. Dem Pflegepersonal sah man die Überanstrengung an, nicht selten arbeiteten sie rund um die Uhr.

»Gibt es etwas Wichtiges?« Was herzlos klang, hatte für Ana rein zweckmäßige Gründe. Die schwersten Fälle mußten zuerst behandelt werden.

»Zimmer 188. Herzinfarkt. Achtundachtzig Jahre, heute Nacht aufgenommen.« Die Oberschwester reichte Ana das Krankenblatt. Für lange Berichte hatte sie keine Zeit.

Um so erstaunter war Ana, als sie im Zimmer 188 den scheinbar »Todgeweihten« aufrecht in seinem Bett sitzen sah. Die Anschlüsse des EKG-Gerätes hatte er abgerissen, und es hatte den Anschein, als wolle er jede Sekunde das Bett verlassen.

»Sie bleiben liegen, mein Herr. Wir wollen doch nicht unvernünftig sein.« Mit der typischen Sprache der Mediziner wandte sich Ana an den alten Mann.

»Ach, Quatsch, mir fehlt nichts. Ich hatte nur einen kleinen Schwächeanfall.« Zur Bestätigung schwang er ein Bein aus dem Krankenbett.

»Sie sind gerade dem Tod von der Schippe gesprungen. Seien Sie doch vernünftig, ich muß Sie untersuchen.«

Ana schloß den Patienten wieder an das EKG an, maß den Blutdruck und hörte die Herztöne ab. Und in der Tat, von einem lebensgefährlichen Zustand konnte nicht mehr die Rede sein. Natürlich zeigten die Herzkurven eine Infarktschädigung an, aber trotz des hohen Alters war eine deutliche Besserung zu erkennen. Sie nahm sich noch einmal die Aufnahmepapiere des behandelnden Notarztes vor. Der Mann mußte entweder einen sehr starken Lebenswillen oder den gesunden Körper eines viel Jüngeren haben.

»Frau Doktor, kommen Sie bitte sofort in die Aufnahme.« Die Oberschwester unterbrach ihre Überlegungen. »Professor Meandru meint, es sei sehr dringend.«

»Ich bin gleich wieder bei Ihnen«, verabschiedete sich Ana von ihrem merkwürdigen Patienten und eilte ins Erdgeschoß. Was wollte ihr Chef? Ana beschlich ein ungutes Gefühl! Sie blieb erst stehen, als zwei rumänische Polizeibeamte sie am Betreten der Aufnahme hindern wollten.

»Lassen Sie mich durch, ich bin Ärztin.« Zornig stieß sie die Uniformierten zur Seite.

Im Zimmer des Professors fand eine lautstarke Auseinandersetzung statt. Mehrere russische Soldaten, darunter auch ein höherer Offizier, hatten sich vor dem Schreibtisch des Chefarztes aufgebaut und redeten in einem Kauderwelsch aus verschiedenen Sprachen auf ihn ein. Der Professor war sichtlich erleichtert, als er Ana sah.

»Der Herr Oberst möchte Einblick in unsere Patientenlisten haben. Er vermutet, daß wir hier im Krankenhaus flüchtige Dissidenten verstecken.«

Der Anführer der Russen, ein derber Typ mit asiatischem Einschlag, hatte die Worte des Arztes verstanden. Langsam wandte er sich Ana zu: »Wir haben Mittel und Wege, unseren Wunsch durchzusetzen. Es gibt Hinweise, daß Sie in diesem Krankenhaus Kriegsverbrecher verstecken. Bewußt oder, wie ich hoffe, unbewußt.« Er holte aus seiner Jackentasche einen kleinen Zettel hervor und las: »Piedro Saneo, Eva Estovic, Julius Monte, Carol Petreau, sagen Ihnen diese Namen etwas?«

Ana versuchte, ihre Überraschung zu verbergen. In der Tat waren ihr diese Namen bekannt, es waren ihre Patienten. Allesamt Privatpatienten, die mit einer Überweisung ihrer Hausärzte wegen Herzrhythmusstörungen oder Bluthochdruck seit einigen Tagen behandelt wurden. Sie hatte sich bereits gewundert, denn bei keinem von ihnen konnten bisher Symptome einer Krankheit festgestellt werden.

Was sollte sie tun? Natürlich wußte sie, was diesen Menschen bei einer Auslieferung an die Russen erwartete: Verhöre und vielleicht sogar Folter und Tod. Ihr war nicht bekannt, was die Besatzer ihren Patienten vorwarfen, und es interessierte sie auch nicht. Im Moment zählte für sie nur das Leben dieser Menschen.

»Na gut, wenn es unbedingt sein muß. Ich kenne diese Personen zwar nicht, aber wenn Sie meinen, daß Sie sie hier finden ...« Ana wußte, was sie sagte.

Hochmütig und seines Erfolges sicher folgte ihr der russische Offizier zur Tür. Professor Meandru hingegen, der Ana fragend und ein wenig enttäuscht ansah, hatte mit allem gerechnet, nur damit nicht.

Bevor Ana den Raum verließ, drehte sie sich noch einmal um. »Ich bitte Sie allerdings, Handschuhe und Mundschutz zu tragen. Sind Sie eigentlich gegen Milzbrand geimpft?«

»Milzbrand?«

Sie nickte. »Ja, wir haben zwei Patienten mit Verdacht auf diese schreckliche Krankheit in meiner Abteilung. Wir sind uns noch nicht ganz sicher, aber ich halte eine Isolierung für notwendig.« Drängend fügte sie hinzu: »Nun kommen Sie schon, überzeugen Sie sich, daß die Gesuchten nicht bei uns sind. Ich habe wirklich nicht viel Zeit.«

Der Russe zögerte und überlegte fieberhaft. Schließlich siegte die Vernunft oder eher die Angst. »Ich glaube Ihnen, Frau Doktor. Es gibt hier ja noch andere Krankenhäuser. Sie hören wieder von mir.« Er sah sie mit einem durchdringenden Blick an. Dann zogen der Offizier und seine Leute ab.

Erst jetzt fiel die Spannung von Ana ab. Woher hatte sie die Kraft genommen? Ana wußte, daß die Gesuchten für den Moment in Sicherheit waren, aber die Russen würden wiederkommen. Ana beschloß, ihren Patienten zu sagen, in welcher Gefahr sie sich befanden.

Ihr nächster Weg führte auf Zimmer 188. Der alte Mann, der Herzpatient, hatte ihre Neugier geweckt. Wie konnte es sein, daß ein Mensch von fast neunzig Jahren einen solchen regenerationsfähigen Körper hatte?

Woran konnte es liegen, daß einige Menschen über Jahrzehnte das Schicksal Alter verschieben können? Die bekannten Erklärungen selbsternannter Experten – gesunde Ernährung, spartanische Lebensweise und das Meiden von Genußmitteln – allein konnten es nicht sein. Es mußte irgendein Geheimnis geben, das das Altern verzögern, vielleicht sogar gänzlich verhindern könnte.

Seit Michaels Krankheit hatte sie sich intensiv mit diesem Thema befaßt. Die Fachliteratur hatte sie bislang nicht weitergebracht. Der Wunsch, selbst aktiv in der Forschung tätig zu werden, wuchs. Jetzt hoffte sie, von ihrem Patienten neue Hinweise zu erhalten.

Sein Name war Marcel Piliso, und er war sehr kooperativ. Immer wenn Ana Aslan auch nur eine freie Minute hatte, saß sie an seinem Krankenbett und hörte sich seine Lebensgeschichte an, in der Hoffnung, etwas Ungewöhnliches zu erfahren. Zusätzlich nahm sie sämtliche Laboruntersuchungen vor, die sie selbst auswerten konnte.

Ihre »Versuchsperson« hatte als zehntes Kind einer armen Bauernfamilie eine harte Kindheit und Jugend erlebt. Seine Ernährung unterschied sich durch nichts von vergleichbaren Kindern dieser Zeit, also wenig Fleisch und viel Gemüse und Salat – eben alles, was man selbst anbauen konnte. Auffallend war lediglich, daß er bis zum jungen Mannesalter eher anfällig und schwächlich war; keine Kinderkrankheit hatte er ausgelassen.

Seine Familie hatte ihn, den Schwächling, sogar ausgelacht, als er Hufschmied lernen wollte. Nur mit äußersten Mühen und Anstrengungen war es ihm gelungen, die harten Lehrjahre durchzustehen. Die Gesellen hänselten ihn, wenn er wieder mal an Grippe oder Magenverstimmung litt.

Er hatte bis ins hohe Alter geraucht und auch dem Alkohol zugesprochen, hatte geliebt und gelebt, wie Millionen anderer Männer auch. Nur eines erschien Ana auffällig: Etwa ab seinem fünfundzwanzigsten Lebensjahr war aus dem kränkelnden Jugendlichen ein harter Mann geworden, der seitdem nie wieder krank gewesen war, nie wieder einen Arzt gesehen hatte. Bis zu seinem achtzigsten Geburtstag hatte er Pferde beschlagen und Hufeisen geschmiedet, sogar jetzt noch half er beim Nachbarn aus, wenn Not am Mann war. Krankheit und Alter waren für ihn kein Thema.

In unzähligen Gesprächen suchte Ana nach Gründen für dieses Phänomen. Zunächst vergebens. Enttäuschung machte sich breit. War ihr Patient wirklich nur die Ausnahme der Regel, war ihr Kampf gegen das Alter bereits verloren, bevor er überhaupt richtig begonnen hatte?

Marcel Piliso bekam regelmäßig Besuch von seinen zahlreichen Kindern. Sie brachten ihm kleine Aufmerksamkeiten und Blumen mit – und säckeweise Bucheckern. Ana, die eine Krankenschwester aufmerksam gemacht hatte, fragte nach und hatte plötzlich wieder den Hauch von Hoffnung.

Ihr Patient gestand ein, Zeit seines Lebens mit Genuß Unmengen von Bucheckern gegessen zu haben, die die Landwirte vorwiegend für die Schweinemast einsetzten. Bucheckern als Altersrezept?

So unwahrscheinlich dies auch klang, Ana wollte dem Phänomen auf den Grund gehen. Wie besessen stürzte sie sich in ihre Forschungen. Auch als ihr Patient das Krankenhaus längst verlassen hatte, änderte sich daran wenig. Sie hatte ihre Lebensaufgabe gefunden und den Kampf gegen das Altern aufgenommen. Jede freie Sekunde, die ihr das Krankenhaus erlaubte, nutzte sie für ihre Studien.

Sie erinnerte sich an die Arbeiten des längst verstorbenen Berliner Arztes und Zellforschers Professor Dr. Max Rubner, der herausgefunden hatte, daß vorzeitiges Altern die Folge gestörter Stoffwechselleistungen in der Zelle, also eine Zellkrankheit sein müsse. Ana Aslan folgerte daraus, daß Altern nichts anderes war als der Verlust an Zellpotential. Im Klartext bedeutete dies: Mit dem Augenblick der Zeugung beginnt der Prozeß des Wachstums, doch zugleich wird auch der Mechanismus des Alterns in Gang gesetzt. Durch Zellteilung wächst der Embryo zum Fötus heran und wird schließlich als fertiger Mensch geboren. Die Zellen teilen sich immer weiter, und das Kind entwickelt sich zum Jugendlichen und zum erwachsenen Menschen. Aber Zellerneuerung geht immer mit dem Zelltod einher. In jeder Phase des Lebens, auch während des Wachstums, sterben pro Sekunde Millionen von Körperzellen.

In den ersten Jahren des zweiten Lebensjahrzehnts – dies konnte Ana schließlich nachweisen –, ist das Verhältnis von neu entstehenden und sterbenden Zellen ausgeglichen, der Mensch hat den absoluten Höhepunkt seiner Kraft erreicht.

Gelänge es, so schloß Ana daraus, diesen Zustand des Ausgleichs aufrechtzuerhalten, wäre das Paradies der ewigen Jugend gewonnen.

Doch erst langsam, dann immer schneller sterben mehr Zellen als neue entstehen können: Der Mensch wird älter. Organe und Muskeln bilden sich zurück, die Haut wird schlaff und faltig, das Immunsystem verliert die Kraft, sich gegen innere und äußere Krankheiten verteidigen zu können. Schließlich treten sogenannte Alterserkrankungen auf. Am Ende steht der Tod, der nur vordergründig durch Herz- oder Gehirninfarkte, Lungenentzündungen oder Organversagen eintritt, tatsächlich aber die Folge des Zusammenbruchs der Regenerationsfähigkeit unseres Zellsystems ist.

Auch die Ursachen der nachlassenden Regenerierung waren Ana schnell klar. Mit zunehmendem Alter können die Zellen die ihnen ständig zugeführten lebenswichtigen Nährstoffe nicht mehr richtig verarbeiten. Schlacken sammeln sich in den Zellen an. Die Energiebereitstellung wird unterdrückt.

Ana begann, mit einigen Patienten ihrer Station auf freiwilliger Basis Versuchsreihen durchzuführen. Von der Frischzellentherapie bis zu »Geheimtips« von selbsternannten Wunderheilern testete sie alle bekannten Möglichkeiten. Vergebens.

Aber ein Fanatiker, und der war Ana längst geworden, kennt keine Einsicht, keinen Rückschritt, sondern nur das Festhalten an seiner Überzeugung.

Dann überschlugen sich die Ereignisse.

Der Krieg war zu Ende. Die deutsche Kapitulation wirkte sich auch auf Rumänien aus, obwohl sich hier bereits seit Monaten der russische Endsieg angedeutet hatte. Die Kommunisten feierten auf den Straßen, eine Verwaltung und die öffentliche Ordnung existierten längst nicht mehr, das Volk litt unter Hunger und Gewalt. Die Angst regierte in Rumänien.

Die gesellschaftlichen Veränderungen wirkten sich überall aus. Hilflos mußte Ana mitansehen, wie Patienten und Kollegen, als königstreu identifiziert, aus den Krankenbetten oder an ihrer Arbeitsstelle verhaftet wurden. Rote Milizen und Mitglieder der rumänischen Volksfront gingen dabei zum Teil mit unvorstellbarer Brutalität vor.

Auch Ana Aslan erhielt eine Vorladung, ohne den Grund dafür zu kennen. Pünktlich um neun Uhr sollte sie sich im Büro des örtlichen Leiters für Volksgesundheit einfinden, eine Position, die erst kürzlich neu eingerichtet worden war. Sie selbst war sich keiner Schuld bewußt.

Das Büro befand sich in einer ruhigen Seitenstraße in einem ehemaligen Gebäude des Verteidigungsministeriums. Als sie das Gebäude betrat, dachte sie zuerst, sie befände sich in einer Kaserne. Überall lungerten Uniformierte und Zivilisten herum. Zum Teil saßen sie auf dem Boden und spielten Karten, andere hatten sich auf ihre Karabiner gestützt und blickten sie höhnisch und herausfordernd an.

Die Portiersloge war nicht besetzt. Ana hatte nicht den Mut, einen der Männer nach dem Weg zu fragen, also nahm sie zögernd die Treppe zu den oberen Etagen. Dort begegnete sie einer jungen Frau, die mit einem Berg von Akten unterwegs war.

»Ich möchte zu Herrn Grimov«, sagte sie zunächst auf rumänisch und dann, als sie keine Antwort bekam, auf russisch.

»Den Genossen Oberst finden Sie in Zimmer 420.« Eine deutliche Abneigung war der Frauenstimme zu entnehmen.

Ana nahm die letzten Stufen bis zur vierten Etage und klopfte zaghaft an die besagte Tür. Um so überraschter war sie, als eine angenehm warme Stimme sie in ihrer Muttersprache hereinbat.

Oberst Grimov war ein älterer, grauhaariger Mann in Zivil, der sie höflich begrüßte und ihr einen Stuhl anbot. Erleichtert atmete Ana auf.

»Frau Dr. Ana Aslan?«

Sie nickte und nahm dankbar die angebotene Tasse Kaffee an.

»Sie arbeiten als leitende Ärztin der Kardiologie am Bukarester Eisenbahner-Hospital? Mit Erfolg, wie mir gesagt wurde. Und Sie sind Dozentin an der hiesigen Universität. Ebenfalls erfolgreich.« Er schloß den dünnen Aktenordner, auf dessen Vorderseite der Name Ana Aslan stand.

Ihr Gesprächspartner ließ sich Zeit. Nach längerer Pause fragte er: »Wie stehen Sie eigentlich zur neuen rumänischen Volksregierung?«

Sie stockte. Auf diese Frage war sie nicht vorbereitet, und sie mußte vorsichtig sein. »Meine Aufgabe ist es, den Menschen zu helfen, und zwar unabhängig davon, welche politische Auffassung sie haben. Ich werde auch in Zukunft keinen Patienten vor der Behandlung fragen, ob er reich oder arm, links oder rechts, schwarz oder weiß ist.«

»Das verlangt auch niemand von Ihnen.«

»Warum fragen Sie dann?« Die Ruhe des Offiziers hatte sie mutig gemacht.

»Wir haben viel mit Ihnen vor und möchten uns Ihrer Loyalität sicher sein. Das ist doch nur zu verständlich.«

Ana stutzte und sah ihn fragend an.

»Frau Doktor Aslan, ich möchte Ihnen ein Angebot unterbreiten. An der Universitätsklinik in Timisoara ist die Position des Chefarztes und die Professur für klinische Medizin vakant. Sind Sie an dieser Position interessiert?«

Ana verschlug es die Sprache. Sie brauchte eine Weile, um die Tragweite dieser Worte zu verstehen. Professur, Chefarzt – die Träume eines jeden Mediziners sollten für sie wahr werden? Warum gerade sie? Natürlich, sie hatte immer gute Arbeit geleistet – wie Dutzende andere Ärzte in Rumänien auch.

»Wieso kommen Sie gerade auf mich?« Das war die logische Frage.

»Sie sind mir empfohlen worden, so einfach ist das.«

»Natürlich nehme ich an.« Was sollte sie da noch überlegen? Eine solche Chance würde sie nie wieder bekommen. »Wer hat mich empfohlen?«

Oberst Grimov griff wieder in den schmalen Aktenordner und entnahm ihm einige eng bedruckte Seiten. »Hier ist der Vertrag. Lesen Sie alles in Ruhe durch, unterschreiben Sie, und schicken Sie mir morgen die Papiere wieder zurück. Mit Ihrem jetzigen Krankenhaus ist bereits alles geklärt, und am nächsten Ersten werden Sie in Timisoara erwartet.«

»Frau Professor«, wie wunderbar das klang. Aber gleichzeitig wußte Ana auch, welche große Bürde diese Berufung mit sich brachte. Jetzt war sie eine Person des öffentlichen Lebens.

Sie verabschiedete sich rasch, um alles in Ruhe durchdenken zu können.

3

Timisoara, das deutsche Temeschberg, empfing Ana mit Dauerregen und heftigem Sturm. Hier im Banat nahe der ungarischen Grenze regnete es zwar selten, aber wenn, dann öffnete der Himmel seine Schleusen tagelang. Die Stadt lag eingebettet in eine fruchtbare Ebene und hatte immerhin zweihundertfünfzigtausend Einwohner – jedenfalls vor 1945. Denn bis zur Machtübernahme durch die Russen war Timisoara das Zentrum der Banater Schwaben gewesen, fast fünfunddreißig Prozent seiner Einwohner waren deutschstämmig.

Als Ana eintraf, waren die meisten Deutschen von den neuen Machthabern längst vertrieben worden – in den Westen. Die wenigen jetzt noch Verbliebenen, die versuchten, sich mit den neuen Machtverhältnissen zu organisieren, litten nicht selten unter Terror und Unterdrückung. Auch mit dem endgültigen Ende des Krieges hatte sich nichts daran geändert; deutsch zu sein, bedeutete Diskriminierung.

Man hatte für alles gesorgt. Eine kleine Wohnung nahe dem Krankenhaus und der Universität stand für Ana bereit, ihre Koffer und die wenigen Möbelstücke, die sie mitnehmen wollte, waren längst in Timisoara. Eine Universitätsangestellte holte sie vom Bahnhof ab und erklärte ihr auf der Fahrt durch die Stadt alles Wissenswerte.

Ihr erster Weg führte sie ins Filantropia-Hospital zu ihrer neuen Arbeitsstätte. Der überraschend moderne Komplex lag abseits des Zentrums in einer ruhigen Wohnanlage. Den deutschen Geist, wie Sauberkeit und Perfektion, merkte man sofort, auch wenn bei näherem Betrachten die Farbe abbrökkelte und die ehemals gepflegten Parkanlagen langsam verunkrauteten.

Ana wurde von ihren neuen Mitarbeitern herzlich begrüßt. Die innere Abteilung, der sie jetzt vorstand, verfügte über 144 Betten; zwei Oberärzte, etwa zwanzig Ärzte und Ärztinnen und ausreichend Pflegepersonal taten ihren Dienst. Modernste diagnostische Geräte, ein Labor und Möglichkeiten der Intensivmedizin standen zur Verfügung.

Doch am meisten erfreute sie die Mitteilung, daß ihre Abteilung auch ein benachbartes Altenheim zu betreuen hatte!

Die ersten Arbeitstage waren Zeit der Eingewöhnung. Rasch merkte Ana, daß sie ein gutes eingespieltes Team um sich hatte. Das machte ihr Mut. Und bereits nach einer Woche bat sie eine junge Stationsärztin, Dr. Elena Wellershausen, eine deutschstämmige also, sie in das Altenheim zu begleiten. Sie wollte so schnell wie möglich ihre in Bukarest begonnene Testreihe an alten Menschen fortsetzen.

Im Gegensatz zu den Patienten in der Klinik lebten die Menschen im Alten-Stift ohne jeden Komfort oder gar Luxus. Nicht selten waren sie zu viert oder fünft in einem Zimmer untergebracht, pflegebedürftige Personen lagen neben rüstigen Sechzigjährigen, die sanitären Verhältnisse waren deprimierend einfach. Manche vegetierten nur noch vor sich hin, alles in allem fand Ana die letzte Wohnstatt der Alten trostlos und deprimierend.

Ana und ihre junge Kollegin gingen von Zimmer zu Zimmer, von Depression zu Gebrechen, von Lethargie zu Siechtum. Zwei Überzeugungen kämpften dabei in Anas Brust: Zum einen die Hoffnung, diesen Menschen irgendwann helfen zu können, andererseits Zweifel, diese manchmal bemitleidenswerten Kreaturen als Versuchspersonen mißbrauchen zu können. Aber schließlich wischte sie alle Bedenken beiseite.

Altern ist eine Krankheit und sie wollte helfen, dieser Krankheit den Schrecken zu nehmen!

Ab sofort verlief ihr Leben nach einem straff organisierten Zeitplan: Kurz vor sieben verließ sie morgens ihre Wohnung und trat ihren Dienst an. Zuerst wurde sie von ihren männlichen Kollegen argwöhnisch beobachtet, bald aber überzeugte sie alle durch ihren Arbeitseinsatz und ihre eiserne Disziplin. Ihre fachlichen Qualitäten standen ohnehin nie im Zweifel. Bis nachmittags um fünf arbeitete sie im Hospital. Lediglich an zwei Tagen nahm sie sich Zeit für ihre Dozententätigkeit.

Der Abend gehörte ganz ihren Versuchen und brachte ihr die wahre berufliche Erfüllung und geistige Befriedigung. Sie aß häufig mit den Bewohnern des Altenheims, führte lange Gespräche mit ihnen und untersuchte sie regelmäßig. Ein über hundert Jahre alter Mann stand im Mittelpunkt ihres Interesses.

Sie war bereits seit sechs Wochen in Timisoara. Mit Dr. Wellershausen und einigen Studenten ihrer Fakultät machte sie eines Morgens Visite. Es gab keine schweren Fälle, und so war die Stimmung gut. Man scherzte mit den Patienten, nur Anas Kollegin war merkwürdig still.

Auf dem Flur zwischen zwei Krankenzimmern fragte Ana: »Elena, was ist heute mit dir los? Du gefällst mir gar nicht.« Ihre Kollegin aber winkte nur ab.

Sie absolvierte die Visite schneller als sonst, da sie spürte, daß der jungen Ärztin etwas auf dem Herzen lag. Als Chefärztin fühlte sie auch Verantwortung für ihre Mitarbeiter, und gerade diese junge Frau war ihr besonders lieb geworden.

Endlich waren sie wieder im Büro. Ana orderte Kaffee und forderte Elena auf, sich zu setzen. »Nun mal raus mit der Sprache.«

Statt zu antworten, griff Dr. Elena Wellershausen in eine Tasche ihres Arztkittels und reichte Ana einen zusammengefalteten Brief. »Hier, lies!«

Ein behördliches Schreiben von der Bezirksverwaltung –

der Text war kurz und bündig und besagte nichts anderes, als daß Dr. Wellershausen mit sofortiger Wirkung gekündigt war. Gründe wurden nicht genannt.

»Das gibt es doch gar nicht!« Mit einer unwirschen Bewegung warf Ana das Schreiben auf ihren Schreibtisch. »Und man hat mich als Chefin dieser Abteilung nicht einmal informiert. In welchem Staat leben wir eigentlich?«

»In einem kommunistischen«, erwiderte die junge Ärztin ohne Haß. »Und ich bin deutschstämmig und was das schlimmste ist, mein Vater war ein hoher Beamter in der Verwaltung des Königs.«

Nach einigem Nachdenken griff Ana zum Telefon. »Diesen Herren werde ich Dampf machen.« Sie ließ sich mit der Bezirksverwaltung verbinden.

Doch schon bald mußte sie feststellen, daß das Gespräch nicht so verlief, wie sie sich vorgestellt hatte. Der Verantwortliche machte ihr unmißverständlich klar, wer das Sagen in Personalfragen hatte, und warnte Ana davor, sich in Dinge einzumischen, die sie nichts angingen. Es könne ihrer Karriere durchaus schaden. Dann legte er grußlos auf.

Ana Aslan war enttäuscht und niedergeschlagen wegen ihrer Ohnmächtigkeit. Elena tat ihr leid, helfen konnte sie ihr nicht. Sie brauchte nicht viel zu sagen. Wie das Telefonat verlaufen war, konnte man an ihrem Gesicht ablesen. »Was jetzt?« fragte Ana.

Elena zuckte mit den Schultern. »Dabei spreche ich kaum ein Wort Deutsch und war mein Leben lang unpolitisch. Aber das zählt ja nichts mehr. Wir leben in einer Zeit der Sippenhaft und des Fanatismus.«

Ana wiederholte ihre Frage. »Was jetzt?«

»Vielleicht schlage ich mich nach Deutschland durch, aber dafür dürfte es jetzt zu spät sein. Die Grenzen sind längst dicht. Oder ich mache eine kleine Praxis auf, das heißt, wenn man mich läßt und mir nicht gleich am ersten Tag die Fenster einwirft.« Eine Träne lief ihr über das Gesicht.

»Und wenn du noch mal zur Bezirksregierung gehst und denen alles erklärst? Das können doch nicht nur Unmenschen sein. Oder kann ich dir sonst irgendwie helfen?«

Elena schüttelte den Kopf. »Kannst du mir garantieren, daß ich überhaupt lebend aus dem Gebäude herauskomme? Ich habe in den letzten Monaten mehr tote Deutsche gesehen als lebende.«

Aber so einfach wollte sich Ana nicht geschlagen geben. Sie dachte nach. Hinzu kam, daß Dr. Wellershausen ihr in der zurückliegenden Zeit zunehmend bei ihren Forschungen im Altenheim geholfen hatte. Unentgeltlich hatte sie einen Großteil ihrer Freizeit geopfert, um Ana zuarbeiten zu können.

»Ich mache dir einen Vorschlag. Arbeite für mich – privat wohlgemerkt. Natürlich kann ich dir kein Riesengehalt zahlen, aber zum Leben, zum Überleben würde es reichen. Du hilfst mir bei meinen Forschungen und hast nebenbei noch Zeit, einige Patienten zu behandeln. Was hältst du von meinem Vorschlag?«

Elena war verunsichert. »Du weißt, daß du damit ein ziemliches Risiko eingehst?« Darüber war sich Ana im klaren.

Es war der Anfang einer intensiven Freundschaft und einer Gemeinschaft mit einem gemeinsamen Ziel. »Ich habe eine gute Nachricht für dich.« Elena strahlte wieder, die ganze Belastung war von ihr abgefallen. »Du hattest recht mit deiner Vermutung. Folsäure ist wirklich der erste kleine Schritt. Ana, wir sind auf dem richtigen Weg.«

Ana war in letzter Zeit wiederholt darauf gestoßen, daß sehr alt gewordene Menschen in ihrem Leben sehr viel rohes grünes Blattgemüse und Weizenkeime gegessen hatten. Elena Wellershausen hatte über fünfhundert ältere Patienten befragt und konnte diese These bestätigen. Und diese Nahrungsmittel sind Hauptträger von Folsäure.

Schon seit einiger Zeit war diese Substanz auch unter den

Bezeichnungen Vitamin M, Faktor U oder Vitamin bc bekannt. Als Wachstumsfaktor galt Folsäure mitentscheidend für die Zellteilung und damit also auch für deren Neubildung. Doch bislang bestanden kaum Möglichkeiten, die Theorie mit Hilfe molekularbiologischer Untersuchungsverfahren zu erforschen.

Ana wußte auch, daß Folsäure das Sensibelchen unter den Vitaminen ist. Es verträgt gar nichts – keine Hitze, keinen Sauerstoff und schon gar kein Licht.

»Aber wie können wir hochdosierte Folsäure verabreichen? Das ist die Frage, die sich jetzt stellt, Elena. Für Optimismus ist es noch zu früh.« Als Wissenschaftlerin hatte sie gelernt, rational zu denken.

Wie recht sie damit hatte, zeigte sich in den nächsten Wochen und Monaten. Die beiden Ärztinnen suchten nach Substanzen, die chemisch-pharmazeutisch eine Verbindung mit Folsäure haben und experimentierten mit unterschiedlichen Mitteln. Keine Wirkung!

Mittlerweile war es Sommer geworden in Timisoara, aber beide hatten den Klimaumschwung nicht einmal registriert. Im Gegenteil, immer fanatischer waren sie bei der Sache und zwangsläufig vernachlässigte Ana dabei die anderen Arbeiten in der Klinik. Ihre Chefarzttätigkeit und die Vorlesungen an der Universität ließen eigentlich keinen Raum für weitere Beschäftigungen. Daß sie sich dennoch die Zeit nahm, wurde von ihren Kollegen kritisch beobachtet.

»Frau Oberin, ist Frau Doktor Wellershausen nicht im Heim?« Auch an diesem Tag im August war Ana wieder recht frühzeitig in dem von ihr betreuten Altersheim. Überrascht mußte sie hören, daß ihre Kollegin und Freundin noch nicht ihrer Arbeit nachging.

»Wir hatten Besuch von der Parteizentrale, Frau Doktor. Man hat auch nach Ihnen gefragt.« Der Oberschwester des Heims waren die Vorfälle sichtlich peinlich.

»Was wollten die Herren?« Ana war sich keiner Schuld bewußt, aber sie wußte ganz genau, daß man sich in diesen Zeiten nichts zuschulden kommen lassen mußte, um in Schwierigkeiten zu geraten. Man hörte in letzter Zeit immer häufiger von brutalen Attacken örtlicher Parteifunktionäre der Kommunisten gegen einzelne. Rigoros gingen die neuen Machthaber gegen Andersdenkende vor und machten auch mit Intellektuellen und Personen des öffentlichen Lebens keine Ausnahme. Ana wußte, daß erst vor kurzem ein Pfarrer der Stadt während einer »Befragung« in der Parteizentrale plötzlich verstorben war. An Herzversagen, wie es hieß – eine Obduktion hatte man untersagt.

Ana machte sich auf den Weg zum Krankenhaus. Als sie wenige Minuten später ihr Büro betrat, wurde sie bereits erwartet. »Mein Name ist Walachow, Generalsekretär der hiesigen Parteidependence. Dies sind die Genossen Raducaneau, Guorse, Dr. Bergerov«, stellte er die restlichen Anwesenden vor.

Walachow gefiel Ana nicht. Ein großer hagerer Mann mit niedriger Stirn, was nicht gerade von hoher Intelligenz zeugte. Seine Augen waren stechend, der Mund gewöhnlich und brutal. Er trug wie seine Begleiter Zivil.

»Was kann ich für Sie tun, meine Herren?« Ana setzte sich hinter ihren Schreibtisch, bot aber den Männern keinen Platz an.

Walachow setzte sich dennoch vor ihren Schreibtisch. Scheinbar abwesend spielte er mit ihrem Brieföffner. »Fühlen Sie sich in Ihrer Position überfordert?«

Ana glaubte, nicht richtig zu hören. »Überfordert?«

»Oder anders gesagt, glauben Sie, daß Sie Ihren Aufgaben im Hospital in letzter Zeit gerecht geworden sind?«

»Was werfen Sie mir vor? Hat sich ein Patient über mich beschwert, ein Kollege? Habe ich Fehler gemacht? Und überhaupt, was geht Sie das an?«

Der Mann lächelte unbeirrt weiter. »Die Partei geht alles an, wir zahlen schließlich ihr Gehalt.«

»Kommen Sie bitte zur Sache.« Ana wollte sich auf keine langen Diskussionen einlassen.

»Aber natürlich, Frau Professor.« Wieder dieses süffisante Lächeln, dabei blätterte er ungeniert in ihrem Terminkalender. »Uns wurde mitgeteilt, daß Sie durch Versuche an Insassen der Altenanstalt ihre Aufgabe als Chefärztin nicht mehr ernst nehmen. Letzte Woche haben Sie mehr Zeit im Altenheim und in Ihrem Labor verbracht als im Hospital bei den Patienten. Wollen Sie die genauen Uhrzeiten wissen?« Der Funktionär provozierte sie bewußt.

Ana wollte es nicht. Walachow hatte recht. Aber dennoch ... Sie wollte sich rechtfertigen, wurde jedoch sofort wieder unterbrochen.

»Halten Sie keinen Vortrag über ärztliche Aufgaben und Pflichten. Dafür bin ich nicht hier, und meine Zeit ist zu kostbar.« Mit einem lauten Knall warf er den Kalender auf die Tischplatte. »Betrachten Sie unser Gespräch als erste Abmahnung, und richten Sie sich in Zukunft mehr nach unseren Wünschen.«

Ana begriff nicht. »Nach welchen Wünschen?«

»Wir wollen, daß Sie sich auf Ihre Arbeit konzentrieren, sonst nichts. Und damit Sie sehen, daß wir es gut mit Ihnen meinen, haben wir Ihnen Unterstützung mitgebracht. Dr. Bergerov wird sie in Zukunft als erster Oberarzt bei Ihrer Arbeit unterstützen. Er ist ein guter Arzt und hat unser vollstes Vertrauen.« Er wies auf den unscheinbaren, älteren Mann, der in der Nähe der Tür stand.

Es war Antipathie auf den ersten Blick. Ihr neuer Oberarzt nickte ihr nur kurz zu, auch er lächelte, aber sein Lächeln wirkte verschlagen. Er mochte vielleicht fünfzig Jahre alt sein, seine Kleidung war korrekt und unauffällig, alles an ihm schien grau zu sein. Ein Karrierist und Intrigant, wie er im Buche steht, dachte Ana. Schon in dieser Sekunde stand für sie fest, daß dieser Dr. Bergerov vielleicht ein guter Arzt sein mochte, ein guter Mensch war er sicher nicht.

»Das kommt etwas überraschend, nicht wahr?« Sie wußte, daß es keinen Zweck hatte, Einspruch zu erheben. Sie mußte sich mit dieser Entscheidung abfinden, so schwer es ihr auch fallen würde.

»Ich freue mich, daß Sie unsere Entscheidung begrüßen.« Zynismus pur. Ana hoffte, daß dieses Gespräch damit beendet wäre. Aber sie täuschte sich.

»Sie kennen Dr. Elena Wellershausen?« Der Parteifunktionär dachte gar nicht daran zu gehen.

»Ja, wir sind befreundet.«

»Und Sie wissen auch, daß Dr. Wellershausen von ihrer Tätigkeit im Krankenhaus vor einiger Zeit suspendiert worden ist?«

»Ja, das weiß ich.«

»Und Sie wußten auch, daß dies aus politischen Gründen geschah?«

Ana schwieg. Sie hätte mit ruhigem Gewissen weder mit ja noch mit nein antworten können.

»Und es stimmt wohl auch, daß Sie seit geraumer Zeit mit Dr. Wellershausen ... sagen wir illegal zusammenarbeiten?«

»Elena hilft mir bei meinen Forschungen. Sie ist ...«,

Man ließ sie wieder nicht ausreden. »Sie geben dies also zu? Gut. Hatten Sie neben dieser beruflichen Tätigkeit auch privat mit dieser Person Kontakt?«

Ana Aslan zögerte. Sie wußte genau, daß es jetzt auf jedes Wort ankam. »Wir sind ein paarmal abends essen gegangen. Mehr nicht. Wir hatten meist rein beruflich miteinander zu tun.«

Sie schämte sich und kam sich vor wie eine Denunziantin. Was ist das für eine Zeit, in der man Freunde verleugnen muß und sich nicht zu einem Menschen bekennen darf?

»Also gut. Wir möchten Sie bitten, Frau Professor, in Zukunft auf die Mitarbeit von Dr. Wellershausen zu verzichten. Was Sie privat machen, ist mir ganz egal.« Walachow räusperte sich kurz. »Und noch ein Wort zu ihren Forschungen mit den Alten. Treten Sie etwas kürzer, und ab sofort halten Sie uns über Ihre Tätigkeiten auf dem laufenden.«

Ana Aslan nickte. War das das Ende ihrer Idee? Waren alle bisherigen Bemühungen umsonst? Zum erstenmal seit Monaten mußte sie wieder an Michael denken. Sie sah sein greises Gesicht vor sich, seine faltigen Hände, die grauen Haare. Und sie wußte, daß sie weitermachen mußte. Solange diese Bilder nicht verblaßten, würde sie die nötige Kraft und den Mut dazu haben.

»Jawohl, Herr Generalsekretär.«

»Dann zeigen Sie Dr. Bergerov die Klinik, und weisen Sie ihn ein. Ich hoffe, Sie werden gut zusammenarbeiten.«

Walachow erhob sich und verließ mit seinen Begleitern das Zimmer. Ana blieb mit ihrem neuen Kollegen allein zurück.

Erst jetzt fiel ihr ein, daß sie nach Elena hätte fragen müssen. Um so mehr war sie beunruhigt über ihre Abwesenheit.

Zu recht. Elena kam auch in den nächsten Tagen nicht. In ihrer Wohnung traf Ana sie nicht an, und die Nachbarn konnten ihr ebenfalls keine Angaben über ihren Verbleib machen. Doktor Elena Wellershausen war wie vom Erdboden verschluckt.

Dr. Bergerov erwies sich als wirklich guter Arzt. Er zeigte sich zunächst loyal, folgte kommentarlos ihren Anordnungen und war wegen seiner ruhigen Art bei Kollegen und Patienten beliebt. Aber Ana spürte, daß er nur darauf wartete, ihr einen Fehler nachweisen zu können. Er würde keine Sekunde zögern, sie bei entsprechenden Stellen zu denunzieren.

Da Elena nicht mehr da war, verzögerten sich ihre Forschungsarbeiten. Ihr neuer Oberarzt wich ihr nur selten von der Seite und achtete darauf, daß sie immer beschäftigt war.

Er holte oft ihren Rat ein, war immer freundlich und wies bei jedem Gespräch auf ihren hohen Sachverstand hin. Ana merkte bald, daß dieser Mann nichts anderes war als ein Wachhund im weißen Kittel.

Ihr blieb nichts anderes übrig, als ihre Testreihen an älteren Patienten im Hospital durchzuführen; ins Altersheim kam sie nur noch selten.

»Visite, Frau Professor.« Es war schon fast ein Ritual. Kaum hatte sie morgens das Krankenhaus betreten, stand schon der freundlich lächelnde Dr. Bergerov vor ihr. »Wir haben einige Neuzugänge, die Sie sich sicher gern ansehen würden.«

Es war durchaus nicht üblich, daß ein Chefarzt oder eine Chefärztin bei der täglichen Visite anwesend war, jetzt aber war es anders. Hätte Ana abgelehnt, würde man ihr das vielleicht als ärztliches Desinteresse auslegen. Und sie wollte auf keinen Fall auffällig werden.

Gleich im ersten Zimmer neben dem Raum des Stationsarztes waren die neuen Patienten untergebracht. In dem hellen freundlichen Raum, der eigentlich für vier Betten eingerichtet war, lagen jetzt dicht an dicht sechs Patienten. Alles Notfälle.

»Das ist Herr Petrescu, vierundsechzig Jahre, er wurde gestern am frühen Abend eingeliefert und klagte über starke rheumaartige Schmerzen in den Beinen.« Eine junge Assistenzärztin wandte sich Ana zu. »Ich habe Herrn Petrescu aufgenommen und untersucht.«

»Waren Sie allein?« Es war nicht üblich, daß eine Studentin im klinischen Jahr ohne Anleitung eines Arztes einen Notfall übernahm.

Die junge Frau errötete. »Es war kein Arzt zu erreichen, und der Patient hatte fürchterliche Schmerzen. Ich mußte ihm helfen.« Ana ließ sich die Aufnahme eingehend beschreiben. »Zwanzig Milliliter Procain intravenös, zehn Milliliter Ancotal muskulär.« Die junge Studentin war verlegen. »Habe ich etwas falsch gemacht?«

»Wie geht es Ihnen jetzt, Herr Petrescu?« Ohne zu antworten, wandte sich Ana dem Patienten zu, der eigentlich einen sehr munteren Eindruck machte.

»Ausgezeichnet Frau Doktor.« Der Mann richtete sich in

seinem Bett auf. »Aber gestern dachte ich, mein letztes Stündlein hätte geschlagen. Diese Schmerzen! Können Sie mir helfen, Frau Doktor?«

»Wir werden Sie erst einmal hier behalten und Sie gründlich untersuchen. Machen Sie sich keine Sorgen, bei uns sind Sie in guten Händen.« Sie tastete die Arme und Beine des Mannes ab und stellte fest, daß sie stark geschwollen waren. »Herr Dr. Bergerov, ich würde mich freuen, wenn Sie diesen Fall übernehmen könnten.« Und zu ihrer jungen Kollegin sagte sie: »Sie haben alles richtig gemacht.«

Es folgten noch zwei Herzattacken, eine Lebensmittelvergiftung und ein Kreislaufkollaps. Ana wies ihren Kollegen die Fälle zu und achtete darauf, ihrem Oberarzt die wissenschaftlich uninteressantesten Patienten, also die reinen Routinefälle, aufzutragen. Obwohl Dr. Bergerov sich darüber im klaren war, widersprach er nicht. Im Gegenteil, er zeigte ein permanentes Lächeln.

Wieder auf dem Flur sprach Ana die junge Assistenzärztin an. »Wie kamen Sie auf die Idee, Procain zu verabreichen? Das ist doch eher ungewöhnlich.«

»Ja, aber ich dachte doch . . .«

»Sie brauchen sich nicht zu rechtfertigen. Es ist ja in Ordnung.« Ana beruhigte die junge Frau, die offenbar mit einer Zurechtweisung gerechnet hatte.

»Das ist so, ich habe vor kurzem eine Abhandlung von Dr. Huneke gelesen und darin wurde Procain nicht allein als Anästhetikum, sondern auch als Mittel der Wahl bei akuten Beschwerden empfohlen. Ich weiß natürlich auch, daß die Methode unerforscht ist und daß die ersten Untersuchungen schon Jahrzehnte zurückliegen, aber ehrlich gesagt, mir fiel gestern abend einfach nichts anderes ein.«

Die Oberschwester hatte bereits die Tür zum nächsten Krankenzimmer geöffnet.

Procain. Sofort nach der Visite besorgte sie sich in der Universitätsbücherei sämtliche Unterlagen über Procain. Die plötzliche Genesung des Patienten durch die eher zufällige Gabe dieses Medikamentes hatte sie aufmerksam gemacht. An diesem Abend lag Ana Aslan noch lange wach. Procain, der Name wollte ihr einfach nicht mehr aus dem Kopf.

Tatsächlich fand sie in den medizinischen Berichten, daß französische Ärzte bereits in den zwanziger Jahren beschrieben hatten, wie mit Procain behandelte Patienten schmerzfreier, lebhafter, ja sogar jünger wirkten. Dabei ist Procain nichts anderes als eine der natürlichen Biochemie unseres Organismus verwandte, vitaminartige Substanz.

Procain wurde im Jahre 1905 von einem deutschen Biochemiker Professor Dr. Albert Einhorn zum erstenmal hergestellt. Einhorn fand das Procain bei seiner Suche nach einem wirkungsvollen Anästhetikum, das alle lindernden Vorzüge, nicht aber die gefährlichen Nebenwirkungen des damals gebräuchlichen Kokains oder Opiums haben sollte.

Ana studierte die verfügbare Literatur über das Mittel. Dabei stieß sie bald auf Ausführungen des Mediziners Dr. Ferdinand Huneke, den ihre Studentin zitiert hatte. Dieser Begründer der seit 1925 anerkannt erfolgreichen Neuraltherapie schilderte seine Beobachtungen nach Procain-Behandlungen so: ». . . eine bessere Körperhaltung, strafferen Hauttugor, Verbesserung der cerebralen Funktionen und der Hämodynamik. Zunahme sexueller und hormoneller Funktionen.«

Ana schöpfte eine leise Hoffnung. Nach Monaten der Stagnation und Resignation zeigte sich plötzlich ein Silberstreif am Horizont. Was hätte sie jetzt dafür gegeben, mit Elena darüber diskutieren zu können. Wenn es schon nicht möglich war, Procain an den alten Menschen im Heim zu testen, so wollte sie wenigstens bei ihren Patienten in der Klinik mögliche positive Auswirkungen des Mittels erforschen.

Dieses Vorhaben zeigte sich in der Praxis jedoch als fast undurchführbar. Zum einen blieben die meisten Patienten lediglich vier oder fünf Tage auf ihrer Station, zum anderen wollte sie Schwerkranke nicht mit einem zusätzlichen Medikament belasten. Und drittens konnte sie Kollegen und Pflegepersonal nicht über ihre Pläne informieren, denn in einem Krankenhaus blieben solche Versuche natürlich nicht unbeobachtet. An ihren ständigen Schatten in der Person von Dr. Bergerov mochte sie gar nicht denken.

Dafür machte sie Fortschritte im Labor. Procain, das konnte sie bald feststellen, wird im menschlichen Körper gespalten und in verschiedene Metaboliten umgewandelt, bevor es wieder ausgeschieden wird. Pharmakologische Experimente deuteten tatsächlich darauf hin, daß einige dieser Metaboliten eine große Verwandtschaft zur Folsäure aufwiesen. Vielleicht waren es aber auch biochemische Vorstufen, aus denen der menschliche Organismus die Folsäure dann selbst synthetisieren konnte.

Da war sie wieder – die Folsäure! Sollte diese Substanz und damit auch Procain der Beginn neuer Erkenntnisse sein? Der alte Herzpatient in Bukarest, die schnelle Genesung des Rheumakranken an ihrer Klinik in Timisoara, und immer war Folsäure im Spiel.

Hin- und hergerissen von Glücksgefühlen und Zweifeln hatte sich Ana einen freien Tag genommen, um in Ruhe nachdenken und ihre Erkenntnisse ordnen zu können.

Versunken schlenderte sie durch Timisoara. Ihr Ziel war der Wochenmarkt, wo Bauern aus der Umgebung ihre Waren anboten. Es gab Gemüse, Obst und sogar Fleisch im Überfluß – anders als in den Geschäften, die mit der Versorgung der Stadt kaum nachkamen.

Ana konnte die hohen Preise auf dem Markt bezahlen. Ihr Chefarztgehalt und das Honorar für ihre Vorlesungen hätten ihr einen großzügigen Lebensstil erlaubt, aber im Grunde blieb sie immer bescheiden. Seit sie ihre Stellung angetreten hatte, hatte sie weder ein Theater besucht noch war sie den zahllosen Einladungen von Honoratioren der Stadt gefolgt. Sie lebte sehr zurückgezogen in ihrer kleinen

Wohnung und war nur für ihre Patienten und die Wissenschaft da.

Doch heute wollte sie das Leben genießen. Sie hatte sich ein neues Kleid aus dunkelblauer Seide schneidern lassen und sich bei der Putzmacherin in ihrer Straße einen neuen Hut mit breiter Krempe bestellt. In einem Straßencafé in der Nähe der Johanniskirche aß sie ein Eis.

Auf dem Markt pulsierte das Leben. Unzählige Stände, vom großen Gemüse-Lkw aus Kriegsbeständen bis zur einfachen Holzkiste einer alten Frau, die Ziegenkäse verkaufte, fand der Kunde hier alles. In die würzige Spätsommerluft mischten sich Gerüche von Apfelsinen und türkischem Honig, vom Blut frischgeschlachteter Hühner und Gänse, und von zahllosen Gewürzen. Das alte Kopfsteinpflaster, die malerische Altstadt im Hintergrund schufen den passenden Rahmen.

Ana fiel auf, daß hier noch viel deutsch gesprochen wurde. Aber auch ungarisch, rumänisch oder russisch, sogar griechische und italienische Akzente hörte sie in diesem Sprachenwirrwarr.

Sie genoß die Minuten der Entspannung und sog die Stimmung in sich auf. Sie schlenderte von Stand zu Stand und hielt Ausschau nach Spezialitäten der Region. Vor einem unscheinbaren Verkaufsstand blieb sie stehen.

Neben dem Stand hockte eine junge Frau, den Blick ins Unendliche gerichtet, die Kleidung zerrissen, das Gesicht von Ruß und Staub verdreckt. Die ungewaschenen strähnigen Haare umrahmten ein hübsches Gesicht.

Ana stockte. »Elena?« Erst ganz leise, dann immer lauter rief sie den Namen ihrer ehemaligen Kollegin.

Aber Elena reagierte zunächst nicht, lediglich ihre Hand, die einen kleinen Teller festhielt, auf dem wenige Münzen lagen, streckte sie Ana entgegen. Ihre Augen blieben weiter ausdruckslos.

Ana kniete sich nieder und berührte zärtlich ihre Wangen. Erst jetzt schaute Elena sie an.

»Elena, verstehst du mich? Wo warst du? Ich habe dich monatelang gesucht.«

Und tatsächlich schien es, als wolle die ehemalige Ärztin etwas antworten. Langsam, fast wie in Zeitlupe, öffnete sie den Mund. »Ana . . ., Ja . . . Ich . . .« Mehr als ein paar Wortfetzen brachte sie nicht zustande. Dann drehte sie den Kopf zur Seite und fiel zurück in ihren Dämmerzustand.

Die korpulente Frau vom Stand nebenan hatte die Szene beobachtet. Langsam kam sie auf Ana und Elena zu und stellte sich neben sie. »Sie kennen das Mädchen?« Ihrer Aussprache nach war auch sie deutschstämmig.

»Ja, natürlich, wir haben zusammen gearbeitet, wir waren . . . wir sind befreundet.« Ana erhob sich wieder. »Wissen Sie, was passiert ist?«

»Kommen Sie mit an meinen Stand, ich habe Kundschaft. Danach können wir reden.« Mit flinken Händen wog die Frau zwei Kilo Äpfel ab und kassierte die wenigen Münzen. Dann wandte sie sich wieder Ana zu.

»Vor einigen Monaten hat mein Mann das arme Mädchen hier in der Stadt getroffen. Sie machte einen total verwirrten Eindruck und irrte ziellos umher. Er hat sie mit zu uns nach Hause genommen. Sie tat ihm so leid.«

Die Marktfrau erzählte weiter. »Außer ihrem Namen haben wir noch nichts aus ihr rausbekommen, sie redet ja nicht. Ab und zu murmelt sie Unverständliches vor sich hin. Mein Mann meint sie sei irre.«

»Waren Sie schon bei einem Arzt?« Ana hätte heulen können.

»Bei einem Arzt? Wir haben gerade mal genug, um nicht zu verhungern – und jetzt müssen wir auch noch Elena durchfüttern. Gut, sie geht mir in Küche und Stall zur Hand, und wenn wir auf dem Markt stehen, bettelt sie etwas Kleingeld zusammen. Aber einen Arzt können wir uns nicht leisten.«

Am liebsten hätte Ana ihre Freundin an die Hand genommen und nach Hause gebracht. Aber wäre dies wirklich das Beste für Elena? Ana wußte, daß sie zu wenig Zeit hatte, um sich intensiv um sie zu kümmern. Sie mußte eine schwere Entscheidung treffen.

»Darf ich Elena bei Ihnen besuchen?« Diese Worte gingen ihr nicht leicht über die Lippen.

Die Korpulente blickte zuerst erstaunt, nickte dann aber doch. »Wir leben aber recht einfach. Es wird Ihnen kaum gefallen.«

Voller Scham griff Ana in ihr Portemonnaie und gab der Frau einige Geldscheine. »Wissen Sie wirklich nicht, was mit Elena passiert ist?«

»Nun, nicht genau, erzählen kann sie ja schließlich nicht. Aber wir haben uns natürlich so unsere Gedanken gemacht.«

»Und?«

So recht wollte die Frau mit der Sprache nicht heraus. Verlegen kratzte sie sich den Kopf, bevor sie sich endlich entschloß, doch zu reden. »Sie sehen nicht so aus, als ob Sie dazugehören würden, also will ich ehrlich sein.« Sie beugte sich weit zu Ana hinüber und sprach sehr leise. »Mein Mann meint, die Kommunisten hätten sie in die Mangel genommen. Wir sind Banater Schwaben wie Elena und auch wir hatten die falsche politische Einstellung, wir verehrten König Michael – uns ist der Terror bekannt. Wir haben unseren Ältesten verloren, ich weiß, wovon ich rede.« Bei der Erinnerung an ihren Sohn füllten sich ihre Augen mit Tränen.

»Aber warum nur?« Ana starrte Elena unverwandt an. Diese lebenslustige intelligente Frau war nur noch ein hirnloses Stück Fleisch. Was mochte sie alles ertragen haben?

»Vielleicht wollten sie Elena als Spitzel einsetzen oder einfach nur ›bekehren‹. Die Kommunisten haben Möglichkeiten und Mittel, bei denen sich mir der Magen umdreht, wenn ich nur daran denke.«

Ana wollte nichts mehr davon hören. Sie verabschiedete sich, nicht ohne Elena zu umarmen. Es sollte ein Abschied für immer werden.

Erst Michael und nun auch noch Elena. Ana fühlte sich alleingelassen. Ein Privatleben fand für sie nicht mehr statt. Sie hatte längst akzeptieren müssen, daß ihre Lebensaufgabe woanders lag.

Sie nahm die Herausforderung an, noch engagierter als vorher, noch konsequenter in der Zielsetzung. Sie hatte sich geschworen, keine Rücksicht mehr auf Machtverhältnisse, Obrigkeit und Regression zu nehmen. Und erst recht nicht auf Dr. Bergerov.

Schon am nächsten Morgen betrat sie voller Elan und selbstbewußter denn je das Krankenhaus. Die Aufforderung ihres Oberarztes, an der Morgenvisite teilzunehmen, lehnte sie diesmal kurz und ohne Begründung ab.

Ihr erster Gang führte in die Apotheke des Hospitals, wo sie sich sämtliche Bestände von Procain aushändigen ließ und weitere Vorräte bestellte. Sie war die Heimlichkeiten endgültig leid und wollte ihre Arbeit offen fortsetzen.

Sie wählte zwanzig ältere Patienten auf ihrer Station aus. Es waren vorwiegend Personen, die voraussichtlich einen längeren Krankenhausaufenthalt vor sich hatten und so unter ihrer Beobachtung bleiben konnten.

Sie löste das kristalline Procain in Wasser auf und spritzte eine zweiprozentige Lösung zehn Patienten in die Gesäßmuskulatur, zehn weitere erhielten auf die gleiche Weise jeweils eine Spritze mit einfacher Kochsalzlösung.

Nie zuvor war sie so zielstrebig wie an diesem Tag ihrer ersten Testreihe mit Procain vorgegangen. Würden wirklich gesundheitliche Fortschritte der Procain-Patienten im Vergleich zu den Placebo-Patienten festgestellt werden können? Und wenn ja, wann und in welcher Art und Weise?

Natürlich blieben ihre Versuche den Kollegen nicht verborgen, sie tat aber auch nicht das Geringste, um eine Entdekkung zu verhindern. Neugierige Fragen beantwortete sie zwar ausweichend, aber sie blieb immer bei der Wahrheit. Als Professorin hatte sie schließlich das Recht, in Praxis und Theorie wissenschaftlich zu arbeiten. Nur den Zweck ihrer Arbeit, den Kampf gegen das Alter verschwieg sie.

Ihre Spannung wuchs von Tag zu Tag. Nach zwei Wochen waren noch keine Erfolge zu beobachten.

Am sechzehnten Tag des Procain-Programms, einem Montag, machte sie mit Oberarzt, Stationsarzt, und mehreren Studenten Visite. Sie besuchte auch einige ihrer »Versuchspersonen« und betete um Erfolg.

Danuta Vergerau war eine von ihren Patientinnen. Seit mittlerweile acht Wochen lag sie mit starken Gelenkschmerzen auf der Station, eine schwere Lungenentzündung war später noch hinzugekommen. Die Siebzigjährige wurde mit starken Schmerzmitteln behandelt, zusätzlich wurden entzündungshemmende Medikamente eingesetzt und – Procain!

Seit ihrer Einlieferung war die Patientin bettlägerig, nur mit äußerster Mühe konnte sie sich aufrichten. Mit den körperlichen Gebrechen ging eine seelische Depression einher.

Bereits beim Betreten des Krankenzimmers fiel Ana Aslan die Veränderung bei Frau Vergerau auf. Zum erstenmal hatte die ältere Dame ihre Haare ordentlich frisiert und sogar die Nase leicht gepudert – und sie saß im Bett.

»Wann gibt es endlich Frühstück, Frau Professor? Ich habe Hunger wie ein Kettenhund. Und könnte ich wohl aus der Bibliothek ein Buch bekommen? Ich möchte etwas lesen. Und gewaschen werden möchte ich auch endlich mal wieder.« Die alte Frau wirkte wie neugeboren, kein Vergleich zu ihrem gestrigen Verhalten. Sie wirkte um zwanzig Jahre jünger!

»Frau Vergerau ist erstmals fieberfrei.« Der Stationsarzt, ein junger gemütlicher Mann, den Ana sehr schätzte, las vom Krankenblatt ab. »Die Lungenentzündung haben wir jetzt im Griff, und die Schmerzmedikamentation kann reduziert werden.«

Ana nahm ihr Stethoskop und hörte die Lunge ab – kaum noch Geräusche. Sie prüfte die Beweglichkeit der Gelenke – eine deutliche Besserung war nicht zu leugnen. Zufall?

Die euphorische Stimmung legte sich bald wieder, als Ana in den folgenden Stunden drei weitere Procain-Patienten untersuchte. Bei diesen Kranken hatte sich keine Besserung ergeben.

Zimmer 217. Ein Achtbettzimmer für die Patienten, die die Kosten einer Behandlung nicht zahlen konnten. Hier lagen die Hausierer, Zigeuner, Wanderknechte und Kriminellen. Ein Krankenzimmer, das stets überbelegt war.

Auch hier waren zwei von Anas Patienten untergebracht. Beide waren obdachlos und froh, ein warmes Bett und gutes Essen zu erhalten. Der eine, ein bulliger Kerl von vielleicht sechzig Jahren, litt unter starken Kreislaufbeschwerden und Herzrhythmusstörungen. Er war bewußtlos in einem Hinterhof aufgefunden worden. Der andere war ein Landarbeiter aus der Provinz. Er besaß keine Papiere und wußte selbst nicht, wann er geboren war, hatte eine Fettleber vom Alkohol und war auch sonst in einem schlechten gesundheitlichen Zustand, wie die Blutwerte und andere klinische Untersuchungen belegten.

Beide wiesen zusätzlich die typischen Alterserscheinungen auf, die durch die spezifischen Krankheiten noch verstärkt wurden. Viel Hoffnung konnte man beiden nicht machen. Natürlich konnten Medikamente ihren Tod hinauszögern – aber auf Dauer?

Offensichtlich ging es den beiden dennoch besser. Sie saßen jetzt mit einem anderen Patienten an einem weißlackierten Tisch unter dem Fenster und spielten Karten. Als Ana die Tür öffnen wollte, sah sie gerade noch, wie eine große Weinflasche hinter dem Fenstervorhang verschwand.

Beide hatten wieder eine normale Gesichtsfarbe. Wenn man ihr Krankenblatt nicht gekannt hätte, würde man sie für gesunde Menschen gehalten haben.

»Wann kommen wir endlich hier heraus?« Der eine sprach für den anderen.

Oberarzt Dr. Bergerov musterte Ana erstaunt. Natürlich wußte er von ihren Procain-Versuchen und war über das Resultat überrascht.

»Frau Professor, Sie glauben . . .?«

Ana winkte genervt ab und machte sich daran, ihre beiden Versuchspersonen genau zu untersuchen. »Nochmals ein großes Blutbild«, bat sie den Stationsarzt. »Heute noch ein EKG, und ich möchte auch ein Röntgenbild.« Ihre Anordnungen kamen schnell und präzise.

Drei von zehn! Diese Feststellung hatte sich in ihrem Kopf festgesetzt und begleitete sie in den nächsten Stunden. Jetzt konnte sie nichts mehr erschüttern, sie war auf dem richtigen Weg!

Aber Ana wußte auch, daß sie hier im Krankenhaus nicht weiterkommen würde. Sie brauchte mehr Patienten, und vor allem brauchte sie mehr Zeit. Sie war der Meinung, daß eine Behandlungsdauer von mindestens zwei bis drei Monaten notwendig wäre, um genauere Erkenntnisse zu gewinnen, und das war im Krankenhaus unmöglich.

Sie sah nur eine Möglichkeit. Sie mußte ihre Versuche im Altenheim fortsetzen. Noch am selben Tag machte sie sich auf den Weg, den sie noch vor Monaten mit Elena so oft gegangen war.

Ana hatte den Eindruck, als wäre das Leid im Stift noch größer geworden. Die Zimmer waren restlos überfüllt, nicht selten lebten sechs und mehr alte Menschen in einem Raum. Es stank nach Urin und Erbrochenem. Die sanitären Verhältnisse waren katastrophal, die Pflegerinnen und Schwestern völlig überfordert.

Sie erzählte der Oberin, daß sie den alten Menschen ein neuentwickeltes Vitaminpräparat spritzen wolle, um den Allgemeinzustand zu verbessern. Man glaubte ihr.

Ana wählte diesmal je fünfzig Personen aus. Die Hälfte erhielt Procain, die anderen wiederum ein Placebo. Diesmal legte sie bei ihrer Auswahl Wert darauf, daß alle Patienten in etwa das gleiche Alter und ähnliche Beschwerden hatten – zwischen 72 und 76 Jahren, bettlägerig oder zumindest bewegungseingeschränkt. Alle hatten eines gemeinsam: eine maximale Lebenserwartung von höchstens fünf Jahren.

Ana ließ sich mit der Auswahl ihrer Probanden Zeit. Sie achtete aber auch darauf, daß in der Klinik niemand von ihrer Arbeit im Altenheim erfuhr. Dr. Bergerov wartete nur auf einen Fehler von ihr. So kam sie meist erst am Abend und blieb nur wenige Stunden. Wie eine Diebin, die unentdeckt bleiben wollte, schlich sie in der Dunkelheit durch den Park in den alten düsteren Bau.

Diesmal legte sie eine Tropfinfusion, und zwar mit einer weit höheren Dosis als in der Klinik. Sie wollte Resultate und zwar rasch!

Rumäniens König Michael hatte mittlerweile abgedankt und sich in die Schweiz abgesetzt. Eine Entscheidung, mit der die Bevölkerung schon lange gerechnet hatte, war doch der Monarch, seit sich 1945 die kommunistische Regierung gebildet hatte, mehr oder weniger zum Operettenprinzen degradiert.

Die wildesten Gerüchte machten die Runde. Einige sprachen sogar davon, daß der König erpreßt worden sei: Tausende seiner Anhänger, darunter viele Studenten, waren von den Russen deportiert worden, und es sei ihr Tod angedroht worden, falls sich Michael nicht ins Exil begeben würde. Die genauen Umstände kannte aber niemand.

Rumänien hungerte. Die neuen Machthaber hatten ganze Arbeit geleistet. Was Wert hatte, war konfisziert und auf endlosen Transportzügen in den Nordosten gebracht worden. Von der Nähmaschine bis zum Lastkraftwagen, von der Armbanduhr bis zu Traktoren – vor nichts machten die Besatzer halt.

Auch Ana spürte das Elend hautnah. Im Hospital hatte

man medizinisches Gerät und auch Medikamente abtransportiert, und die Betreuung der Patienten wurde immer schwieriger. Auch in der Krankenhausküche beschwerte man sich über fehlende Lebensmittel. Man war bereits dazu übergegangen, aus der einst so imposanten Parkanlage einen Gemüsegarten zu machen. Im ehemaligen Wohnhaus des Krankenhausgärtners wurden Hühner und Gänse gehalten, um wenigstens die Grundversorgung zu garantieren.

Ana war jetzt eine Frau von über fünfzig Jahren und in einem Alter, in dem man sich entweder beruflich etabliert hat oder langsam anfängt, ein wenig leiser zu treten.

Für Ana traf dies nicht zu. Zwar hatte sie beruflich Karriere gemacht und sich in einer Männerdomäne durchgesetzt, aber im Innersten fühlte sie sich immer noch am Anfang ihres Weges.

Ihr Äußeres hatte sich in den letzten Jahren nicht verändert. Sie war immer noch eine attraktive Frau, die Wert auf ihr Äußeres legte. Kein Grau zeigte sich in ihrem langen dunklen Haar, das sie meist zu einem Zopf zusammengefaßt trug, sie hatte immer noch das gleiche Gewicht wie zu ihrer Studentenzeit, und sie war stolz darauf.

»Kleine Frauen altern eben langsamer«, pflegte sie zu sagen, wenn sie von Freunden oder Kollegen auf ihr Aussehen angesprochen wurde. Dabei zog sie an ihrer filterlosen Zigarette und nippte an einem Glas Rotwein. Die wenige Freizeit, die ihr blieb, genoß sie in vollen Zügen. Doch bei allem, was sie tat, stand immer eines im Vordergrund: ihre Lebensaufgabe.

Sie spürte die schwere Last der Isolation. Es deprimierte sie immer mehr, ihre Forschungen allein betreiben zu müssen. Wie gerne hätte sie lauthals in die Welt hinausgeschrien: »Das ewige Leben ist möglich! Ich bin auf der Suche!« Sie wollte mehr Menschen an ihren Hoffnungen teilhaben lassen, Kollegen begeistern, intensivere und umfangreichere Tests durchführen. Hin und wieder fühlte sie sich überfordert und alleingelassen.

Plötzlich flackerte ein Hoffnungsschimmer auf. Ein väterlicher Freund aus alten Bukarester Zeiten hatte sich bei ihr gemeldet: Dr. Gregory Parhon, ein anerkannter Arzt und Wissenschaftler, hatte von ihren Procain-Versuchen und den damit verbundenen Schwierigkeiten mit der Parteileitung erfahren und seinen Besuch angekündigt.

Vor fast dreißig Jahren hatte sie Dr. Parhon oder Greg, wie sie ihn nannte, auf einer Ärztefeier kennengelernt. Sie hatte gerade ihr Studium mit Bravour abgeschlossen, als er längst einer der führenden Mediziner des Landes war. Auf Anhieb hatten sie sich verstanden. Nein, es war keine Liebe, es war Sympathie, große Sympathie. Für lange Zeit sahen sie sich regelmäßig. Er besorgte ihr die erste Anstellung, unterstützte sie, wo er nur konnte. Auch bei ihrer Versetzung nach Timisoara hatte er die Hand im Spiel gehabt. Sie waren auf eine gewisse Weise seelenverwandt, beide fasziniert von den Möglichkeiten der modernen Medizin.

Leider hatten sie sich irgendwann aus den Augen verloren, ihre Lebenswege hatten sich einfach getrennt. Und jetzt würde sie ihn wiedersehen! War er der Mann, der ihr neue Hoffnung geben, sie unterstützen und motivieren könnte?

Greg war nicht nur ein begnadeter Arzt, sondern auch ein wortgewandter Rhetoriker und politisch engagierter Mensch. Seine Popularität in der Bevölkerung hatte dazu geführt, daß er nach dem verlorenen Krieg als einer der neuen politischen Hoffnungsträger aufgebaut worden war. Er war nie Monarchist gewesen, aber er stand auch, das wußte Ana, dem Kommunismus skeptisch gegenüber. Er war ein Patriot, ein Mann des Volkes.

Die neuen Machthaber machten sich seine Beliebtheit bei den Rumänen zunutze. Sie hatten ihn als Galionsfigur der neuen Bewegung aufgebaut und waren erfolgreich damit gewesen. Dr. Gregory Parhon galt etwas in der Politik und sogar der Aufstieg zum Präsidenten wurde in der Öffentlichkeit nicht mehr ausgeschlossen.

In ihrer euphorischen Stimmung – sie freute sich wirklich auf das Wiedersehen – nahm sich Ana vor, an diesem Tag früher als sonst nach ihren Patienten im Altenheim zu schauen. Fünfzig Injektionen Procainlösung hatte sie bereits in ihrer alten abgewetzten Arzttasche.

Sie ging wie auf Wolken. Das Elend der alten Menschen nahm sie gar nicht wahr. Sogar der Gestank in den Zimmern störte sie nicht mehr; für jeden Alten hatte sie ein freundliches Wort, und vielleicht setzte sie auch heute ihre Spritzen etwas sanfter als sonst.

Noch ein Zimmer, noch acht Spritzen, und sie war wieder einen kleinen Schritt weiter. Es war ihr heute vorgekommen, als hätte das Procain eine generelle Wirkung bei allen Patienten gezeigt. Oder war das nur Wunschdenken?

Zimmer 235. Schnell verglich sie noch einmal, welcher Patient wirksame und wer Placebo-Spritzen bekommen sollte und trat ein. Sofort fiel ihr auf, daß ein Bett fehlte. Das letzte Bett links vor dem Fenster stand nicht mehr an seinem Platz.

Einer ihrer Procain-Patienten war tot. Die alte Frau Tomescu war einfach eingeschlafen, Todesursache unbekannt, wahrscheinlich Altersschwäche. Mehr wußten auch die Mitinsassen des Zimmers nicht. Sterben war auf dieser Station so normal wie Frühstück oder Abendessen. Man machte kein Aufhebens darum.

Bei Ana war dies anders. Sie wollte unbedingt die Hintergründe des Todes wissen. Schnellen Schrittes verließ sie das Zimmer auf der Suche nach der Oberschwester. Hatte sie etwas falsch gemacht? Könnte das Procain schuld gewesen sein? Plötzlich hatte sie Zweifel an allem.

Sie eilte aufgeregt durch die Flure. »Schwester Reina!« Laut schallten ihre Rufe durch das Altenheim. Die Oberschwester war nicht zu finden.

In großer Hektik riß sie eine Tür nach der anderen auf: nichts. War sie schuld am Tod eines Menschen. Ihre Stimmung wechselte von rosarot auf dunkelgrau.

Die Tür zur Wäschekammer. Na endlich! »Schwester Reina, ich suche Sie überall. Was ist mit der Patientin von . . .?« Weiter kam sie nicht.

Reina Gördu, die leitende Stationsschwester, die bislang immer zuverlässig und verschwiegen mit ihr zusammengearbeitet hatte und die sie zwangsläufig auch in ihr Vorhaben hatte einweihen müssen, war nicht allein. Als Ana die Tür öffnete, war sie im Begriff, ihre Kleidung zu ordnen.

Im Hintergrund der kleinen Wäschekammer stand ein Mann mit heruntergelassener Hose, Scham und Entsetzen in den Augen. Mit hochrotem Gesicht bückte sich Schwester Reina nach ihrem Slip, der mitten im Raum auf dem Boden lag. Der Mann kleidete sich wortlos an, es war ihr Oberarzt Dr. Bergerov. Ana schloß die Tür.

Es dauerte nur wenige Augenblicke, bis der Oberarzt den Flur betrat. »Sie brauchen sich nicht zu rechtfertigen, Herr Kollege. Es ist doch nichts passiert, oder?«

»Wie meinen Sie das?« tat er erstaunt.

Sollte er wirklich nicht ahnen, weshalb sie hier im Altenheim war? Hatte ihm die Schwester nichts von den Procain-Versuchen erzählt? Machte sie sich nur unnötig Sorgen? Ana überlegte.

»Ach, Sie wollen wissen, ob ich von Ihren Tests hier im Hause erfahren habe?« Dr. Bergerov hatte seine Fassung wiedergefunden. »Ich weiß auch, daß heute nacht eines Ihrer Versuchskaninchen gestorben ist.« Damit war es heraus.

Ana versuchte zu widersprechen, aber Bergerov ließ sie erst gar nicht zu Wort kommen. Mit schärferer Stimme fuhr er fort: »Ihnen sind diese Versuche von höchster Stelle verboten worden, weil sie sinnlos sind. Ich habe die verdammte Pflicht, Sie zu melden.« Abrupt drehte er sich um und ließ Ana stehen. Das Klappern seiner Schuhe auf dem Steinboden der Gänge hallte Ana noch lange in den Ohren.

Und jetzt? Sie war sich im klaren darüber, daß sie mit Konsequenzen würde rechnen müssen. Wahrscheinlich würde man sie fristlos entlassen oder, wenn sie Glück hatte, in irgendein kleines Krankenhaus in der Provinz versetzen. Oder gar ... sie wagte erst gar nicht, an das Schicksal ihrer Freundin Elena zu denken.

Wie konnte sie auch nur so naiv sein, zu glauben, ihre Arbeiten würden unentdeckt bleiben? Dieser Spitzel hatte nur darauf gewartet, ihr Fehlverhalten aufzudecken. Sie mußte ruhig bleiben und abwarten.

Montag. Anas Stimmung war auf dem Nullpunkt. Allein saß sie in ihrem Büro und ergab sich ihrem Schicksal, hin und hergerissen zwischen Zukunftsängsten und Selbstvorwürfen. Sie saß einfach da und wartete. Visionen liefen vor ihren Augen ab, Tagträume, in denen brutale Beamte und hinterhältige Kollegen im weißen Kittel eine Rolle spielten.

Lange Zeit verharrte sie so. Immer die Tür im Auge und die bange Frage im Sinn, was nun kommen würde. Ihre Nervosität stieg. Dann jedoch, es ging schon auf Mittag zu, öffnete sich ohne Ankündigung die Tür. Zuerst erkannte sie Dr. Bergerov, ihm folgten einige Männer, die ihr unbekannt waren. Unbekannt?

Mit einem leisen Freudenschrei stürzte sie sich auf einen der eintretenden Herren, einem großen, schlanken Mann mit dunklen, bereits angegrauten Haaren und markanten Gesichtszügen. »Greg, ich habe dich erst viel später erwartet! Greg, ich freue mich so, daß du da bist.« Sie umarmte und küßte ihn auf beide Wangen.

Dr. Gregory Parhon entledigte sich mit sanfter Gewalt ihrer Umarmung. »Ich freue mich auch, Ana.« Er hatte eine weiche, ruhige Stimme. Jetzt wird alles wieder gut! Greg wird mich verstehen!

Für Sekunden schauten sie sich in die Augen, bis sie von Dr. Bergerov unterbrochen wurden. »Frau Kollegin, darf ich Ihnen die anderen Herren vorstellen, Professor Dr. Parhon kennen Sie offensichtlich bereits.«

Bergerov wies auf die übrigen Männer. »Dr. Radu Morar,

Generalsekretär unserer kommunistischen Partei hier in Timisoara, und Nicolaie Negru vom Ministerium für Gesundheit. Bitte setzen Sie sich, meine Herren.« Er tut schon so, als wäre er bereits mein Nachfolger, dachte sie.

Es war jedoch Dr. Parhon, der zunächst das Wort ergriff. Freundlich, fast in einem väterlichen Ton, wandte er sich an Ana: »Mädchen, was hast du getan? Ich habe mir richtig Sorgen gemacht, als ich hörte, in welchen Schwierigkeiten du bist. Nun erzähle mir mal, was eigentlich los ist.«

Ana war es peinlich, daß er in ihre Angelegenheiten mit hineingezogen wurde. Andererseits war sie froh, in dieser Situation einen Verbündeten zu haben. An der Seite von Greg fühlte sie sich irgendwie sicher. Sie begann von ihren Forschungen zu berichten.

Man hörte ihr interessiert zu. Ab und an wurde sie durch eine Frage unterbrochen, aber man ließ ihr Zeit, sich zu rechtfertigen.

»Und glauben Sie meine Herren, ich bin auf dem richtigen Weg. Erste Erfolge haben sich bereits eingestellt.« Sie erzählte von ihren Patienten im Krankenhaus. »Ich muß die Tests einfach fortführen.«

»Ana, hast du dich nicht in etwas verrannt? Siehst du das alles nicht zu optimistisch?« Ana war enttäuscht, daß gerade Greg ihr widersprach. Er war doch Experte auf diesem Gebiet, einer der besten Gerontologen, er müßte ihr doch recht geben.

»Wenn ich noch einige Wochen Zeit hätte . . .«

»Du bist fanatisch, Ana. Du hast dich verändert seit unserer Zeit damals. Was soll das Gerede vom ewigen Leben, vom Leben ohne Alter. Ich bitte dich, komm zu dir!« Behutsam legte Dr. Parhon seinen Arm um ihre Schultern. »Du bist eine gute Ärztin, genügt dir das nicht? Du kannst keine Wunder vollbringen, du bist ein Mensch. Du kannst helfen, das ist deine Aufgabe.«

Jetzt meldete sich auch Dr. Bergerov zu Wort: »Die Frau

Kollegin ist bereits mehrfach darauf hingewiesen worden, daß ihre Forschungen keine Unterstützung von offizieller Seite haben. Im Gegenteil, ihre Forschungen sind unerwünscht, weil sie erstens falsche Hoffnungen wecken, und weil sie zweitens ihre Aufgaben in der Klinik dadurch vernachlässigt. Außerdem hatte Professor Aslan bereits vor Monaten versprochen, ihre Tests einzustellen.«

Nicolaie Negru, der Gesandte des Gesundheitsministeriums in Bukarest, ein unscheinbarer junger Mann mit schütterem blonden Haar und schlechtsitzendem Anzug setzte sich in Positur. »Wir wollen nicht um den heißen Brei herumreden. Zwar halten wir Sie weiterhin für eine überdurchschnittlich gute Ärztin, aber die Position hier scheint Sie doch zu überfordern. Wir haben uns deshalb entschlossen, Sie in die Sanitätsstation nach Cimpulung zu versetzen. Dr. Bergerov wird dann hier Ihre Nachfolge antreten. Es steht Ihnen natürlich auch frei, unser Angebot abzulehnen.«

»Geben Sie mir bitte noch vierzehn Tage. Bis dahin könnte ich . . .« Ana unternahm einen letzten Versuch. Dr. Parhon beugte sich zu ihr. »Bitte, sag jetzt nichts. Auch in Cimpulung gibt es Menschen, die deine Hilfe brauchen.« Ana sah ihn entsetzt an.

»Frau Doktor, wir wollen jede Öffentlichkeit vermeiden. Wir wissen, wie beliebt Sie in Timisoara sind, und wollen kein Aufsehen erregen.« Der hiesige Parteisekretär wollte sich auch an dem Gespräch beteiligen. »Bitte verlassen Sie die Stadt so schnell wie möglich, am besten noch heute. Organisatorisch dürfte das kein Problem sein.«

»Glaubst du mir auch nicht?« Herausfordernd sah sie Dr. Parhon an.

Er konnte ihr jetzt nicht in die Augen schauen und senkte verschämt den Kopf. »Wir reden besser ein anderes Mal darüber.«

Ana unternahm noch einen letzten Versuch. »Weißt du überhaupt, was diese Herren hier mit meiner Assistenzärztin gemacht haben? Gefoltert, mißbraucht und auf die Straße geschmissen, nur ...«

»Ana, sei ruhig, es ist besser für dich.« Dr. Parhon unterbrach sie abrupt, aber es war schon zu spät. Der Parteisekretär war aufmerksam geworden.

»Was wollen Sie damit andeuten, Frau Doktor?«

Mit einem Mal wußte Ana Aslan, daß sie zu weit gegangen war, wie sollte sie aus dieser Situation wieder herauskommen?

In diesem Moment klopfte es leise an die Tür.

Dr. Bergerov, schon ganz der neue Chefarzt, reagierte unwirsch. »Jetzt nicht, wir sind in einer wichtigen Besprechung.«

Die Tür öffnete sich dennoch.

Herein trat ein uraltes Mütterchen. Ihrem Aussehen nach mußte sie fast achtzig Jahre alt sein. Sie ging gebeugt an einem Stock, was ihr größte Schwierigkeiten bereitete, aber sie hatte ein strahlendes Lächeln auf ihrem runzligen Gesicht: »Ich wollte mich doch nur bei der Frau Professor bedanken.«

Ana erstarrte.

»Eine deiner Krankenhauspatientinnen?« fragte Dr. Parhon.

Zunächst antwortete sie nicht, dann schüttelte sie langsam den Kopf. »Was du hier siehst, was hier vor uns steht, ist die Auswirkung meines angeblichen Verbrechens. Der Grund meiner Versetzung in die tiefsten Karpaten, der Grund für meine Degradierung.«

Keiner im Raum verstand sie.

Ana stand langsam auf, ging auf die alte Frau zu, die immer noch an der Tür stand, und küßte sie behutsam auf die Stirn. »Wie geht es Ihnen heute?«

Ein Weinkrampf durchschüttelte die alte Frau, so stark, daß Ana sie stützen mußte. »Frau Professor, ich konnte heute zum erstenmal nach sieben Jahren aufstehen, einfach so, weil ich es wollte. Und das verdanke ich Ihnen, nur Ihnen. Vielen, vielen Dank.« Sie versuchte Anas Hände zu ergreifen und zu küssen.

»Könntest du uns die Situation bitte erklären?« Dr. Parhon schien nervös zu werden. »Sind wir in einem Schmierentheater, oder was geht hier vor?«

»Procain!« Ana war nicht in der Lage, mehr zu sagen. Das Herz schlug ihr bis zum Hals. Sie hätte schreien können vor Freude, aber auch weinen können vor Enttäuschung, weil man ihr kein Vertrauen entgegenbrachte.

»Ich möchte die Herren bitten, mir zu folgen.« Mit wehendem Kittel stürmte Ana aus dem Zimmer, alle anderen folgten ihr. Im Laufen flüsterte sie Dr. Parhon ins Ohr: »Die alte Frau, die du eben gesehen hast, habe ich vier Wochen lang mit Procain behandelt. Vor ihrer Behandlung litt sie an schwerstem Gelenkrheuma, war kaum einer Bewegung mehr fähig. Und jetzt ...«

Noch nie war ihr der Weg vom Krankenhaus zum Altenheim so weit vorgekommen. Obwohl sie außer Atem war, beschleunigte sie ihre Schritte.

Die alten Männer und Frauen, die auf dieser Abteilung lagen, waren durchweg pflegebedürftig. Die meisten von ihnen lagen tagsüber apathisch in ihren Betten, nur einige wenige waren noch imstande, sich ohne fremde Hilfe zu bewegen. Wer einmal hier gelandet war, hatte seinen Lebensmut längst verlorgen und mit seinem Leben abgeschlossen.

Und heute? Zum erstenmal, seit sie dieses Haus betreten hatte, hörte Ana Aslan Lachen aus den Zimmern. Und tatsächlich bot sich ihr ein bewegendes Bild, das nur jemand verstehen konnte, der diese alten Menschen noch vor wenigen Tagen beobachtet hatte.

Fünf Frauen saßen um einen großen alten Holztisch herum, schwatzten angeregt und tauschten ihre Familienfotos aus. Es lag eine fast heitere gelöste Atmosphäre über dem Raum. Nur die sechste Patientin konnte ihr Bett nicht verlassen, aber auch sie hatte sich aufgerichtet und nahm an der Unterhaltung teil.

Ana sog das Bild in sich auf.

»Guten Morgen, Frau Professor. Ihre komischen Spritzen haben scheinbar viel genützt. Die Vitamine haben mit gutgetan.« Eine Frau von vielleicht achtzig Jahren, die unter starken Herzrythmusstörungen und sonstigen Alterserscheinungen litt, kam langsam auf sie zu. »Danke, Sie sind wirklich eine gute Ärztin.«

Dr. Parhon und die anderen hatten jetzt ebenfalls das Zimmer erreicht, auch eine Schwester des Heims fand sich ein.

Doch Ana war längst auf dem Weg zum nächsten Zimmer. Hier hatte sie den alten Menschen zwar ebenfalls jeden dritten Tag eine Spritze gesetzt, aber lediglich mit wirkungsloser Salzlösung gefüllt. Und hier bot sich das gewohnte Bild des Elends. Wieder der Gestank von Urin und Kot, wieder die alten Menschen, die müde wirkten und auf nichts mehr warteten. Es war so wie immer!

Der nächste Raum. Wieder ein »Procain-Zimmer« und wieder voller Hoffnung. Ana hätte jeden einzelnen ihrer Patienten am liebsten umarmt. Sie war sich sicher, daß diese Veränderungen kein Zufall waren.

Auf dem Flur war es inzwischen zu hektischen Gesprächen gekommen. Patienten, Schwestern, Ärzte aus dem Krankenhaus und Anas Begleiter diskutierten über die Sensation. Einige Alte berichteten, daß sie sich schon seit einigen Tagen besser fühlten, aber gestern und heute hätte sich plötzlich alles zum Positiven entwickelt. Die Schwestern und Pflegerinnen der Station konnten dies nur bestätigen, längst hätten sie gemerkt, daß in der Vergangenheit der Appetit bei einigen Patienten zugenommen hätte – eigenartigerweise jedoch nur in einigen Zimmern.

Einige Ärzte waren bereits dabei, die Procain-Patienten zu untersuchen. Immer mehr Menschen kamen ins Heim, Verwandte und Bekannte von Patienten oder Neugierige von der

Straße. Auch die Presse hatte sich angekündigt. Es herrschte ein heilloses Durcheinander.

Ana zog sich zurück, sie mußte das Erlebte erst einmal verdauen. Man ließ ihr diese Zeit. Erst nach einer halben Stunde klopfte Dr. Parhon leise an ihre Tür. »Dürfen wir eintreten?«

Ana nickte.

»Ana, ich muß mich bei dir entschuldigen. Der Fanatiker bin ich, weil ich nicht glauben wollte, was meiner Meinung nach nicht sein konnte. Und du hast an dich geglaubt, ich bewundere dich.« Professor Parhon reichte ihr verlegen die Hand, nahm sie dann in den Arm und drückte sie zärtlich an sich. Ana fühlte sich wie eine Sportlerin, die als große Außenseiterin einen Sieg errungen hatte.

Sogar Dr. Bergerov beglückwünschte sie. »Sie müssen mir unbedingt mehr über Ihre Versuche erzählen.« Seinem Gesicht sah man an, daß er seine Hoffnung, Ana als Chefarzt ablösen zu können, bereits aufgegeben hatte.

Dann war der Generalsekretär an der Reihe. Im Tonfall einer Regierungserklärung lobte er Anas Arbeit und Fähigkeiten und forderte sie auf, ihr großes Wissen dem rumänischen Volk und der Partei zur Verfügung zu stellen. »Die Republik braucht Sie, Frau Professor.«

Da wollte natürlich auch Nicolaie Negru vom Ministerium nicht zurückstehen. »Ich muß Ihnen allerdings den Vorwurf machen, Ihre Erfolge zu lange geheim gehalten zu haben. Wären wir in Bukarest frühzeitig informiert worden, hätten wir uns die Mißverständnisse sparen können.« Er reichte ihr trotzdem die Hand. »Vergessen wir unser heutiges Gespräch.«

Noch vor wenigen Stunden waren sie über Ana hergefallen, hatten an ihren Fähigkeiten und ihrer Persönlichkeit gezweifelt; aber dies alles interessierte Ana in diesem Moment nicht, sie hatte anderes im Kopf. Sie wußte zwar, daß die erste Schlacht gewonnen war, aber noch längst nicht der ganze Krieg. Sie war erst am Anfang, der größte Teil des Weges lag noch vor ihr.

Nur jetzt, das war ihr schnell klar geworden, würde sie öffentlich arbeiten können und durfte auf Unterstützung hoffen. Die Arbeit im Verborgenen war endgültig vorbei.

Ana mußte an diesem Tag noch viele Fragen beantworten. Zum erstenmal in ihrem Leben gab sie ein Interview im rumänischen Rundfunk. Sie wurde in wenigen Stunden zu einer bekannten, öffentlichen Person. Das Wort Procain war in aller Munde, der Name Professor Doktor Ana Aslan zum Markenzeichen geworden.

Erst am späten Abend kam sie zur Ruhe. Gemeinsam mit ihrem Freund Parhon zog sie sich in ihre Wohnung zurück. Sie aßen zu Abend, machten es sich bei einer Flasche Champagner gemütlich und plauderten über alte Zeiten. Doch immer wieder kamen sie auf das alles beherrschende Thema zu sprechen. »Warum warst du von deinem Erfolg so überzeugt?« fragte ihr alter Mentor zu später Stunde.

Sie dachte kurz nach, dann lachte sie, der Alkohol zeigte langsam Wirkung: »Überzeugt war ich immer nur von der Möglichkeit, daß es ein Mittel geben muß, das Leben verlängern und dem Schrecken des Alterns die Maske vom Gesicht reißen kann. Mehr nicht.«

»Du weißt, was das in Zukunft für dich bedeutet? Es wird sich einiges ändern in deinem Leben.« Dr. Parhon sah sie fragend an. »Du hast Hoffnungen geweckt. Millionen alte Menschen glauben jetzt, du allein könntest ihnen helfen, ihre Leiden mindern und ihnen ein längeres Leben garantieren. Ab sofort trägst du eine Riesenverantwortung.«

Er beugte sich zu ihr und küßte sie. Etwas zu lange, um nur ein guter Freund zu sein. »Ich weiß, du wirst es schaffen.«

4

Was wirklich auf sie zukommen würde, konnte Ana damals nicht im entferntesten ahnen. Natürlich behielt sie nach den Ereignissen im Altenheim ihre Chefarztfunktion und ihre Professur. Ana wurde vollständig rehabilitiert. Ihre Procain-Experimente konnte sie nun mit der Unterstützung höchster Stellen fortsetzen und sogar erweitern. Sie hatte freie Hand.

Aber die Öffentlichkeit, einmal aufmerksam geworden, ließ sie keinen Augenblick unbeobachtet. Die internationale Fachpresse bat um Stellungnahmen. Experten aus aller Herren Länder kamen in die rumänische Provinz, um sich vor Ort über die Fortschritte ihrer Forschungen zu informieren. Innerhalb weniger Monate stieg sie zu einer der bekanntesten Gerontologinnen Europas auf.

Ihre Testreihen wurden immer umfangreicher, und die Ergebnisse belegten weiterhin Erfolg. Bis 1951 hatte sie über zehntausend alte Menschen mit Procain behandelt. Die positiven Resultate waren jederzeit reproduzierbar.

Auch Dr. Gregory Parhon machte Karriere. Im selben Jahr wurde er zum Parlamentspräsidenten ernannt. Er war inzwischen davon überzeugt, am meisten für sein Volk leisten zu können, wenn er sich mit den Kommunisten arrangierte. Außerdem gab ihm sein neues Amt die Möglichkeit, sich weiterhin für Ana einzusetzen und sie zu fördern. Auch mit staatlichen Geldern.

Beiden war längst klar geworden, daß Timisoara nicht die

Möglichkeiten bot, die Forschungen intensiviert zu betreiben. Ein Umzug zurück nach Bukarest war unvermeidbar. Hinzu kam, daß Ana Aslan längst zu einer nationalen Berühmtheit avanciert war, deren Popularität auch die neue rumänische Regierung nutzen wollte. Vielleicht wollten sie sie in Bukarest auch nur besser unter Kontrolle haben!

So kam es, wie es kommen mußte: Ana Aslan erhielt im Jahre 1952 ein eigenes Institut in der rumänischen Hauptstadt, das Nationale Institut für Geriatrie und Gerontologie. Die erste und einzige Einrichtung dieser Art auf der ganzen Welt. Damit waren für sie alle Voraussetzungen geschaffen, sich nur noch auf ihre Forschung konzentrieren zu können.

Es war ein wunderschöner Frühsommertag, als sie Timisoara verließ. Diesmal mußte sie nicht die Eisenbahn benutzen wie auf der Hinfahrt vor Jahren, heute stand ihr ein großer Citroën mit Chauffeur zur Verfügung. Es hatte sich eben vieles geändert in ihrem Leben. Als sie nach Stunden die Vororte Bukarests erreichten, fühlte sie sich endlich wieder zu Hause.

Sie ließ sich sofort in ihr neues Institut fahren, das sie heute zum erstenmal sehen sollte. Erst jetzt merkte sie, wie ihre Spannung zunahm. Mit dem heutigen Tag würde ein neuer Abschnitt ihres Lebens beginnen, die Zeit der Entscheidung hatte begonnen.

Sie kamen am Kiseleff-Park vorbei, der schönsten Parkanlage der Stadt – die alten Ulmen hatte man nicht zu Brennmaterial verarbeitet –, bogen dann links in die Strada Camgeneu ein, und schon las sie an einem Gebäude in großen Lettern ihren Namen.

Gebäude war nicht der richtige Ausdruck. Das Ana Aslan-Institut war ein neuer Komplex, eingebettet in einer großzügigen Grünanlage. Er war genau nach ihren Anweisungen geplant und gebaut worden und auch für die Ausstattung und Auswahl des ärztlichen Personals war sie von Timisoara aus verantwortlich gewesen. Jetzt sah sie ihre neue Arbeitsstätte zum erstenmal vor sich.

Sie trat duch das großzügige Eingangsportal, wo sie in der Empfangshalle von ihren zukünftigen Mitarbeitern bereits erwartet wurde. Ihr Stellvertreter und leitender Arzt, Professor Milan Seanu, kam einige Schritte auf sie zu und reichte ihr die Hand. Seanu galt als führender Internist Rumäniens und hatte einen Lehrstuhl an der hiesigen Universität. Ohne lange zu überlegen hatte er zugestimmt, in Zukunft Ana Aslan bei ihrer Arbeit zu unterstützen.

»Ich heiße Sie auf das herzlichste willkommen. Darf ich Ihnen unsere Mitarbeiter vorstellen, oder möchten Sie erst die Räumlichkeiten sehen?« Seanu, ein attraktiver Vierziger, mit etwas zu langen schwarzen Haaren, freute sich aufrichtig. Er machte Ana mit den neuen Mitarbeitern bekannt.

Ihr Stab bestand aus zehn Ärzten und Ärztinnen aus allen internistischen Fachbereichen, Schwestern, Pflegern, Laborangestellten, Sport- und Bewegungstherapeuten. Sie konnte es in allen Gesichtern ablesen: Die Menschen setzten große Hoffnungen in sie.

Der Rundgang durch das Institut übertraf ihre kühnsten Erwartungen. Der Altenheim-Trakt verfügte über zweihundertachtzehn Plätze, jeweils in Einzel- oder Zweibettzimmern. Die medizinische Abteilung und das Labor waren mit den modernsten Instrumenten und Geräten ausgestattet, es fehlte an nichts.

Besonderen Wert hatte man darauf gelegt, daß die alten Menschen nicht nur optimal medizinisch und medikamentös behandelt werden würden, sondern auch eine abwechslungsreiche Freizeitgestaltung genießen konnten. Für die Heimbewohner gab es Bastelstuben und eine Bibliothek, sie konnten im Garten arbeiten und hatten sogar ein Schwimmbad und eine Sporthalle zur Verfügung.

Ana Aslan war der Meinung, daß eine geeignete Procain-Therapie von mentaler Ausgeglichenheit begleitet werden müsse. Ein befreiter Geist wäre für einen gesunden Körper unerläßlich.

»Wie sehen Ihre Planungen aus?« Nach dem Rundgang hatte man sich im kleinen Kreis in Anas Zimmer getroffen. Zur Feier des Tages trank man eine Flasche Sekt, die Stimmung war gelöst und ungezwungen. Dafür, daß sie sich heute zum erstenmal trafen, war die Atmosphäre bereits sehr freundschaftlich. Professor Seanu brannte vor Tatendrang. Ana auch!

Anwesend waren noch zwei weitere Oberärzte, Dr. Johanu Pigar und Dr. Eva Theoru, sowie die Leiterin des Pflegedienstes Hanna Hagler. Letztere war Ana auf Anhieb sympathisch.

Die Oberschwester war um die Vierzig, eine mütterlich wirkende, untersetzte Frau, die scheinbar die Erfüllung im Beruf einem geregelten Familienleben vorgezogen hatte. Sie war unverheiratet geblieben und hatte bislang die Leitung des staatlichen Armenhauses innegehabt. Obwohl man dies aus ihrem Äußeren nicht schließen konnte, war sie, wie man heute sagen würde, eine emanzipierte Frau.

Fast eine Stunde unterhielten sie sich, machten Pläne, legten die erste Forschungsreihe fest und diskutierten über die medizinischen Reihenuntersuchungen. Dann löste sich die Runde langsam auf. Die eigentliche Arbeit würde sowieso erst morgen beginnen.

»Darf ich Sie noch einmal kurz sprechen?« Im Herausgehen wandte sich Hanna Hagler an ihre neue Chefin.

»Aber natürlich, nehmen Sie Platz. Gibt es Schwierigkeiten, schon heute am ersten Tag?« Es sollte erheiternd klingen.

»Nein, es ist alles in Ordnung, noch jedenfalls.« Die Oberschwester druckste herum.

»Heraus mit der Sprache. Haben wir zu wenig Pfleger oder fehlt es an Lebensmitteln? Sie können offen mit mir reden.«

»Nein, nein, es ist alles wunderbar. Unsere alten Menschen leben hier besser als in jedem Hotel in Bukarest. Aber darum geht es mir nicht.«

Ana wurde ungeduldig. »Also?«

»Sie wissen doch, daß ich vorher im Armenhaus des Militärs gearbeitet habe. Wir betreuten dort ehemalige Soldaten, die keine Heimat mehr haben. Die menschenunwürdigen Zustände will ich Ihnen erst gar nicht schildern. Mein Problem ist, ich hatte die Hoffnung, daß einige dieser Insassen hier in Ihrem Institut aufgenommen werden könnten. Einem hatte ich es sogar versprochen.«

»Und?« Ana wurde neugierig.

»Er wurde von Ihrem Institut abgelehnt – wie alle anderen aus meinem ehemaligen Altenheim auch.«

»Was wollen Sie damit sagen?«

Hanna Hagler war es sichtlich unangenehm, die Wahrheit zu sagen. »Wer in diesem Heim einen Platz findet, bestimmen nicht wir.« Sie senkte den Kopf.

»Wir sind ein staatliches Heim wie Dutzend andere im Land auch.« Ana wurde nachdenklich. »Oder etwa nicht?«

»Ich kann Ihnen nur sagen, daß bislang sämtliche Heimbewohner auf Anweisung der Behörden aufgenommen wurden. Mehr weiß ich nicht.«

»Frau Hagler, wieviel Plätze haben wir noch frei?«

»Ich glaube, so an die fünfzig.« Die Oberschwester sah in ihren Unterlagen nach. »Genau zweiundfünfzig.«

»Dann tun Sie mir bitte einen Gefallen. Nehmen Sie meinen Wagen und fahren Sie in Ihr Armenhaus. Alle alten Menschen, die der Pflege bedürfen, und gern zu uns kommen würden, laden Sie zu uns ein. Wenn Ihnen jemand Schwierigkeiten macht, berufen Sie sich auf mich.« Ana wollte Kompetenzstreitigkeiten erst gar nicht aufkommen lassen, ein zweites Timisoara sollte es nicht mehr geben. Jetzt hatte sie das Sagen, und das sollte auch so bleiben.

»Gibt es sonst noch etwas, das ich wissen sollte?«

Hanna Hagler verneinte und verließ eilig den Raum.

Ana war allein.

Langsam erhob sie sich. In diesem Zimmer würde sie also in den nächsten Jahren ihr Leben verbringen. In diesem Haus.

In dieser Stadt. In sich gekehrt und nachdenklich begann sie noch einmal einen Rundgang durch das Institut.

Welch ein Unterschied zu den Anstalten, die sie bislang kennengelernt hatte. Das ganze Haus war in optimistischen hellen Farben gehalten, beige Bodenfliesen und hellgelbe Wandfarbe. Überall gab es Bänke und Sitzgruppen zum Ausruhen, viele Grünpflanzen lockerten die weitläufigen Gänge auf. Es roch ein wenig nach Bohnerwachs.

Sie betrat eines der Krankenzimmer. Auch hier war alles sehr freundlich, sehr hell, sehr geschmackvoll eingerichtet. Zwei Patienten teilten sich dieses Zimmer. Und dann sah sie wieder die Menschen, um die sich hier alles drehen sollte, die Alten.

Zwei Männer lagen teilnahmslos in ihren Betten. Bei ihrem Eintreten drehten sie nur kurz den Kopf und murmelten eine Begrüßung. Ana trat näher, sie wollte ihre zukünftigen Patienten kennenlernen.

Die Begegnung mit den Leiden des Alters war für sie jedesmal aufs neue niederschmetternd. Die faltigen Gesichter mit den tiefliegenden glasigen Augen, die dürren Finger. Immer wieder wurde ihr drastisch klar, wie schnell und rücksichtslos die Schönheit und die Kraft eines Menschen vergeht.

Was nutzte diesen beiden Alten die umfangreiche Bibliothek ihres Institutes, wenn ihre Augen zu müde zum Lesen waren? Was hatten sie von der schönen Parkanlage, vom Schwimmbad, wenn ihre Beine sie nicht mehr tragen wollten? Mit einemmal war es wieder da, dieses Gefühl, dieser innere Zwang. Diesen Menschen wollte sie Leben geben. Ein lebenswertes Leben.

Sie trat näher an die Betten und legte ihre Hände auf die schütteren grauen Haare eines der Patienten. »Ich verspreche Ihnen, in ein paar Wochen wird es Ihnen besser gehen. Wir beide machen dann einen schönen Spaziergang.« Sie sprach ganz leise. Mit einem Blick, in dem sowohl Hoffnung als auch Skepsis lag, schaute der Alte sie an.

Ana ging von Zimmer zu Zimmer und sah überall in die gleichen Gesichter. Nur wenige Patienten waren nicht an das Bett gefesselt und konnten sich noch frei im Haus bewegen. Aber auch bei ihnen stellte sich die Frage: »Wie lange noch?«

Der Name Altenheim drückte das ganze Dilemma aus. Es gibt Kinderheime, weil Kinder noch nicht selbständig genug für das Leben sind, und es gibt Altenheime, weil die Alten nicht mehr zum selbständigen Leben fähig sind. Ein ganz normaler Prozeß? Für Ana Aslan nicht! Nachdem sie allen Patienten wenigstens einmal kurz die Hand gedrückt und sich vorgestellt hatte, machte sie sich auf den Weg ins Labor. Draußen dunkelte es bereits, dennoch fand sich ein hilfsbereiter Geist, der Ana die Details erläutern konnte.

»Haben wir genügend Vorräte an Procain?« Irgendwann in den nächsten Tagen wollte Ana mit der Reihenbehandlung beginnen.

»Das ist überhaupt kein Problem.« Der junge Arzt, der sie begleitet hatte, zeigte auf einen großen Kühlschrank im Hintergrund des Raumes. »Erst gestern haben wir eine umfangreiche Sendung aus Frankreich erhalten.«

Ana war beruhigt.

In diesem Moment ertönte das durchdringende Summen einer Sirene. Anas Begleiter, der an diesem Abend ärztliche Bereitschaft hatte, hastete mit langen Schritten zur Zentrale. Ana folgte ihm, so schnell es ihr möglich war.

»Notfall auf Zimmer 116. Bitte beeilen Sie sich, Herr Doktor.« Die hübsche junge Schwester am Empfang reichte dem Arzt einen Notfallkoffer durch das Fenster.

Es ging alles wirklich blitzschnell. Noch waren keine zwei Minuten nach Auslösen des Alarms vergangen, da stand Ana vor Zimmer 116. Es war genau das Zimmer, das sie zufällig am Mittag als erstes betreten hatte.

»Wir kommen zu spät.« Ihr junger Kollege kam ihr auf der Türschwelle bereits entgegen. »Gehen Sie bitte nicht hinein.« Er wollte sie sanft in den Flur zurückschieben.

Doch Ana ließ sich nicht beirren, sie wollte mit einbezogen werden in alles, was in ihrem Institut geschah. Langsam betrat sie das Zimmer. Was sich ihr bot, ließ sie erschauern. Wie in einer Reflexbewegung drückte sie ihre Hände zur Faust geballt vor ihren Mund. »O mein Gott.« Zu mehr war sie nicht fähig.

Der alte Mann, dem sie vor wenigen Stunden noch versprochen hatte, mit ihm bald einen Spaziergang zu machen, hing, mit dem Gürtel seines Bademantels stranguliert, am Fensterkreuz. Sein Gesicht war endgültig zur Maske verzerrt. Als Ana jedoch genauer hinsah, meinte sie in seinen Augen so etwas wie Erleichterung zu erkennen.

»Geben Sie mir eine Schere, und halten Sie den Mann fest.« Ana nahm sich einen Stuhl und schnitt den Toten ab. Sie legten ihn gemeinsam auf den Fußboden.

Der Zimmergenosse des Selbstmörders hatte sich in seinem Bett aufgerichtet, über sein Gesicht lief eine kleine Träne. »Er wollte nicht, daß ich ihm helfe. Was sollte ich denn tun?« Der alte Mann begann hemmungslos zu weinen. »Er wollte nicht mehr.« Wieder durchzuckte ihn ein Weinkrampf. Ana nahm seine Hände und drückte sie fest an sich. »Warum? Was fehlte ihm? Er hatte doch ein schönes Zimmer, gutes Essen, medizinische Betreuung? Warum also?«

»Ach Frau Doktor, das können Sie nicht verstehen.« Der Mann versuchte sich wieder zu fangen. »Ian, so hieß er, war noch bis vor wenigen Jahren ein erfolgreicher Rechtsanwalt. Er war Bürgermeister einer kleinen Stadt hier in der Nähe, groß und kräftig und hatte eine junge Frau.«

»Und dann?«

»Er konnte sich nicht mit seinem Alter abfinden. Er fühlte, daß es mit ihm täglich bergab ging und versuchte alles, seine frühere Vitalität zu erhalten. Er hat Vitamine geschluckt, war bei Dutzenden von Ärzten.«

Ana kannte solche Geschichten »Ja?«

»Vor zwei Jahren hat ihn sein zwölfjähriger Sohn beim

Armdrücken besiegt. Es war ein Spaß, aber der Mann hat geweint. Und heute war er so schwach, daß er nicht allein auf die Toilette gehen konnte. Die Schwester kam mit einer Bettpfanne ... Er hat sich so geschämt. Er sagte mir, jetzt habe er seine restliche Würde verloren.«

Zwei Schwestern betraten das Zimmer. Sie hatten eine Bahre dabei, auf die der Tote gelegt wurde.

»Wie alt war ihr Freund? Sie waren doch Freunde?«

»Freunde? In unserem Alter, in einem solchen Heim gibt es keine Freundschaften, sondern nur noch Leidensgenossen. Er war achtundsechzig.«

Dies war kein erfreulicher Einstand für Ana, aber er machte ihr auch deutlich, wie dringend ihre Arbeit war. Sie folgte dem jungen Arzt in die medizinische Abteilung. Sie war davon überzeugt, daß sie den Patienten, der jetzt steif in der Kühlkammer lag, hätte retten können, körperlich und damit auch seelisch.

»Doktor ...«, Ana überlegte, »wie war noch mal Ihr Name?«

»Aramku.« Der junge Arzt stellte den Totenschein aus.

»Bereiten Sie bitte alles vor, wir beginnen bereits morgen mit den Testreihen.«

Mit Leidenschaft stürzte sich Ana gemeinsam mit ihrem Team in die Arbeit. Rasch merkte sie, daß sowohl die Ärzteschaft als auch die alten Menschen mit Hoffnung und Engagement bei der Sache waren. Die Arbeit ging allen leicht von der Hand. Jetzt müßten nur noch die Erfolge den Erwartungen standhalten.

Die Patienten erhielten entweder täglich, zweitägig oder dreitägig in den unterschiedlichsten Dosen Procain injiziert. Das Ergebnis ließ Hoffnungen zu. Zwar war nicht zu belegen, daß Procain wirklich Leben verlängern konnte, doch war eindeutig wissenschaftlich nachweisbar, daß es den alten Menschen nach den Injektionen besser ging. Wunder hatte auch niemand erwartet, man freute sich bereits über jeden kleinen

Fortschritt. Und Erfolge, das war bereits nach kurzer Zeit klar, konnte das Ana-Aslan-Institut vorweisen.

Ana lud ihre engsten Mitarbeiter zu einer kleinen Feier ins Restaurant Mon Jardin ein. Schon während des Krieges und auch davor hatte sie hier manch schöne Stunden verbracht – auch mit Michael hatte sie vor Jahren hier einmal gegessen. Zu vorgerückter Stunde, der Alkohol zeigte bereits seine Wirkung, erhob sie sich von ihrem Stuhl und wandte sich an ihre Gäste.

»Liebe Kollegen, es ist jetzt genau sechs Monate her, seit wir unsere Arbeit aufgenommen haben. Jeder von uns wird bemerkt haben, wenn man eine Aufgabe hat, vergeht die Zeit wie im Flug. Dazu kommt, daß wir tagtäglich aufs neue belohnt werden. Wer die strahlenden Gesichter unserer alten Menschen sieht, wenn es ihnen wieder etwas besser geht, wenn sie manchmal nach Wochen oder Monaten die ersten Schritte unternehmen können, der ist belohnt genug. Wir konnten dies alles in der Vergangenheit miterleben. Das darf für uns aber kein Grund sein, uns auf den geernteten Lorbeeren auszuruhen. Wer glaubt, wir hätten es geschafft, der irrt, wir stehen erst am Anfang. Ich habe die Hoffnung nicht verloren, mehr erreichen zu können. Was haben wir denn bislang erzielt? Gut, unsere Patienten werden zwar gesünder und deshalb auch wesentlich älter, dennoch altern sie generell mit der gleichen Geschwindigkeit wie unbehandelte Patienten. Hier gilt es jetzt anzusetzen. Wir stehen vor einem Geheimnis, das es zu lösen gilt. Wünschen wir uns allen viel Glück.«

Ana setzte sich wieder, steckte sich eine neue schwarze französische Zigarette an und nahm einen Schluck Champagner. »Und nun laßt uns weiter fröhlich sein.«

Von den anderen unbeobachtet, hatte sich von einem Nachbartisch im Restaurant eine junge Frau erhoben und war hinter Ana getreten. »Frau Aslan? Dürfte ich Sie einen Moment sprechen?«

Sie hatte die Frau noch nie in ihrem Leben gesehen. Aber ihr fiel ihre fast perfekte Schönheit auf. Die junge Frau, eher noch ein Mädchen von vielleicht Anfang Zwanzig, hatte schwarze gelockte lange Haare, einen dunklen Teint und fein gezeichnete Gesichtszüge. Sie war sehr groß, sehr schlank und dennoch sehr weiblich. Eine Erscheinung, die Männerblicke magnetisch auf sich zog.

»Was kann ich für Sie tun, Fräulein?« Sie deutete der Frau an, sich neben sie zu setzen.

Diese kam ohne Umschweife auf den Punkt. »Ich bewundere Sie, Frau Aslan. Ich habe alle Ihre wissenschaftlichen Veröffentlichungen gelesen und auch schon einige Ihrer Vorlesungen besucht.« Sie räusperte sich verlegen und senkte den Blick.

Ana war überrascht über dieses Lob. »Ich fühle mich geehrt, aber jetzt endlich heraus mit der Sprache.« Was wollte die Frau von ihr?

»Ungewollt habe ich gerade Ihre kleine Ansprache mitgehört, und dies hat mich in meiner Überzeugung bestärkt. Frau Aslan, ich würde gern für Sie arbeiten, ich möchte Sie irgendwie unterstützen, Ihnen helfen. Ich weiß, daß ich den gleichen Traum habe wie Sie. So, jetzt ist es raus.« Die junge Frau atmete laut auf, als fiele ihr ein Stein vom Herzen. »Ich hatte eigentlich gar nicht den Mut, Sie anzusprechen.«

Ana mußte sich jetzt wohl oder übel etwas Zeit nehmen. »Trinken Sie ein Glas Champagner mit uns.«

Die junge Frau stellte sich vor. Sie hieß Maria Kalateneau und war gerade mit der Uni fertig. Sie hatte das Apothekerdiplom und suchte nun eine Anstellung. Ihr Traum war es, im Ana Aslan-Institut zu arbeiten.

»Gestern starb mein Vater. Über zehn Jahre habe ich ihn gepflegt. Als er zu kränkeln begann, hat uns meine Mutter verlassen. Ich war der einzige Mensch, den er hatte, aber ich konnte ihm nicht helfen.« Die junge Frau begann, ihre Lebensgeschichte zu erzählen. Man merkte an ihren Worten, wie sehr sie Ana bewunderte.

»Woran ist Ihr Vater gestorben?«

»Auf dem Totenschein steht Herzschwäche. Mit zweiundsiebzig stirbt man eben schnell an Herzschwäche. Als er sechzig wurde, kamen die ersten Beschwerden. Was früher eine kleine Erkältung war, wuchs sich zu einer schweren Grippe aus. Kopfschmerzen wurden zu fürchterlichen Migräneanfällen. Man konnte direkt sehen, wie sein Körper langsam zerfiel. Er litt, und ich litt auch, weil ich ihm nicht helfen konnte.« Sie hielt einen Moment inne. »Bitte, lassen Sie mich bei Ihnen arbeiten. Sie werden es nicht bereuen.«

Zwar war im Institut kein Arbeitsplatz für eine Apothekerin frei, aber Ana wurde durch diese junge Frau an ihr eigenes Schicksal erinnert. Auch sie hatte nach Michaels Erkrankung am eigenen Leib erfahren müssen, was es heißt, hilflos zu sein. Was es bedeutet, eine geliebte Person zu verlieren, und ohnmächtig daneben zu stehen.

Sie traf eine Entscheidung aus dem Bauch heraus. »Haben Sie Lust, als meine Assistentin tätig zu sein?« Sie fuhr fort: »Aber Vorsicht, ich bin eine fürchterliche Chefin. Ich bin herrschsüchtig, reizbar und launisch. Ich verlange viel Arbeit, absolute Loyalität und Selbstaufgabe.«

Maria Kalateneau schlang ihre Arme um Ana und drückte sie fest an sich. Sie roch dezent nach Chanel. »Ja, ich will, ich will, Sie werden es nicht bereuen.« Es wurde sehr spät an diesem Abend. Und Ana hatte eine neue Mitstreiterin gefunden.

Ana merkte sehr schnell, daß sie einen Glücksgriff getan hatte. Ihre neue Mitarbeiterin arbeitete sich erstaunlich rasch ein, war intelligent und von schneller Auffassungsgabe. Aber das wichtigste war, daß sie auch mit dem Herzen forschte.

Mit der Zeit wurden die scheinbar so verschiedenen Frauen zu Freundinnen. Zunächst lächelte man über die beiden, wenn sie gemeinsam über die Gänge des Instituts eilten: vornweg die fast sechzigjährige Professorin – klein, zierlich, temperamentvoll –, in ihrem Kielwasser Maria Kalateneau, zwei Köpfe größer, jugendlich und kumpelhaft. Ein Duo, das sich anschickte, die Medizin zu revolutionieren.

Die Aufgabe der jungen Apothekerin war es zunächst, das Procain zu stabilisieren. Es war längst bekannt, daß dieses Medikament im menschlichen Körper innerhalb weniger Stunden gespalten wird. Außerdem war das täglich neu anzusetzende Procain in der Herstellung sehr arbeitsintensiv.

In zahllosen Forschungsreihen variierten die beiden Frauen das Mittel. Angereichert mit den verschiedensten Vitaminen und Mineralstoffen versuchten sie dessen Wirkung zu verstärken und zu verlängern.

Die nun folgenden Monate bezeichnete Ana Aslan später als ihre kreativste Zeit. In einem Langzeitversuch über drei Jahre konnte sie belegen, daß sich die Lebenserwartung durch optimierte Medikamentation bei ihren Patienten deutlich steigern ließ. Und wie reagierte Ana: »Was sind Prozente? Ich will mehr.«

Die Zahlen und vor allem, wie sie zustande kamen, beeindruckten natürlich auch das Ausland. Westliche Wissenschaftler wurden neugierig und wollten mehr über die Procain-Therapie erfahren. Ana erhielt eine Einladung, auf einem Internationalen Symposium in der Bundesrepublik über ihre Forschungen zu berichten. Eine große Auszeichnung für eine rumänische Wissenschaftlerin.

Es war der 3. September 1956. In wenigen Stunden sollte Professor Ana Aslan auf dem Therapiekongreß in Karlsruhe einen Rechenschaftsbericht geben, der von der Fachwelt schon gespannt erwartet wurde. Zum erstenmal seit dem Krieg war sie wieder ins westliche Ausland gereist. Voller Hoffnung, auch andere Experten und damit die ganze Welt von ihrer Therapie überzeugen zu können.

Sie hatte die Nacht im vornehmen Park-Hotel verbracht, aber dennoch schlecht geschlafen. Jetzt saß sie im Frühstücksraum, überlas nochmals ihren Vortrag und machte letzte handschriftliche Korrekturen. Sie wartete auf Maria Kalateneau, die sie nach Deutschland begleitet hatte.

Ana biß in ein Brötchen, als sie Maria mit einem Stapel Zeitungen auf sich zukommen sah. »Hast du schon diesen Mist gelesen? Das ist eine Unverschämtheit.« Die Apothekerin war sehr aufgeregt. Ihr Gesicht war gerötet. Ohne auf die anderen Gäste Rücksicht zu nehmen, wedelte sie wild mit einer Tageszeitung.

»Was gibt es denn?« Ana nahm einen Schluck Kaffee. Sie wollte sich jetzt nicht aus der Ruhe bringen lassen, sie war ohnehin schon nervös genug.

»Hier lies!« Maria reichte ihr die Zeitung. »Der Leitartikel auf der Seite drei.«

Ana Aslan nahm ihr das Blatt aus der Hand, blätterte, las kurz und knallte es mit einer wütenden Bewegung auf den Tisch. Sie zog die Blicke aller Anwesenden auf sich, als das Geschirr klirrte. »Wie hat dieser Idiot von Journalist mich bezeichnet? Rumänische Wunderheilerin? Kräuterweib?« Sie war außer sich.

Maria Kalateneau versuchte erst gar nicht, sie zu beruhigen. »Wenn es dich zu sehr aufregt, solltest du nicht weiterlesen.« Und nach einer kleinen Pause. »Ein amerikanischer Teilnehmer, ein Gerontologe, dessen Namen ich nicht kenne, hat sich in der Presse darüber beschwert, daß solche Forschungen, wie du sie betreiben würdest, auf einem wissenschaftlichen Kongreß nichts zu suchen hätten. Er hat sogar angekündigt, während deiner Rede den Saal zu verlassen.«

»Und dieser Mensch wagt es . . .« Obwohl Ana aus Fachkreisen Widerstand gegen ihre Arbeit gewohnt war, wurde sie zornig.

»Ana, ich bitte dich, laß dich heute bei deinem Vortrag nicht provozieren. Ich bin überzeugt, daß du einigen Neidern die Stirn bieten mußt.« Sie meinte es gut mit ihrer Vorgesetzten und Freundin.

Ana war der Appetit vergangen. Sie wollte nur noch allein

sein und in Ruhe nachdenken. Deutschland brachte ihr anscheinend kein Glück. Die Erinnerung an Michael und Berlin war wieder da, an sein tragisches Ende und an die Trümmer des Krieges. Sollte sie hier in Karlsruhe vor den Trümmern ihrer jahrelangen Arbeit stehen? Wie optimistisch war sie hergekommen, mit wieviel Freude und Stolz hatte sie die Einladung für diesen Kongreß angenommen. Um nichts in der Welt hatte sie damit gerechnet, daß sie hier zur Außenseiterin abgestempelt werden sollte.

Tief atmete sie die kühle, würzige Luft ein. Sie war ohne Ziel losgegangen, einfach nur weg von den Menschen im Hotel. Erst jetzt merkte sie, daß sie sich in der Innenstadt befand, bekleidet mit Rock und einer dünnen Seidenbluse. Ihr war kalt.

Deutschland hatte sich verändert. Irgendwie war alles viel hektischer geworden. Die Menschen bewegten sich schneller und gestreßter. Der Verkehr hatte zugenommen, die Geschäfte waren zwar bunter, aber auch anonymer. Die Vorbeieilenden sahen sich nicht mehr ins Gesicht, sie schauten aneinander vorbei, sie waren alle allein.

Dennoch war sie fasziniert von diesem Treiben. Noch nie zuvor hatte sie so viele Menschen gesehen wie in dieser Fußgängerzone. Menschen über Menschen, die wie ein Ameisenvolk auf ominösen Wegen irgendeinem unbekannten Ziel zueilten.

Ewiges Leben? War es wirklich erstrebenswert? Noch mehr Menschen, vor allem, noch mehr alte Menschen? Sie erinnerte sich an ein Sprichwort: »Das zweitschlimmste ist, alt zu werden, das schlimmste ist, nicht alt zu werden.« Sollte man Gott wirklich ins Handwerk pfuschen? War nicht alles, wie es jetzt war, klar geregelt? Hatte nicht alles seinen Sinn und Zweck? Geburt, Leben, Tod? Zeit und Platz für eine neue Generation?

Tausend Ideen schossen Ana durch den Kopf, Ideen, die sie bislang immer verdrängt hatte. Verwirrt und in sich gekehrt schlenderte sie durch die Straßen der großen Stadt. Der Kongreß hatte plötzlich seine Bedeutung verloren. Sie wußte, daß sie sich in einer Identitätskrise befand. Auch die einladenden Schaufenster interessierten sie nicht, nur die zahllosen Gesichter.

Sie wurde erst aus ihren Gedanken gerissen, als ein jugendlicher Fahrradfahrer sie mit seiner Klingel zum Ausweichen zwang. Mit einem Satz brachte sie sich in Sicherheit. »Rüpel!«

Wenige Meter vor ihr hatte eine andere Frau nicht so viel Glück wie sie. Die alte Dame konnte dem Fahrrad-Rowdy nicht rechtzeitig ausweichen, wurde angefahren und stürzte zu Boden. Der Jugendliche fuhr achtlos weiter, aber einige Passanten blieben kurz stehen, schüttelten den Kopf und gingen weiter. Das Unfallopfer blutete am Kopf, war verwirrt und versuchte sich langsam wieder aufzurichten.

»Können Sie aufstehen? Ich bin Ärztin, kann ich Ihnen helfen?« Ana beugte sich zu der Frau herab.

Traurige Augen blickten sie an: »Nein, danke. Es geht schon. Ich war ja selbst schuld. Warum bin ich nicht zur Seite gesprungen?« Die Frau erhob sich mühsam, wischte sich das Blut aus dem Gesicht und verschwand in der anonymen Menge.

Ana blieb noch lange stehen und dachte nach. Diese kurze Episode, dieser Blick in die Augen der alten Frau, führte ihr wieder deutlich vor Augen: Das Alte, das Gebrechliche ist das Opfer der Gesellschaft. Das Opfer der Jugend. Zwischen jung und alt herrscht ein Krieg mit ungleichen Waffen.

Ja, und ihr Ziel war es, dem Alter den Schrecken zu nehmen und es wertvoller zu machen. Hocherhobenen Hauptes machte sie sich auf den Weg zurück in ihr Hotel. Sollten sie doch kommen, die ewigen Nörgler und Uneinsichtigen, die Phantasielosen und Schreibtischtäter. Für Ana würde das Leben sprechen und die Hoffnung von Millionen.

Die Vortragsveranstaltung hatte bereits begonnen, als sie

die Halle erreichte. Sie meldete sich im Tagungsbüro an und erhielt ihre Unterlagen mit dem genauen Tagesablauf – um 11.30 Uhr stand ihr Vortrag auf dem Programm. Sie trank noch schnell einen Tee in der Cafeteria und setzte sich dann ins Plenum, um den anderen Vorträgen zu folgen. Im Moment sprach ein deutscher Wissenschaftler über Möglichkeiten und Grenzen der Frisch-Zellen-Therapie.

Ana konnte sich nicht konzentrieren, zum erstenmal spürte sie so etwas wie Lampenfieber. Es war etwas anderes, vor Studenten zu sprechen als vor einem Auditorium international anerkannter Experten. Dann war es soweit. Ein deutsches Kuratoriumsmitglied stellte sie kurz vor. »Und nun erwarten wir Frau Professor Doktor Ana Aslan, Leiterin des Nationalen Institutes für Geriatrie und Gerontologie Rumäniens. Sie möchte über ›Procain als eutrophischer Faktor und die Möglichkeit einer Verlängerung der Lebensdauer‹ sprechen.« Der Applaus war mäßig.

Zielstrebig ging Ana zum Podium und ergriff das Mikrofon. Sie begann langsam und souverän ihren Vortrag: »Meine sehr verehrten Damen und Herren, liebe Kollegen, vor Ihnen steht eine Frau von über sechzig Jahren, die stets täglich sechzehn Stunden gearbeitet hat, immer noch voll belastbar ist und keine Krankheitssymptome aufweist. Ich fühle mich fit wie mit dreißig. Ich nehme seit zehn Jahren regelmäßig Procain.« Mit Bedacht machte sie hier eine Pause. Unruhiges Gemurmel war unter den Zuhörern zu hören. Ana fuhr fort: »Die Frage nach den Ursachen des Alterns läßt sich – trotz aller Einsichten und Interpretationsmodelle – auch heute noch nicht exakt beantworten. Zahlreiche Theorien sind entwickelt worden. So wird eine allgemeine Abnutzung, die Zurückbildung von inneren Organen, die Hormone produzieren, und die Veränderungen von Blutgefäßen mit daraus folgenden Minderdurchblutungen als Ursache des Alterns angesehen. Andererseits ist der Vorgang des Alterns von äußeren Faktoren, zum Beispiel von der Anzahl und Schwere der durchgemachten Krankheiten, zurückgeführt worden.« Sie räusperte sich. »Verschiedene Experimente haben gezeigt, daß sich Zellen auch unter künstlichen, optimalen Bedingungen nicht unendlich teilen und vermehren können. Das führte zu der Annahme, daß die zur Weitergabe des Erbgutes verantwortlichen Strukturen, die Chromosome, im Laufe der Zeit Schaden nehmen.« Sie nahm wahr, daß die Unruhe im Publikum zunahm. »Dies kann einerseits durch Vorgänge an den Chromosomen selber geschehen, andererseits durch Schäden an den Strukturen, die die Schäden an den Chromosomen reparieren. Und hier setzen meine Forschungen an.«

Die ersten Zwischenrufe wurden laut. Ana versuchte, sie einfach zu überhören.

»Procain . . .«

Lautes Gelächter war die Antwort. »Mit Kräutern zum ewigen Leben«, »Unwissenschaftliches Geschwätz« . . . Es hagelte Zwischenrufe.

Ana blickte in zum Teil wutverzerrte, sogar haßerfüllte Gesichter. Der Großteil der Wissenschaftler war offensichtlich nicht ihrer Meinung, auch Kollegen konnten Gegner sein. Aber was sie noch viel mehr traf, war die Heiterkeit, die sie bei einigen Teilnehmern ausgelöst hatte. Einige verließen sogar kopfschüttelnd den Saal.

Anas Augen wurden feucht. Sowohl vor Wut als auch vor Enttäuschung. Sie nahm das Publikum nur noch wie durch einen dichten Nebel wahr. Ganz hinten im Saal sah sie Maria Kalateneaus Gesicht. Sie preßte verzweifelt die geballten Fäuste an den Mund.

Ana sah auf ihr Manuskript, aber die Buchstaben verschwammen vor ihren feuchten Augen. »Zahllose Versuche in den letzten Jahren haben bewiesen, daß Procain . . .« Noch mehr Gelächter, noch mehr Zwischenrufe.

». . . haben bewiesen, daß Procain zu einem Rückgang von Phänomenen führt, die als irreversibel gegolten haben, wie z. B. cerebrale Arteriosklerose . . .«

Jetzt setzten sogar Pfiffe ein, einige Teilnehmer verließen scheinbar entrüstet den Saal.

Ana wollte dennoch wieder ansetzen, aber ihr stockte die Sprache. Sie war nicht mehr fähig, auch nur ein Wort herauszubringen. Tränen liefen ihr über das Gesicht. Wie unter Hypnose ergriff sie ihre Unterlagen und verließ unsicheren Schrittes die Bühne. Ohne nach links und rechts zu blicken, strebte sie dem Ausgang zu. Ein paar Kollegen wollten ihr noch aufmunternd die Hand drücken, sie nahm es nicht einmal wahr.

Der Therapiekongreß in Karlsruhe hatte seinen Skandal. Anwesende Journalisten verließen ihre Presseplätze, um mit ihren Redaktionen zu telefonieren. Morgen würde es die ganze Welt wissen: Professor Ana Aslan gedemütigt! Osteuropäische Mythologie! Rumänische Hexentradition!

5

Wieder zu Hause in Bukarest. Zum erstenmal seit ihrer Reise nach Berlin vor über zehn Jahren hatte sich Ana einige Tage Urlaub genommen. Sie fuhr allein mit ihrem Wagen die hundertfünfzig Kilometer nach Konstanza ans Schwarze Meer. Sie wollte ihre Ruhe haben, darüber nachdenken, wie und ob es überhaupt weitergehen sollte. Sie fühlte sich zum erstenmal alt und erschöpft.

Das Debakel von Karlsruhe hatte sich in ihre Seele gefressen. Sie empfand grenzenlose Enttäuschung.

Das kleine Hotel lag direkt am Strand. Jetzt im Herbst war am Schwarzen Meer die Saison längst vorbei. Uferpromenaden lagen verlassen da. Nur einige Kinder aus der Nachbarschaft spielten Fußball; ein kleiner Hund sprang freudig wedelnd an ihr hoch.

Ana trug ihren Koffer an die Rezeption, wo ein korpulenter Mann in einer speckigen weißen Schürze sie bereits erwartete.

»Ich hätte gern ein Zimmer und eine Flasche Rotwein, und später dann auch etwas zu essen.«

Der Hotelier schaute sie interessiert an. »Sind Sie nicht die Ärztin aus der Hauptstadt, die die Alten heilt? Ich habe Ihr Bild in der Zeitung gesehen. Ich freue mich, daß Sie mein Gast sind.« Er musterte sie eingehend. Beflissen nahm er ihren Koffer. »Wie langen wollen Sie bleiben?«

Ana war es peinlich, erkannt worden zu sein. »Ein paar Tage, ich weiß es noch nicht.« Sie wußte es wirklich nicht.

Ihr Zimmer war sauber, der Wein gut, und auch das Mittagessen konnte sich sehen lassen. Es gab Mici und anschließend einen selbstgebrannten Pflaumenschnaps.

Ana zog sich eine Strickjacke an und ging die wenigen Meter hinunter zum Meer. Die Stille tat ihr gut, denn immer noch klang ihr die demütigende Atmosphäre der Karlsruher Veranstaltung in den Ohren. Sie wußte, daß sie gescheitert war, daß ihre jahrelange Arbeit nicht anerkannt wurde. Habe ich zu sehr auf mein Gefühl gehört? Hat mich Michaels Tod alles Logische vergessen lassen? Bin ich nur Wunschträumen nachgerannt? War alles umsonst? Sie fiel von einer Depression in die andere.

Warum sollte sie sich in Zukunft weiter diesen Demütigungen aussetzen? Sie hatte es doch gar nicht nötig. Sie war eine gute Ärztin und würde überall ihre Aufgabe finden.

Noch am Abend – nach der zweiten Flasche Wein – hatte sie einen Entschluß gefaßt: Sie würde hier in Konstanza bleiben, eine kleine Praxis eröffnen und die Jahre, die ihr noch blieben, nur noch für ihre Patienten und für sich selbst da sein. Sie würde am Strand spazierengehen, Freunde treffen, leben und all das nachholen, was ihr der Krieg und ihre Arbeit bislang vorenthalten hatten.

Am selben Abend noch schrieb sie Briefe an Professor Parhon und an ihr Institut und bat um vorzeitiges Ausscheiden. Einen Grund nannte sie nicht. Ihre Hand zitterte, als sie ihre Unterschrift unter das Dokument setzte.

Mit Hilfe ihres Wirtes machte sie sich bereits am folgenden Tag auf die Suche nach geeigneten Praxisräumen. Sie nahm Kontakt zu den örtlichen Krankenhäusern auf, um sich vorzustellen, und stellte bei der Verwaltung den Antrag auf Zulassung zur praktischen Ärztin. Überall war sie hochwillkommen, denn es fehlte in der Provinz an qualifizierten Medizinern. Irgendwie freute sich Ana auf ihr neues Leben.

»Na, was gibt es Gutes zu Mittag?« Ana hatte zum erstenmal wieder Appetit, der Streß fiel langsam von ihr ab. Gerade kam sie von einer Praxisbesichtigung. Ein alter Internist wollte sich zur Ruhe setzen und suchte einen Nachfolger. Ana hatte sich bei ihm vorgestellt, und man war sich rasch einig geworden. Bereits zum nächsten Ersten könnte sie anfangen.

»Zur Feier des Tages trinken wir gemeinsam eine Flasche Champagner. Aber vom Feinsten, Jean.« Sie hatte es sich bereits im Gastraum bequem gemacht. Wie immer war sie der einzige Gast um diese Tageszeit.

»Gibt es was zu feiern?« Jean, der Wirt, war ihr in den letzten Tagen ans Herz gewachsen. Er hatte ihr geholfen, wo es ging. Hatte sie getröstet, sowohl mit Wein als auch mit Worten und war immer für sie da gewesen. Seine Frau war schon eifersüchtig, so sehr kümmerte er sich um Ana. In seinen grobschlächtigen Händen wirkte die Flasche Duc du Chaverny eher deplaciert.

»Sie werden mich bald los sein. Ich habe endlich das Passende gefunden. Ich bin ja so glücklich. Setzen Sie sich zu mir Jean, wir wollen fröhlich sein.«

Der Dicke setzte sich. Er trug immer noch die gleiche drekkige Schürze wie bei ihrer Ankunft. »Sind Sie wirklich so glücklich, wie Sie vorgeben?« Er hatte Ana die ganze Zeit beobachtet und war sich ihrer Gefühle nicht immer sicher gewesen.

»Lassen Sie uns endlich trinken.« Ana wollte jetzt nicht reden, sie wollte sich einfach treiben lassen. Sie glaubte, in ihrem Leben viel zuviel nachgedacht zu haben. Jetzt wollte sie einmal spontan sein.

»Es ist übrigens Post für Sie da, Frau Professor.«

»Post? Für mich? Aus Bukarest?«

Jean kam mit einer alten abgewetzten schwarzen Posttasche wieder. Sie quoll über vor Karten, bunt bemalten Briefen und kleinen Paketen. »Der Bote hat sie hiergelassen. Morgen will er die Tasche aber wieder zurück.«

»Alles für mich?« Ana war verblüfft. Es mochten an die

vierhundert Sendungen sein. Sie las: »Liebe Frau Professor, Sie dürfen uns nicht verlassen, wir brauchen Sie ... Wenn Sie jetzt nicht mehr wiederkommen sollten, habe ich keine Hoffnung mehr ...« Ana öffnete noch viele solcher Briefe. Fast alle Patienten aus ihrem Institut hatten geschrieben, und fast immer war der Inhalt gleich. Alle baten sie zu bleiben. Zurück nach Bukarest zu kommen.

Besonders bewegte sie das Schreiben einer alten Frau, an die sich Ana gut erinnern konnte: »Liebe Frau Professor Aslan, von einem Ihrer Mitarbeiter haben wir erfahren, daß Sie nicht wieder an Ihr Institut zurückkommen wollen. Man sagte uns, Sie hätten im Ausland Ärger wegen Ihrer Behandlung mit Procain bekommen. Das können wir einfach nicht glauben. Zeigen Sie diesen bösen Menschen, die gegen Sie sind, die Handschuhe, die ich für Sie gestrickt habe und die ich Ihnen hiermit schenken möchte. Bevor ich zu Ihnen kam, konnte ich vor Schmerzen meine Finger nicht mehr bewegen; Sie wissen doch – die Arthrose. Heute kann ich wieder normal schreiben und sogar stricken. Und das habe ich nur Ihnen zu verdanken. Hören Sie nicht auf wildfremde Menschen, sondern auf Menschen wie mich, auf Ihre Patienten, die Ihnen dankbar sind. Bitte kommen Sie zurück. Ihre Margarethe Gameteau.«

Ana war gerührt. Verstohlen wischte sie sich eine kleine Träne aus den Augen und las den Brief ein zweites Mal. Dann steckte sie ihn in ihre Brieftasche. Dies würde ihr neuer Talismann sein, sie wollte den Brief ab heute immer bei sich tragen.

»Jean, vergessen Sie das mit dem Essen, ich habe es mir anders überlegt.«

Der dicke Wirt lächelte. Und irgendwie sah es aus, als hätte er längst gewußt, daß Anas Entscheidung nicht endgültig gewesen war. »Ich habe Ihnen die Rechnung bereits fertig gemacht, Frau Professor.«

Sie konnte nur hoffen, die richtige Entscheidung getroffen

zu haben. Für ihre Patienten und gegen ihre Kritiker! Sie hatte ihr Herz sprechen lassen, auch wenn es nach dem Vorfall in Deutschland noch voller Narben war. Aber diese Narben würden heilen, davon war sie fest überzeugt.

Die Fahrt nach Bukarest dauerte endlos. Aufgeregt und nervös wie ein junges Mädchen wartete sie darauf, wie ihre Kollegen auf ihre Rückkehr reagieren würden. Hatte vielleicht auch sie der Mut verlassen? Stand das Institut vor dem Aus? Wie hatte die Fachpresse reagiert? Sie wußte es nicht, tagelang hatte sie keine Zeitung mehr in der Hand gehabt.

Als sie endlich am späten Nachmittag das Institut erreicht hatte, waren alle Zweifel verflogen. Schon in der Eingangshalle hörte sie das fröhliche Lachen ihrer Patienten. Eine Gruppe älterer Männer war auf dem Weg zur Sporthalle; ausgelassen wie Teenager spielten sie sich auf dem Flur den Fußball zu. (Das ist auch mein Erfolg, freute sie sich.)

Minuten später fiel ihr Maria Kalateneau um den Hals. »Und ich dachte schon, du machst ernst.« Sie küßten sich auf die Wangen. »Und ich hätte es dir nicht mal verdenken können. Wenn du dich etwas ausruhen möchtest, ich habe dir in deinem Zimmer alle Zeitungsausschnitte über den Kongreß in Karlsruhe zusammengelegt. Du solltest sie lesen.«

»Später vielleicht. Erst muß ich zu meinen Patienten, ich habe mich zu bedanken.«

Sie ging von Zimmer zu Zimmer. Jedem drückte sie die Hand und bedankte sich für die vielen aufmunternden Briefe. Besonders der alten Dame, die ihr die Handschuhe geschickt hatte, fühlte sie sich verpflichtet. Dieser Patientin hatte sie einen großen Strauß Blumen mitgebracht.

Später am Abend fanden sich die Ärzte und auch zahlreiche Krankenschwestern und Mitarbeiter der Verwaltung im Kasino ein. Man konnte die knisternde Spannung, die über dem Saal lag, mit Händen greifen. Alle fragten sich, ob ihre

Chefin jetzt ihren Rücktritt und damit das Scheitern ihrer Forschungen ankündigen wollte oder ob alles weitergehen würde wie bisher.

Als Ana den Saal betrat, merkte sie sofort, daß ihr – anders als in Karlsruhe – nicht Mißtrauen entgegenschlug, sondern Wärme, Zuversicht und Zuneigung! Das machte sie stark! »Meine Damen und Herren, liebe Kollegen; wir stehen vor der Frage, sollen wir aufgeben oder weitermachen?«

»Weitermachen.« Die Zwischenrufe verärgerten sie diesmal nicht. Sie bauten auf.

»Wenn wir resignieren, schlagen wir alle vor den Kopf, denen wir bislang Linderung ihrer Leiden verschafft haben. Aber so weitermachen wie bislang, ist ebenfalls unmöglich. Wir können und dürfen uns nicht zum Gespött der sogenannten Experten machen lassen.«

Fragende Blicke ringsum.

»Wir gehen in die Offensive, liebe Mitarbeiter und Kollegen. Ich will endlich wissenschaftlich abgesicherte und nachprüfbare Studien. Wir dürfen nicht mehr im Kleinen herumdoktern, sondern in einem Rahmen, der auch unsere größten Kritiker überzeugen wird.«

Erleichterter Beifall ihrer Mitarbeiter brauste auf.

»Und das Wichtigste, wir bringen so schnell wie möglich ein frei zugängliches Medikament auf den Markt, das der Wirkungsweise von Procain entspricht. Es darf nicht sein, daß lediglich unsere Patienten von diesem Medikament profitieren. Wir müssen allen Menschen helfen.«

Der Beifall wuchs zum Orkan!

»Und ich habe auch schon einen Namen für unser Medikament: Gero-H3-Aslan.«

Mit dieser Rede begann eine der weltweit größten und umfangreichsten Tests der Medizingeschichte. Zusammen mit vierhundert rumänischen Kollegen und insgesamt fünfzehntausend Patienten führte Ana eine auf fünfzehn Jahre angelegte Langzeitstudie über die Wirkung des Procains durch.

Die Probanden waren zwischen vierzig und zweiundsechzig Jahre alt und über das ganze Land verteilt. Eine wissenschaftliche Leistung, die für das zwanzigste Jahrhundert einmalig bleiben sollte.

6

Die fünfziger und sechziger Jahre waren gekennzeichnet vom Machtkampf der Ideologen. Der Eiserne Vorhang zog sich quer durch Europa und trennte nicht nur Politik, sondern auch Menschen und die Wissenschaft. Jede Veränderung des öffentlichen Lebens im Osten wurde vom Westen argwöhnisch beobachtet, umgekehrt war dies nicht anders. Mißtrauisch kommentierten beide Seiten die Fortschritte der anderen: von der Raumfahrt angefangen bis hin zum sportlichen Wettstreit.

Auch vor der Naturwissenschaft machte diese Konkurrenz nicht halt. Was ein kommunistisches Regime an technischen Leistungen hervorbrachte, wurde vom Kapitalismus belächelt, für die östlichen Länder beschränkten sich die Neuerungen im Westen auf Hamburger, Coca Cola und Erdnußbutter. Der kalte Krieg hatte seinen Höhepunkt erreicht.

Ana war längst zu der Überzeugung gekommen, daß ihr Scheitern auf dem Kongreß in Karlsruhe mit dieser politischen Entwicklung im Zusammenhang stand. Ihre Auffassung wurde dadurch unterstrichen, daß es vorwiegend die amerikanischen und bundesdeutschen Mediziner waren, die Procain strikt ablehnten. Viele andere verhielten sich neutral, in Italien, Frankreich und Asien standen die Wissenschaftler ihrer Theorie sogar positiv gegenüber.

Aber der Eiserne Vorhang war durchlässig, sowohl für Meinungen als auch für Fakten. Als Ana in einer rumänischen Fachzeitschrift für Gerontologie einen ersten Zwischenbericht ihres Langzeitstests veröffentlichte, war die internationale Resonanz zwar groß, aber gespalten. Und dies, obwohl sie belegen konnte, daß sich nach ihrer Theorie die Altersbeschwerden deutlich besserten: zu 81,7 Prozent beim Nervensystem, 96,0 Prozent beim Bewegungsapparat, zu 90,6 Prozent im Herz-/Gefäßsystem, zu 91,9 Prozent bei Erkrankungen der Haut und gar zu 100 Prozent bei Magengeschwüren. (Originalzahlen des Ana Aslan Institutes, Bukarest.)

Als sie später in einem Interview mit dem rumänischen Fernsehen ernsthaft die Möglichkeit des »Ewigen Lebens« nicht ausschloß, war der Name Aslan für Wochen auf der Titelseite der Weltpresse.

Einige Jahre waren ins Land gegangen. Professor Ana Aslan hatte sich einen Ruf erarbeitet, der sich zwischen Wunderheilerin und wissenschaftlicher Kapazität bewegte, je nach Einstellung der Kritiker. Eine ganze Abteilung ihres Institutes mußte sich um die zahllosen Anfragen aus dem In- und Ausland kümmern. Führende Politiker des Kremls und anderer östlicher Staaten waren bei ihr in Behandlung, und erst kürzlich hatte der chinesische Staatschef Mao Tse Tung seinen Dank für die Erfolge der Aslan-Therapie bezeugt. Er hatte Ana zu einem Besuch seines Landes eingeladen.

Natürlich war auch das westliche Ausland längst aufmerksam geworden. In Forschungszentren Italiens und Frankreichs wurde Procain getestet, in den USA waren zahlreiche Universitäten mit dieser Aufgabe betraut. Allerdings mit weniger Erfolg als in Bukarest.

Wieder einmal war es spät geworden. Ana hatte noch stapelweise Post zu bearbeiten und freute sich auf einen gemütlichen Abend zu Hause. Vorher wollte sie aber noch eine Kleinigkeit Essen gehen.

Die wenigen hundert Meter vom Institut zum »Nestor«, einem Lokal, das sie wegen der ausgezeichneten Küche häufiger aufsuchte, ging sie zu Fuß. Es war ein lauer Herbstabend und die würzige Luft tat ihr gut.

Um diese Zeit war das Restaurant in der Regel gut besucht. So auch an diesem Abend. Der Chef selbst geleitete sie zu einem ruhigen Zweipersonentisch im Hintergrund des Lokals. Sie bestellte Rehrücken und ein halbe Flasche Bordeaux.

Das Publikum war gemischt. Vorwiegend waren es sogenannte Intellektuelle und Künstler, aber auch leitende Mitarbeiter der Verwaltung ließen es sich hier schmecken. Nicht weit von ihr entdeckte sie plötzlich ein vertrautes Gesicht, Maria Kalateneau. Ihre Mitarbeiterin war nicht allein; ein attraktiver junger Mann saß an ihrer Seite und man konnte unschwer erkennen, daß zwischen beiden mehr als nur Freundschaft bestand. Sie tauschten zärtliche Blicke aus, und, wenn sie sich unbeobachtet fühlten, berührten sie sich zärtlich und küßten sich. Nach wenigen Minuten hatte Maria ihre Vorgesetzte entdeckt. Nach einem kurzen Gespräch mit ihrem Begleiter winkte sie Ana zu sich an ihren Tisch.

Zunächst zögerte Ana, dann fand sie es jedoch albern, dieser Einladung nicht zu folgen. Sie ergriff ihr Rotweinglas und erhob sich. Marias Tischnachbar war ebenfalls aufgestanden und streckte ihr seine Hände entgegen. Jetzt aus der Nähe sah er noch besser aus.

»Ich freue mich, Sie endlich kennenzulernen, Frau Professor. Maria hat mir schon so viel von Ihnen erzählt. Sie bewundert Sie, aber das brauche ich wohl nicht zu betonen. Darf ich mich vorstellen, Thomasz Palic. Setzen Sie sich doch bitte zu uns.«

Ana lächelte: »Maria, ich muß dich wirklich tadeln. Wie konntest du mir nur Herrn Palic so lange vorenthalten? Und ich habe dich immer für eine grundsolide Wissenschaftlerin gehalten.« Jetzt mußten alle drei lachen, das Eis zwischen ihnen war gebrochen.

Sie erhoben ihre Gläser und protesteten sich zu. Ana nutzte die Gelegenheit, um den jungen Mann genauer zu betrachten. Sie schätzte ihn auf dreißig bis fünfunddreißig Jahre. Die mittelblonden, gewellten Haare, die er etwas länger als üblich trug, und die stahlblauen Augen paßten gut zu dem gebräunten, markanten Gesicht. Ein Traum vieler Frauen, nur der zynische Zug um die schmalen Lippen irritierte Ana etwas.

Maria Kalateneau legte ihre Hände auf die ihres Begleiters. »Wir haben uns erst durch Zufall vor einer Woche wiedergetroffen. Wir haben gemeinsam studiert, uns dann aber aus den Augen verloren. Das soll uns jedenfalls nicht wieder passieren.«

»Maria ist eine wunderbare Frau.« Thomasz Palic gab sich ganz als Charmeur. »Sie glauben doch nicht, daß ich dieses Mädchen noch einmal loslassen werde?« Wie zur Bestätigung küßte er sie leicht auf die Wange. Später erzählte er, daß er wissenschaftlicher Mitarbeiter am pharmazeutischen Institut der Universität sei.

Das bestellte Essen wurde serviert. Und wieder war es Palic, der das Wort ergriff. »Seit Jahren verfolge ich Ihre Forschungen, Frau Professor. Ich bin ein richtiger Fan von Ihnen.«

»Nun sag doch schon, was du auf dem Herzen hast. Du bist doch sonst nicht so schüchtern.« Maria stieß ihren Freund leicht mit dem Ellenbogen an.

Ana blickte erstaunt auf.

»Ja, ich ... Ehrlich gesagt, ich würde mir gern einmal Ihr Institut ansehen, Frau Professor.« Palic wirkte erleichtert. »So, jetzt ist es heraus.«

»Aber das ist doch kein Problem. Marias Freund ist bei mir immer gern gesehen. Ich werde Ihnen alles zeigen.« Ana meinte es ernst. Sie hatte schließlich nichts zu verbergen, und weshalb sollte sie einem jungen aufstrebenden Wissenschaftler, dazu noch einem Freund ihrer engsten Mitarbeitern, nicht behilflich sein.

Maria war erleichtert. »So, nun laß uns aber nicht weiter vom Beruf reden. Wir haben alle Feierabend.«

Es wurde noch ein schöner Abend, der erst in den frühen

Morgenstunden endete. Thomasz Palic war ein charmanter Plauderer. Ana konnte gut verstehen, daß sich Maria in diesen jungen Mann verliebt hatte. Wäre sie selbst dreißig Jahre jünger gewesen, sie hätte für nichts garantieren können.

Auf seine Einladung hin trafen sie sich am Wochenende zu einem Picknick wieder. Eine Freundschaft hatte begonnen, bei der sich Ana zunächst wie das fünfte Rad am Wagen vorkam, dann jedoch feststellte, daß ihre Anwesenheit ehrlich erwünscht war. Auch im Institut ließ sich Thomasz Palic jetzt häufiger sehen. Immer wenn es seine Zeit erlaubte, besuchte er Ana und Maria und machte sich auch hier und dort nützlich. Alle merkten sehr schnell, daß er mit Enthusiasmus bei der Sache war.

Mittlerweile war die Produktion von Procain in Form von Gero-H3-Aslan ausgelagert worden. Die Herstellung in der kleinen Institutsapotheke konnte der riesigen Nachfrage längst nicht mehr gerecht werden. Ein kleiner pharmazeutischer Betrieb in einem Bukarester Außenbezirk stellte die Ampullen mittlerweile in Serie her.

Der Vorteil war, daß sich Ana Aslan und ihr Team wieder intensiver der Forschung widmen konnten. Sie hatte festgestellt, daß Procain zwar die Mitochondrien zu einer verbesserten Energieproduktion anregt und für eine »Entschlakkung« des Zellstoffwechsels sorgt, die eigentliche Lebensuhr aber nicht zurückdrehen kann. So wurden ihre Patienten zwar gesünder und deshalb auch wesentlich älter, generell alterten sie aber in der gleichen Geschwindigkeit wie nicht behandelte Patienten.

Ana vermutete, daß zur Unterstützung der Procainwirkung eine Substanz oder Substanzgruppe fehlte, die einen Reparaturmechanismus unmittelbar im Zellkern, in der DNS, in Gang setzen kann. Wenn es ihr gelang, die DNS zu einer immerwährenden Zellteilung anzuregen und gleichzeitig den Zellstoffwechsel zu regenerieren, wäre die Zelle unsterblich. Ihr Ziel wäre erreicht!

Man setzte alles daran, hinter diesen Mechanismus zu kommen. Ganze Abteilungen ihres Institutes forschten mit Vitaminen, Mineralstoffen und anderen Substanzen, die diese Wirkung erreichen konnten. Auch Maria und Ana selbst unternahmen hierzu in ihrem kleinen Privatlabor ständig Versuche.

An diesem Morgen hatte sich wieder einmal Thomasz Palic zu ihnen gesellt. Gemeinsam wollten sie eine neue Testreihe zusammenstellen. Wie immer, wenn man eine neue Substanz ausprobierte, lag eine unsichtbare Spannung über dem Raum, als es plötzlich an der Labortür klopfte.

Ein junger Arzt trat ein, er wirkte sehr aufgeregt: »Chefin, ein Gesandter des russischen Botschafters steht in der Empfangshalle und wünscht Sie umgehend zu sprechen. Es sei sehr dringend.«

Ana Aslan blickte erst den Arzt, dann Maria und schließlich Palic fragend an. Was sollte die Botschaft von ihr wollen? Sie stellte Reagenzglas und Pipette in einen Ständer, zog ihren Kittel aus und eilte in die Empfangshalle.

Ein älterer grauhaariger Mann im schwarzen Anzug erwartete sie. Schnellen Schrittes kam er ihr entgegen. »Frau Professor?« Er tat so, als trüge er ein großes Geheimnis mit sich herum. »Ich habe eine große Bitte, die Sie nicht abschlagen dürfen. Sie wissen sicherlich, daß sich der Genosse Ministerpräsident . . .«

Ana unterbrach ihn. »Kommen Sie bitte in mein Büro.« Erst dort bat sie den Beamten fortzufahren.

»Genosse Nikita Sergej Chruschtschow befindet sich zu einem offiziellen Staatsbesuch in Rumänien. Über seinen Botschafter läßt er Sie bitten, ihn heute zu empfangen.«

»Mich?« Ana verschlug es die Sprache.

»Über die Gründe bin ich leider nicht informiert«, und nach einer Pause »was darf ich dem Genossen Botschafter ausrichten?«

Der sowjetische Ministerpräsident zählte bislang nicht zu

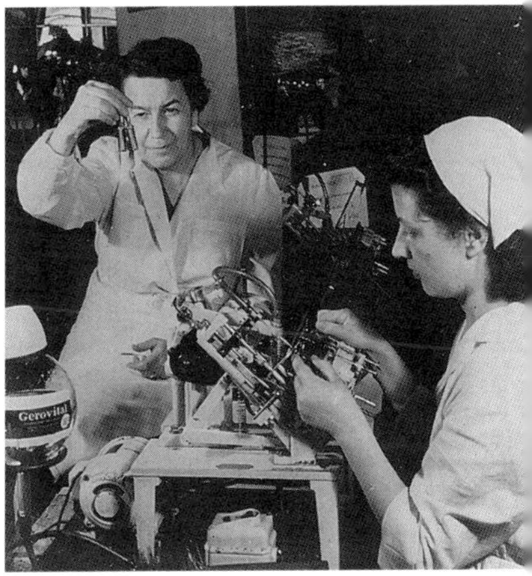

oben rechts: Seitengebäude des »Nationalen Instituts für Geriatrie und Gerontologie« in Bukarest, Rumänien.

rechts: Prof. Ana Aslan bei der Qualitätskontrolle von »Gero-H3-Aslan« in ihrem Forschungslabor in Bukarest, Rumänien.

unten: Prof. Ana Aslan (Bildmitte) zusammen mit ihren engsten wissenschaftlichen und medizinischen Mitarbeiterinnen.

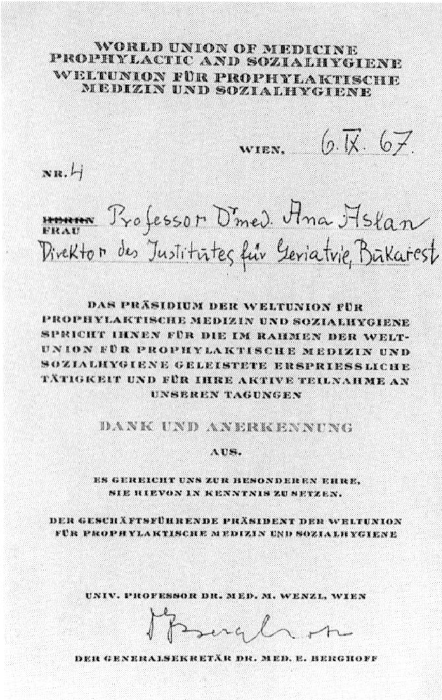

WORLD UNION OF MEDICINE
PROPHYLACTIC AND SOZIALHYGIENE
WELTUNION FÜR PROPHYLAKTISCHE
MEDIZIN UND SOZIALHYGIENE

WIEN, 6. IX. 67.

NR. 4

~~HERRN~~ Professor Dr. med. Ana Aslan
FRAU
Direktor des Institutes für Geriatrie, Bukarest

DAS PRÄSIDIUM DER WELTUNION FÜR PROPHYLAKTISCHE MEDIZIN UND SOZIALHYGIENE SPRICHT IHNEN FÜR DIE IM RAHMEN DER WELTUNION FÜR PROPHYLAKTISCHE MEDIZIN UND SOZIALHYGIENE GELEISTETE ERSPRIESSLICHE TÄTIGKEIT UND FÜR IHRE AKTIVE TEILNAHME AN UNSEREN TAGUNGEN

DANK UND ANERKENNUNG

AUS.

ES GEREICHT UNS ZUR BESONDEREN EHRE, SIE HIEVON IN KENNTNIS ZU SETZEN.

DER GESCHÄFTSFÜHRENDE PRÄSIDENT DER WELTUNION FÜR PROPHYLAKTISCHE MEDIZIN UND SOZIALHYGIENE

UNIV. PROFESSOR DR. MED. M. WENZL, WIEN

DER GENERALSEKRETÄR DR. MED. E. BERGHOFF

links: Dankesschreiben des Präsidenten der Weltunion für prophylaktische Medizin und Sozialhygiene, Wien, an Prof. Ana Aslan, Direktorin des Instituts für Geriatrie, Bukarest, vom 6. September 1967.

unten: Ana Aslan erhält die Ehrenmitgliedschaft des Komitees der Klinik »Nos Grands Parents«, Brüssel, am 2. Dezember 1970.

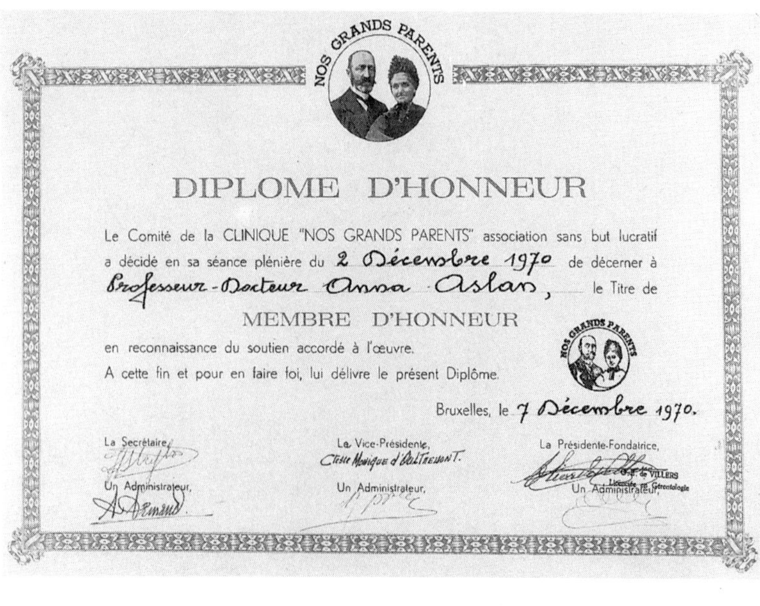

DIPLOME D'HONNEUR

Le Comité de la CLINIQUE "NOS GRANDS PARENTS" association sans but lucratif a décidé en sa séance plénière du 2 Décembre 1970 de décerner à Professeur-Docteur Anna Aslan, le Titre de

MEMBRE D'HONNEUR

en reconnaissance du soutien accordé à l'œuvre.
A cette fin et pour en faire foi, lui délivre le présent Diplôme.

Bruxelles, le 7 Décembre 1970.

La Secrétaire, Un Administrateur,

La Vice-Présidente, Ctesse Monique d'Oultremont. Un Administrateur,

La Présidente-Fondatrice, C. F. de VILLERS Licenciée en Gérontologie Un Administrateur,

oben: 1972 wird Prof. Ana Aslan in Griechenland zum Ehrenmitglied des »Verbandes für psychosoziale und medizinische Forschung« ernannt.

unten: Prof. Dr. Dr. Ana Aslan bei ihrer Eröffnungsrede (Bildmitte stehend) als Präsidentin des 8. Europäischen Kongresses der klinischen Gerontologie, zusammen mit den Mitgliedern der »International Association of Gerontology« (7. bis 10. September 1977).

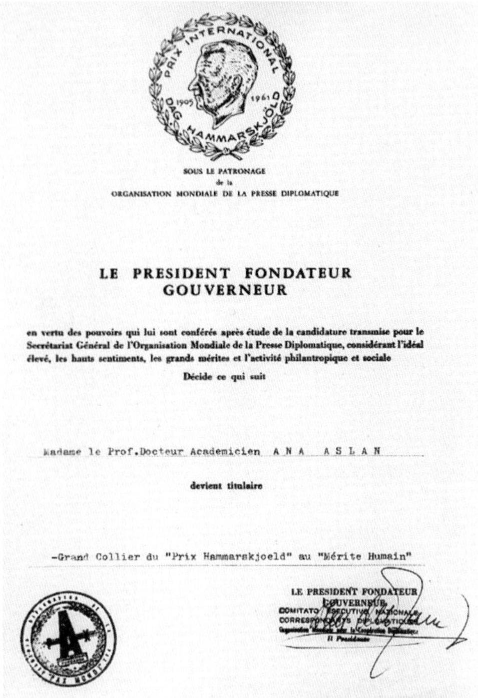
PRIX INTERNATIONAL DAG HAMMARSKJÖLD 1905 1961

SOUS LE PATRONAGE
de la
ORGANISATION MONDIALE DE LA PRESSE DIPLOMATIQUE

LE PRESIDENT FONDATEUR
GOUVERNEUR

en vertu des pouvoirs qui lui sont conférés après étude de la candidature transmise pour le Secrétariat Général de l'Organisation Mondiale de la Presse Diplomatique, considérant l'idéal élevé, les hauts sentiments, les grands mérites et l'activité philantropique et sociale

Décide ce qui suit

Madame le Prof.Docteur Academicien A N A A S L A N

devient titulaire

-Grand Collier du "Prix Hammarskjoeld" au "Mérite Humain"

LE PRESIDENT FONDATEUR
GOUVERNEUR
COMITATO ESECUTIVO NAZIONALE
CORRESPONDENTI DIPLOMATICI
Il Presidente

links: Ana Aslan erhält 1977 in Italien für ihre »Verdienste um die Menschheit« den internationalen »Dag Hammarskjöld Preis«.

unten: Ana Aslan erhält für ihre herausragenden Verdienste auf dem Gebiet der vorbeugenden Medizin am 10. November 1978 die Ehrenmitgliedschaft der Amerikanischen Akademie für Präventivmedizin auf Lebenszeit angetragen.

AMERICAN ACADEMY
OF
MEDICAL PREVENTICS

THIS IS TO CERTIFY THAT

Ana Aslan, M.D., D.Sc.

HAVING FULFILLED ALL REQUIREMENTS IN THE ADVANCEMENT OF IDEALS, PRINCIPLES AND THE SCIENCE OF MEDICAL PREVENTICS

IS HEREBY ELECTED

Honorary Lifetime Member

OF THE AMERICAN ACADEMY OF MEDICAL PREVENTICS AND IS HEREBY ENTITLED TO ALL RIGHTS AND PRIVILEGES OF THE ACADEMY.

7828
Certificate No.

PRESIDENT

November 10, 1978
Date

SECRETARY

rechts: Ana Aslan erhält von der WHO 1982 den internationalen Preis »of Social Medicine« für ihre hervorragenden Leistungen auf dem medizinischen Sektor.

unten: Prof. Ana Aslan (Bildmitte) zusammen mit der späteren Bundesgesundheitsministerin Prof. Ursula Lehr (2. von rechts) und führenden internationalen Gerontologen auf dem Welt-Kongreß für Gerontologie in Wien 1985.

oben: Prominente Patienten aus aller Welt kamen zu Prof. Aslan, um vital und leistungsfähig zu werden. V.l.: Charlie Chaplin, Pablo Picasso, Charles de Gaulle, John F. Kennedy, Marlene Dietrich, Mao Tse Tung, Konrad Adenauer. Auch Nikita Chruschtschow besuchte ihr Institut in Bukarest und ließ sich von ihr erfolgreich behandeln.

unten: Prof. Ana Aslan mit ihrem ältesten Patienten Theodore Parzac, 104 Jahre alt.

rechts: Ana Aslan wird ins internationale »Who's Who« aufgenommen.

unten: Berichterstattung über Prof. Ana Aslans Behandlungserfolge in der internationalen Presse.

Who's Who

ANNA ASLAN

is listed by Marquis ... in the First Edition of

Who's Who in the World

1971-1972

Only those men and women whose position or continuing activities set them apart as subjects of extensive interest, inquiry, or discussion are included in this distinguished biographical reference work.

FOR THE EDITORS

Ana Aslan an ihrem 90. Geburtstag in ihrer Privatwohnung vor ihrem Jugendgemälde.

ihren Patienten. Sie wußte, daß gerade in Moskau hervorragende Ärzte auf dem Gebiet der Gerontologie tätig waren. Daß sich der Politiker trotzdem an sie wandte, war eine Auszeichnung.

»Können Sie ihn noch heute vormittag empfangen?«

Natürlich konnte sie, andere Termine mußten dann eben verschoben werden. »Richten Sie Ihrem Botschafter aus, daß ich den Herrn Ministerpräsidenten erwarte. Sagen wir, in zwei Stunden?« Der Mann im schwarzen Anzug wirkte sehr erleichtert, bedankte sich überschwenglich, gab Ana die Hand, drehte sich zackig um und strebte schnell dem Ausgang entgegen. Ana blieb allein zurück.

Wieder im Labor berichtete sie Maria und Thomasz Palic von dem bevorstehenden hohen Besuch. »Jetzt reißen sich schon die mächtigsten Männer der Welt um dich.« Palic nahm es eher von der lockeren Seite.

Ana zog sich in ihr Büro zurück. Sie malte noch einmal die Lippen nach, kämmte ihr Haar und richtete die Kleidung. Ihr Blick fiel in den Spiegel, und sie sah zum erstenmal einige graue Haare. In dieser Minute wußte sie, daß ihr nicht mehr viel Zeit blieb.

Es waren noch keine zwei Stunden vergangen, da sah sie von ihrem Fenster aus drei schwarze Limousinen vorfahren. Ein großer Citroën, es folgten zwei Moskwitsch mit russischer Standarte. Die Autotüren wurden aufgerissen, und ein knappes Dutzend dunkelgekleideter Männer strebte schnellen Schrittes dem Institutseingang zu. Gesichter konnte sie unter den tiefgezogenen Hüten nicht erkennen. Es ging alles sehr schnell. Wenig später klopfte es an ihrer Bürotür.

»Herein.« Ana lehnte sich in ihren Sessel zurück. Die Tür wurde geöffnet, und herein trat ein kleiner, etwas korpulenter Mann in einem schlechtsitzenden Anzug.

»Frau Professor Aslan?« Der Mann sprach ein Russisch, wie es von Arbeitern und Bauern gesprochen wurde.

Ana erhob sich.

Als ihr Gegenüber den Hut abnahm, mußte sie schlucken. Vor ihr stand der große Nikita Chruschtschow.

Auf den Fotos in Zeitungen und Zeitschriften hatte er größer und wesentlich jünger gewirkt, wie Ana feststellte. Wäre sie ihm auf der Straße begegnet, hätte sie ihn für einen kleinen Angestellten gehalten und nicht für den vielleicht mächtigsten Mann der Erde.

»Sie sind sicherlich erstaunt, daß ich Sie hier in Ihrem Institut aufsuche.«

Ana sprach zwar perfekt Russisch, dennoch hatte sie Schwierigkeiten, seinen schnellen Worten zu folgen.

»Herr Ministerpräsident, ich freue mich, Sie zu sehen.«

»Dann wollen wir auch schnell zur Sache kommen, in wenigen Stunden muß ich vor Ihrer Volkskammer einen Vortrag halten. Und wenn ich ehrlich bin, ich habe mich noch gar nicht vorbereitet.« Chruschtschow lächelte. Dann fuhr er fort: »Mitarbeiter im Kreml haben mich in den vergangenen Monaten immer häufiger auf Ihre Behandlungsmethode aufmerksam gemacht. Ich will nicht sagen, daß ich mich alt fühle, ganz im Gegenteil, aber eine zusätzliche Auffrischung kann nicht schaden.« Er lächelte wieder.

Ana wagte kaum, seinen Redefluß zu unterbrechen – sie nickte nur.

»Und da ich schon mal in Rumänien bin, habe ich mich entschlossen, Sie aufzusuchen.«

Damit war eigentlich alles gesagt, und Ana war wieder ganz fürsorgliche Ärztin. »Machen Sie bitte den Oberkörper frei, ich möchte Sie zunächst untersuchen.« Patient blieb Patient, auch wenn es sich um den Ministerpräsidenten handelte.

»Aber Sie sind eine Frau . . .« Er war erstaunt und machte keine Anstalten, sich zu entkleiden.

»Ich bin eine alte Frau, und Sie sind ein alter Mann, wir wollen ja keinen Sex machen. Also bitte, ziehen Sie Ihre Jacke und Ihr Hemd aus.«

»Frau Professor, ich kann mit Ihrer Diskretion rechnen?« Chruschtschow unternahm einen letzten Versuch. Als dann schließlich dieser kleine große Mann mit weißer Haut, hängenden Schultern und reichlich Bauchansatz vor ihr stand, war es doch für Ana eine recht komische Situation. Der mächtigste Mann der Welt stand in Unterhosen vor ihr!

Nach der einstündigen Untersuchung – sie war erstaunt, in welch guter körperlicher Verfassung sich ihr neuer Patient befand – konnte er sich wieder ankleiden. Ana ging an den Medikamentenschrank und entnahm drei Schachteln Gero-H3-Aslan. »Hier haben Sie fünfzehn Ampullen. Bitten Sie Ihren Leibarzt, Ihnen jeden dritten Tag eine Ampulle zu injizieren. Und zwar in den Hintern, oder soll ich Ihnen gleich hier die erste Spritze setzen?«

Chruschtschow hob abwehrend beide Hände und spielte lächelnd den Empörten: »Um Himmels willen, Sie sind doch eine Frau.« Beide mußten lachen. Eigentlich, so fand Ana, war dieser Mensch sehr sympathisch und gar nicht so verkniffen, wie er immer in den Medien dargestellt wurde.

Der Politiker bedankte sich schließlich, griff in seine Sakkotasche und reichte Ana einige zerknitterte Rubelscheine. »Für Ihre Bemühungen. Ich werde Sie weiterempfehlen. Und pssst!« Dabei legte er den Zeigefinger auf seine Lippen. Er verabschiedete sich mit einem Handkuß. Ein Kommunist mit Manieren.

Endlich wieder allein, genehmigte sich Ana einen großen Cognac. Kaum hatte sie das Glas an die Lippen gesetzt, wurde auch schon die Tür aufgerissen, und fast der gesamte Mitarbeiterstab drängte ins Zimmer. Alle platzten vor Neugier.

Ana Aslan gab einen kurzen Bericht, dann sagte sie: »Ich glaube, wir haben es geschafft!« Von allen Seiten hagelte es Glückwünsche. Für einige Minuten fühlten sich alle als Mitglieder einer erfolgreichen Familie, jedenfalls so lange, bis Ana wieder zur Tagesordnung überging.

»Maria, was machen die neuen Testreihen?« Sie dachte

wieder an ihre Patienten in der Klinik und an all die alten Menschen, die überall auf der Welt auf ihre Hilfe warteten. »Ich habe die Zusammensetzung der Stabilisatoren von H3 nochmals leicht modifiziert. Mit Erfolg, glaube ich. Zweihundert Ampullen habe ich dir bereits aufgezogen, sie liegen bei mir im Labor.« Als die beiden Frauen allein waren, gab es nur ein Thema und nur die Arbeit. Lediglich Thomasz Palic, der sich heute einen freien Tag an der Universität genommen hatte, duldeten sie um sich.

»Maria, was ich dir noch sagen wollte. Bitte achte darauf, daß unsere Projekte nicht jedem bekannt werden.« In letzter Zeit häuften sich die Anfragen – vor allem aus dem westlichen Ausland –, die die Zusammensetzung von H3 betrafen. Dem Institut lag sogar ein hochdotiertes Angebot eines deutschen Pharmakonzerns vor. »Wenn wir weiter sind, werde ich alles offenlegen, der Menschheit zuliebe und nicht des Geldes wegen«, lautete Anas ablehnende Antwort.

Sie nahm sich für den Rest des Tages frei, wollte einmal nur ihren Gedanken und Träumen nachgehen, in sich hineinhören und prüfen, ob sie überhaupt noch die Kraft haben würde, sich hundertprozentig ihrer Aufgabe zu widmen. Gut, sie war jetzt jenseits der sechzig, ein Alter, in dem man langsam an den wohlverdienten Ruhestand denkt. Aber konnte dies ein Grund ein?

Bukarest schimmerte in allen Farben. Die herbstlichen Bäume leuchteten in herrlichen Schattierungen, und die hübschen jungen Frauen hatten vielleicht zum letztenmal in diesem Jahr ihre Sommergarderobe aus dem Schrank geholt. Straßenhändler verkauften türkischen Honig und heiße Maronen; in den Cafés und Restaurants der Innenstadt hatte man noch einmal Stühle und Tische aufs Trottoir gestellt. Spaziergänge waren für Ana immer schon das beste Mittel gegen aufkommende Depressionen gewesen.

Als sie müde wurde, setzte sich Ana in eine kleine Bar, bestellte sich einen Imbiß, ihren geliebten Rotwein und vertiefte sich in eine der ausliegenden Zeitschriften. Interessiert las sie den langen Leitartikel über den offiziellen Staatsbesuch des russischen Ministerpräsidenten in Rumänien. An einer Stelle des Berichts stockte sie. Hier hieß es wörtlich: »Chruschtschow wies in einer ersten Stellungnahme darauf hin, daß er die rumänische Wissenschaft bewundere. Insbesondere der Medizin unseres Landes zollte er hohen Tribut.«

»Ob er mich damit gemeint hat?« Ana fühlte sich geschmeichelt. Sie nahm sich vor, Chruschtschow nochmals für sein Vertrauen zu danken.

7

Am folgenden Morgen fühlte sie sich erheblich besser. Auch als kurz vor sechs bereits das Telefon klingelte, konnte dies ihre gute Laune nicht vertreiben. »Hier Jean Knittel aus Konstanza«, meldete sich eine tiefe Männerstimme.

»Wer?« Ana war etwas irritiert. Erst allmählich erinnerte sie sich an den Wirt des Hotels Helvetia, in dem sie während ihrer schweren Krise einige Tage verbracht hatte.

»Ach, Jean, Sie sind es. Nein, ich plane zur Zeit keinen Urlaub. Keine Zeit.« Sie mußte lächeln und erinnerte sich an die schönen Stunden, an das Meer und vor allem an den Sack voller aufmunternder Briefe.

»Ich rufe auch nicht deshalb an. Ich mache mir Sorgen um Ihre Mitarbeiterin. Um Frau Kalateneau.«

Ana erstarrte. »Um Maria, ist sie denn bei Ihnen?«

»Ich habe mir gedacht, daß Sie das nicht wußten. Gestern abend kam sie hier an, mietete sich ein Zimmer – genau wie Sie vor ein paar Monaten. Auch Frau Kalateneau wirkte sehr nervös.«

Ana wurde immer unruhiger. Maria hatte ihr nichts von einem Urlaub am Meer erzählt, und es war nicht ihre Art, einfach ins Blaue zu fahren. Es mußte etwas vorgefallen sein. »Wie haben Sie überhaupt meine Mitarbeiterin erkannt?«

»Ja, wissen Sie denn nicht mehr, daß Sie mir damals Fotos Ihres Institutes gezeigt haben, und wie stolz Sie gerade auf Frau Kalateneau gewesen waren? Wenn ich einmal ein Gesicht gesehen habe, vergesse ich es so schnell nicht wieder. Aber irgend etwas stimmt mit der Dame nicht. Gestern abend wollte sie nichts essen, trank aber zwei Flaschen Wein. Und heute morgen war sie nicht mehr in ihrem Zimmer. Ich mache mir große Sorgen!«

»Ich mir auch. In zwei Stunden bin ich bei Ihnen.« Ana legte den Telefonhörer auf und kleidete sich hastig an. Sie spürte, daß jetzt jede Minute zählte. Auf ihre Intuition hatte sie sich immer verlassen können. Verkehrsregeln gab es für sie an diesem Morgen nicht. Während der gesamten Fahrt überlegte sie, weshalb Maria nach Konstanza gefahren war. Hatte sie Kummer, berufliche Schwierigkeiten?

Schon von weitem roch sie die würzige Meerluft. Doch diesmal erzeugte dieser wunderbar erfrischende Duft keine positiven Gefühle. Ana hatte Angst um Maria.

Jean, der Wirt, erwartete sie bereits vor seinem Hotel. Es sah so aus, als hätte er bis heute seine dreckige weiße Schürze nicht gewechselt.

»Wo ist sie?« Mit quietschenden Bremsen hielt Ana direkt vor dem Haus.

Der Wirt hob lediglich die Schultern. »Ich bin froh, daß Sie hier sind. Irgend etwas stimmt nicht. Frau Kalateneau hat sich heute morgen nicht abgemeldet. Als ich sie nach dem Frühstück fragen wollte, fand ich ihr Zimmer leer.«

»Haben Sie denn keine Idee, wo sie sein könnte?« Wieder zuckte Jean mit den Schultern. Wie damals spielten einige Jungen Fußball, wie damals klang das Schlagen der Wellen wie das letzte Atemholen eines Sterbenden. Von Maria war nichts zu sehen.

Ana wußte längst nicht mehr, wie weit sie gelaufen war. Die Stadt lag hinter ihr, der Strand ging langsam in eine niedrige Felsformation über. Ihre Schuhe hatte sie ausgezogen, um schneller vorwärtszukommen.

Weit und breit war kein Mensch zu sehen. Mittlerweile hatte sie den Abschnitt des Strandes erreicht, an den die Uferfelsen bis an das Wasser reichten. Bis zu zwanzig Meter stiegen die schroffen Steine aus dem wellengepeitschten Meer. Die Wogen schlugen laut und monoton.

Ganz weit oben, auf der Spitze eines Felsüberhanges, sah Ana eine Frau. Hochaufgerichtet blickte die Gestalt auf das dunkelgrüne Wasser, ihre Blicke schienen ins Unendliche gerichtet zu sein.

»Maria!« Ana Aslan versuchte zu schreien, aber ihr Rufen ging im Tosen des Meeres unter. So schnell wie möglich erklomm sie auf einem schmalen Pfad den Felsen. Ihre schmerzenden Füße spürte sie längst nicht mehr. Noch dreißig, noch zwanzig Meter, dann müßte sie die Frau erreicht haben. Der Weg wurde immer steiler.

Ja, es war Maria Kalateneau. Sie hatte Ana nicht bemerkt, sie war so in sich selbst versunken, daß sie nichts mehr um sich herum wahrnahm. Auch Ana hatte jetzt die höchste Stelle des Felsens erreicht, Maria war zum Greifen nah.

»Maria, tu es nicht, bitte.«

Zunächst geschah nichts, dann drehte sich Maria langsam um. »Ana, was willst du hier? Laß mich allein. Bitte!« Maria drehte sich wieder dem Meer zu. Ihr Blick ging ins Leere.

»Was ist los mit dir? Willst du mir nicht erzählen was ...« Behutsam legte Ana ihre Hand auf den Rücken der verzweifelten Frau. »Bitte, komm mit mir zurück ins Hotel. Sterben ist kein Ausweg.«

Ana hörte leises Schluchzen. Und dann noch leiser: »Und ich habe ihn doch so sehr geliebt.« Mit einem erlösenden Weinkrampf drehte sich Maria um und sank in Anas Arme. Minutenlang verharrten beide Frauen so, ohne ein Wort zu sagen.

Diese Ruhe war wohltuend, auch das dunkle Rauschen des Wassers hatte jetzt viel von seiner Bedrohung verloren. »Komm, wir gehen.« Ana Aslan nahm den Arm ihrer Freundin. »Wir können später reden.«

Eine Stunde später saßen beide in dem kleinen Gastraum

ihres Hotels. Jean hatte sie bereits erwartet, und er war sichtlich erleichtert, beide unversehrt wiederzusehen. »Ich mache schnell einen starken Kaffee und vorher einen dreifachen Tuica.« Er hatte die schlanke Flasche mit dem klaren Schnaps schon in der Hand. Dann ließ er die Frauen allein.

»Willst du reden?«

Langsam, ganz langsam erwachte Maria wieder zu neuem Leben, sicher hatte auch der hochprozentige Schnaps seinen Anteil daran. »Dieser Schweinehund hat mich nur benutzt.«

»Thomasz Palic?«

Maria nickte.

»Was hat er getan?«

Es dauerte wieder eine ganze Weile, bis Maria die passenden Worte fand. Man merkte ihr an, daß es ihr schwerfiel, alles offen auszusprechen. »Gestern nachmittag, du warst nicht mehr im Institut, habe ich ihn dabei überrascht, wie er in deinem Büro die Schränke durchsuchte.«

»In meinem Zimmer?«

»Ich habe ihn natürlich sofort zur Rede gestellt, und er hat es nicht einmal geleugnet.« Maria machte eine Pause. »Thomasz Palic hatte von Anfang an nur eines im Sinn, die genaue Zusammensetzung von Gero-H3-Aslan herauszufinden. Deshalb hat er sich an mich herangemacht, deshalb hatte er Kontakt zu dir aufgenommen. Es war alles ein abgekartetes Spiel. Ihm ging es nur um Profit, an mir lag ihm gar nichts!«

»Das hat er alles zugegeben?« Ana war enttäuscht, sie hatte sich bisher immer für eine gute Menschenkennerin gehalten.

Maria hatte ihr gar nicht zugehört. »Als er vor deinem geöffneten Schrank stand und im Begriff war, Aktenordner zu durchwühlen, konnte er nicht mehr leugnen. Er murmelte etwas von Geldnot und davon, daß er ein Angebot eines Pharmaunternehmens aus Deutschland hätte ...« Sie schluchzte erneut auf. »So ein Schwein.«

Ana schaute ihrer Freundin in die verweinten Augen: »Und deshalb wolltest du dir das Leben nehmen?«

»Was sollte ich denn machen? Ich hatte solche Angst davor, wie du reagieren würdest. Bist du denn nicht enttäuscht?«

»Aber doch nicht von dir.« Ana wurde ernst. »Du hast doch die wenigste Schuld. Liebe macht blind. Ich selbst hätte seine Absicht erkennen müssen.«

Jean kam endlich mit dem Kaffee und brachte auch noch einmal die Flasche Tuica mit.

Nach einigen Wochen hatten beide Frauen den Vorfall so gut wie vergessen. Das Leben nahm seinen normalen Gang. Die Arbeit stand wieder im Vordergrund. Maria hatte ihren hinterlistigen Verehrer nicht wieder gesehen, er blieb wie vom Erdboden verschluckt.

»Ich reise morgen früh nach London.« Mit ihren leitenden Mitarbeitern saß Ana bei der üblichen morgendlichen Besprechung, als sie die Neuigkeit bekannt gab. Sie hob nicht einmal den Kopf, war aber neugierig auf die Reaktion ihrer Kollegen.

»Ana, willst du dir das noch einmal antun? Hat dir die Reaktion in Karlsruhe nicht gereicht? Hast du es nötig, dich vor der ganzen Welt erneut rechtfertigen zu müssen?« Dr. Peter Tondor, ein junger Institutsarzt, der sich langsam, aber nachdrücklich in die Führungscrew vorgearbeitet hatte, schien von Anas Entschluß wenig begeistert zu sein.

»Mach dir keine Sorgen, Peter.« Ana war mit den meisten ihrer langjährigen Mitarbeiter per Du. »So etwas passiert mir nicht wieder. Ich bin heute älter und viel, viel souveräner. Sollen sie doch pfeifen und buhen, ich weiß, daß ich im Recht bin.«

»Soll ich dich begleiten?« Gerade Maria Kalateneau schien besorgt. War sie es doch, die damals alles hautnah miterleben mußte.

Ana lehnte kategorisch ab, und damit war die Diskussion für sie beendet. Weiteren Widerspruch duldete sie nicht. Sie freute sich auf London und auf eine zweite Chance, internationalen Kollegen ihre These vorzutragen.

Die angesehene britische Medical Society for the Care of the Elderly hatte sie kürzlich offiziell eingeladen. Ana wußte, daß dies auf Druck der öffentlichen Meinung geschehen war, denn sie hatte viele Bewunderer, vor allem in Großbritannien. Allerdings weniger unter den Ärzten und Wissenschaftlern, vielmehr unter den einfachen Bürgern.

Ana versprach sich viel von dieser Londoner Visite. Anders als noch vor vier Jahren in Karlsruhe lagen dem Institut mittlerweile gesicherte Ergebnisse von Langzeitstudien vor. Sie würde nicht mehr nur mit ihrem Gefühl und ihrer Überzeugung argumentieren können, sondern auch mit Zahlen, Daten und Fakten.

Der Termin war auf den 19. November festgelegt. Sie wollte aber die Gelegenheit nutzen, vorher einige Tage auszuspannen. Auch sie war längst der Faszination des westlichen Wohlstandes erlegen und wollte ihn noch einmal eingehend und umfassend genießen. Rumänien war ein armes Land, nur drangen durch den Eisernen Vorhang wahre Wundergeschichten über das angebliche Paradies im Westen.

Sogar das im Krieg besiegte Deutschland war längst zur wirtschaftlichen und gesellschaftlichen Macht geworden. Wie mußte erst England als Siegernation dem Luxus frönen? Ana selbst hatte im Fernsehen die Krönungszeremonie der britischen Königin verfolgt und war beeindruckt vom Prunk der Monarchie und der Begeisterungsfähigkeit des Volkes. Und tatsächlich schien sich ihr Eindruck bei ihrer Ankunft in der britischen Hauptstadt zu bestätigen. Ana bewohnte auf Einladung des Veranstalters ein Luxushotel nahe des Buckingham-Palace, schon von außen ein Gebäude von Reichtum und Luxus.

Die Halle des Gebäudes übertraf alles, was sie bislang gesehen hatte. Sogar der Königspalast in Budapest konnte nicht mit einem solchen Prunk aufwarten wie das »Royal Windsor«. Für sie war eine Suite im dritten Stock reserviert. Ihr Wohnzimmer war mit edlen Antiquitäten ausgestattet und in Altrosa und Mahagoni gehalten; das etwas kleinere Schlafzimmer wurde von einem riesigen Himmelbett dominiert, wo, so sagte jedenfalls der Portier, schon zahlreiche Staatsoberhäupter und königliche Hoheiten genächtigt hatten. Über das Marmorbad wunderte Ana sich schon gar nicht mehr.

Für ihre speziellen Wünsche hatte das Hotel einen Etagenpagen abgestellt. Der junge Mann hatte sich als James Brown vorgestellt und ihr die Koffer auf das Zimmer gebracht. Als ihm Ana ein Trinkgeld anbot, lehnt er entrüstet ab.

»Vielen Dank, Madam, aber es ist mir eine Ehre, Ihnen den Aufenthalt in unserem Hotel so angenehm wie möglich zu machen.« Ana wußte, daß er das Geld abgelehnt hatte, weil er glaubte, sie selbst habe nicht genügend. Aus eigener Tasche hätte sie das Hotel wirklich nicht bezahlen können.

»Mister Brown, ist Post für mich angekommen?« Sie hoffte auf eine Mitteilung der Veranstaltungsorganisatoren.

»Nennen Sie mich bitte James. Ich werde sofort nachschauen. Darf ich sonst noch etwas für Sie tun?« Ana verneinte.

Als James gegangen war, packte sie ihre Koffer aus. Sie war auf alle Eventualitäten vorbereitet, sogar zwei Abendkleider hatte sie eingepackt. Aber sie wollte die Zeit auch nutzen, in London einmal ausführlich einkaufen zu gehen. Von Freunden und Bekannten hatte sie lange Einkaufslisten dabei, was sie alles besorgen sollte. Viele Waren, in England ganz alltäglich, gab es in Rumänien einfach nicht. Und wenn sie schon einmal die Möglichkeit hatte ...

Ihre Redemanuskripte ordnete sie auf dem kleinen Biedermeiersekretär. Diesmal war sie besser vorbereitet als damals in Deutschland. Tagelang hatte sie zuvor mit Kollegen an dem Referat gefeilt; sie waren jede Zahl und jede Position mehrmals durchgegangen. Sie war fest davon überzeugt, diesmal auch vor ihren größten Skeptikern zu bestehen. Etwas provozierend hatte sie ihren Vortrag unter das Motto »Das ewige Leben« gestellt.

Wenige Minuten später klopfte James an die Tür. Als er eintrat, fiel Ana sofort der große Stapel Post auf, den er auf einem silbernen Tablett trug. »Alles für mich?« Sie war ehrlich überrascht.

»Sie sind eine bekannte Frau in Großbritannien. Die Presse hat vorgestern groß über Sie berichtet und wahre Wunderdinge über Ihr Krankenhaus in Bukarest veröffentlicht. Sie sollen dort eine bekannte Heilerin sein.«

»Heilerin!« Fing denn dieser ganze Unsinn schon wieder an. »Ich bin Ärztin«, meinte sich Ana vor dem Pagen rechtfertigen zu müssen. Doch was konnte dieser Mann dafür, wenn die britischen Medien einen solchen Unsinn schrieben? Es hatte wahrlich den Anschein, als würde sie diesen höchst zweifelhaften Ruf nie mehr los.

Beim Durchblättern der Post fiel Ana von einer Überraschung in die andere. Fasziniert setzte sie sich in einen der tiefen Ledersessel und las. Es waren zunächst Bittbriefe. Bittbriefe vor allem von alten Menschen, die über sie gelesen hatten und nun bei der berühmten Ärztin aus Rumänien Hilfe und Rat suchten. Ihr völlig unbekannte Menschen schilderten ihr Leid und setzten ihre ganze Hoffnung in sie. Zum Teil wurden erschütternde Schicksal beschrieben.

»Liebe Frau Professor Aslan, ich habe in der Zeitung von Ihren Erfolgen gelesen und möchte mich auch von Ihnen behandeln lassen. Ich bin eine siebzigjährige Frau und weiß nicht mehr weiter. Obwohl ich mit meiner Kraft völlig am Ende bin, muß ich meinen zweiundachtzigjährigen bettlägerigen Mann pflegen. Und dann habe ich auch noch einen geistig und körperlich behinderten Sohn, der bei mir lebt und den ich ebenfalls pflegen muß. Bis jetzt habe ich alle Arbeiten geschafft, aber allmählich spüre ich mein Alter. Nun wollen die Behörden mein Kind und meinen Mann in ein Heim stekken, weil ich angeblich den Haushalt nicht mehr versorgen kann. Aber das will ich nicht. Bitte helfen Sie mir.« Solche und ähnliche Briefe gab es zu Dutzenden. Aus ganz Großbritannien hatte man ihr geschrieben. Ihr, der »Heilerin«!

Aber wie sollte sie helfen? Auch wenn sie gewollt hätte, waren ihr doch die Hände gebunden. Zum einen hatte sie weder medizinisches Gerät noch irgendwelche Arzneimittel bei sich. Wozu auch? Sie wollte in England ja nicht praktizieren, sondern einen Vortrag halten. Das Telefon riß sie aus ihren Gedanken.

Am anderen Ende der Leitung meldete sich eine Männerstimme. Und obwohl Ana ein durchaus gutes Englisch sprach, hatte sie Mühe, den näselnden Akzent des Anrufers zu verstehen. So dauerte es auch ziemlich lange, bis sie den Grund des Telefonats erfahren konnte. Auch dieser Mann wollte sich von ihr behandeln lassen!

Er bot ihr viel Geld für eine Therapie. Doch letztendlich mußte sie dem Anrufer eine Absage erteilen. Es sollte nicht das letzte Telefongespräch dieser Art für heute sein.

Ana hatte nicht gedacht, im westlichen Ausland einen solchen Bekanntheitsgrad zu haben. Daheim in Rumänien, in ihrem Institut, standen ihr alle Möglichkeiten offen und sie versuchte jedem zu helfen, der sie darum bat. Aber hier in einer Hotelsuite, allein, Tausende Kilometer von zu Hause, fühlte sie sich dazu nicht in der Lage.

Wieder klingelte das Telefon, diesmal war es die Dame vom Empfang: »Entschuldigen Sie die Störung, Frau Professor, aber im Foyer ist eine Frau, die Sie unbedingt sprechen möchte. Eine Mrs. Anne Moore. Sie sagt, sie hätte Ihnen geschrieben. Soll ich die Dame wegschicken oder sind Sie zu sprechen?«

Der Name sagte Ana nichts. Sie kannte eigentlich überhaupt niemanden in diesem Land. Trotzdem entschied sie spontan: »Wenn es wirklich so wichtig ist, kann sie ruhig kommen.« Sie legte den Telefonhörer wieder auf die Gabel.

Tatsächlich klopfte es nach wenigen Minuten an ihre Tür. Vor ihr stand eine kleine, ältere Frau, der man ansah, daß sie normalerweise nicht in einem so teuren Hotel verkehrte. Der abgewetzte Mantel und der unmoderne Hut ließen eher auf ärmliche Verhältnisse schließen.

»Hat mein Brief Sie bereits erreicht?« Schüchtern, fast unterwürfig trat Anas Besucherin ein. Sie sah älter aus, als sie wahrscheinlich war.

Ana war leicht irritiert. »Liebe Frau, ich habe so viele Briefe erhalten, ich weiß jetzt wirklich nicht ...«

»Also ich wohne in Bankwing, fünfzig Kilometer von London entfernt. Wir haben dort ein kleines Häuschen. Mein Mann ...« die unbekannte Frau hielt kurz inne, »mein Mann wollte eigentlich gar nicht, daß ich komme. Wissen Sie, es geht ihm gar nicht gut ...«

»Erzählen Sie trotzdem.« Ana läutete nach James und bestellte zwei Sherry.

»Bis vor zwei, drei Monaten war noch alles in bester Ordnung.« Ihre Besucherin ließ jetzt ihren Gefühlen freien Lauf. »Dann wurde mein Mann plötzlich krank, eine Virusinfektion, von der er sich bis heute nicht mehr richtig erholt hat. Heute ist er bettlägerig.« Sie nippte an ihrem Glas, bevor sie einen neuen Anlauf nahm.

»Ich hatte mir zugetraut, ihn zu pflegen. Wir sind seit zweiundfünfzig Jahren verheiratet, da ist es doch selbstverständlich, sich um den geliebten Mann zu kümmern. Aber da ist auch noch unser Sohn Benjamin. Er ist sechsundvierzig, und schwerbehindert.« Bevor sie fortfuhr, wischte sie verlegen einige Tränen von den Wangen.

»Ihr Sohn lebt auch bei Ihnen?« Ana meinte, etwas sagen zu müssen.

»Ja, natürlich. Würden Sie Ihren Sohn in eine Irrenanstalt stecken?« Mrs. Moore fuhr fort, ohne auf Anas Antwort zu warten. Sie hatte wohl auch keine erwartet: »Nun habe ich zwei Pflegefälle zu Hause.« Sie mußte wieder schluchzen.

»Und das geht einfach über meine Kraft. Ich bin von morgens fünf bis spät in der Nacht auf den Beinen. Auch das Geld reicht vorn und hinten nicht, denn mein Mann bekommt nur eine kleine Rente, und ich war mein Leben lang nur Hausfrau und bekomme keinen Pfennig dafür. Aber das ist ein anderes Thema.«

»Mrs. Moore, das ist alles sehr traurig.« Ana unterbrach den Redefluß ihrer Besucherin erneut. »Aber wie kann ich Ihnen helfen?«

»Sie sind meine letzte Hoffnung, Frau Professor. Wenn Sie es nicht schaffen, schafft es keiner. Es stand doch ganz groß in der Zeitung.«

Ana ahnte Schlimmes. »Was stand ganz groß in der Zeitung?«

»Daß Sie den Alten wieder Kraft geben können. Daß Sie ein Medikament entwickelt haben, das das Leben verlängert. Und ich bin alt, ich brauche mehr Kraft. Letzte Woche war eine Frau von der Fürsorge bei uns. Ich hatte die Betten noch nicht gemacht, mein Mann war nicht gewaschen, und die Küche war auch noch nicht aufgeräumt. Die Beamtin wurde sehr frech und warf mir Schlamperei vor. Sie drohte sogar damit, mir meinen Mann und meinen Sohn wegzunehmen und sie in ein Heim zu stecken. Dabei weiß ich genau, daß beide dies nicht überleben würden. Und ich auch nicht.« Jetzt weinte sie hemmungslos.

Ana versuchte sie zu beruhigen. »Sie sind siebzig Jahre, ist das nicht alles viel zuviel für Sie?«

Die alte Dame schrie jetzt fast: »Ja, es ist alles zuviel für mich. Das weiß ich doch, aber ich muß es schaffen, ich muß! Bitte helfen Sie mir.« Und viel leiser: »Machen Sie mich wieder jung!«

Was sollte Ana dieser Frau jetzt sagen? Sollte sie sie nach Hause schicken? Sollte sie ihr Hoffnungen machen, die sich vielleicht nicht realisieren lassen würden? Wie naiv diese Frau doch war! Ana hatte in ihrem Leben viele Schicksale alter Menschen hautnah miterlebt. Diese Frau rührte sie aber zutiefst.

»Sie stellen sich das zu einfach vor. Glauben Sie nicht alles, was in der Zeitungen steht. Ich kann keine Wunder vollbringen, ich bin Ärztin und behandle ältere Menschen. Aber Wunder gibt es nicht.«

»Es ist also hoffnungslos?« Die alte Frau sackte in sich zusammen, ihre Haut war mit einem Mal grau wie der Stoff ihres Mantels. Sie hatte alles auf eine Karte gesetzt und verloren.

Ana erhob sich aus ihrem Sessel und ging im Zimmer auf und ab. Natürlich ging ihr die Geschichte näher, als sie es sich selbst eingestehen wollte. Sie suchte verbissen nach einem Ausweg. »Haben Sie etwas dagegen, wenn ich Sie untersuche?« Sie wußte, daß sie damit ein Risiko einging, aber sie sah keine andere Möglichkeit, diese Frau zu beruhigen. »Erzählen Sie mir etwas über sich, über Ihre Krankheiten, welche Beschwerden Sie haben. Und öffnen Sie bitte Ihren Rock, ich möchte Ihnen eine Spritze geben. Für den Eigenbedarf hatte Ana stets einige Ampullen H3 in ihrem Reisegepäck.

Die alte Frau blühte sichtbar auf. Sie, die noch vor wenigen Minuten wie ein Häufchen Elend in ihrem Sessel saß, umarmte Ana und drückte ihr einen dicken Kuß auf die Wange. »Sie geben es mir, Ihr Wundermittel?«

Ana verfluchte in Gedanken die englischen Journalisten, nickte aber tapfer. »Wir wollen es einmal ausprobieren.«

Die beiden Frauen, die ungefähr im gleichen Alter waren, gingen anschließend zum Abendessen. Die hochnäsigen Blicke der anderen Gäste im Restaurant übersah Ana. James richtete in ihrem Wohnzimmer ein zweites Bett. Mrs. Moore würde die Nacht in London verbringen.

Ana erfuhr an diesem Abend mehr über das wahre Leben im »goldenen Westen«, als sie je aus Büchern oder Zeitungen hätte lesen können. Mrs Moore nutzte die Gelegenheit, um sich einmal richtig verwöhnen zu lassen, und sie schüttete

Ana ihr Herz aus. »Wer jung ist und schwer arbeiten kann, dem geht es gut bei uns. Wir Alten, die der Gesellschaft nichts mehr nützen, haben es schwer. Wir bringen dem Staat wenig ein, unsere Gesundheitsversorgung ist teuer, und wir leben immer länger. Wer heute achtzig Jahre alt wird, dem werden doch schon Gewissenbisse eingeredet, nur weil er so lange Rente bekommt, statt zu sterben.«

Ana hörte aufmerksam zu.

»Schauen Sie sich um. Mir sieht man doch schon von weitem an, daß ich in diesem feinen Hotel fehl am Platze bin, ich gehöre einfach nicht hierher. Wie viele von den Damen und Herren an den Tischen mögen jetzt denken: ›Soll diese Alte doch bleiben, wo sie herkommt.‹ Und so denken nicht nur die Reichen über die Armen, sondern auch die Jungen über die Alten.«

Ana konnte diese Einstellung nicht unwidersprochen lassen: »Sehen Sie das alles nicht etwas zu negativ? Das Alter kann doch auch seine schöne Seiten haben, jedenfalls wenn man körperlich gesund und geistig vital ist. Man hat endlich Zeit für sich und seinen Partner, man sieht seine Enkelkinder aufwachsen und lebt viel intensiver. Die Last des Alltags ist genommen, der Streß im Beruf, Karriere. Man widmet sich seinen Hobbys und genießt den Herbst des Lebens.« Ana war bei ihrem Lieblingsthema.

»Aber der Herbst geht schnell vorbei, und dann kommt der Winter mit all seiner Kälte und Dunkelheit.« Die Antwort kam prompt.

Ana Aslan hatte die Hälfte ihres Lebens dafür geopfert, dem Alter den Schrecken zu nehmen und das Leben zu verlängern. Sie war stets davon überzeugt gewesen, damit das Beste für jeden einzelnen zu tun. Und daß es ein erfülltes Altern gibt, davon wollte sie auch Anne More überzeugen. Die beiden Frauen hatten sich noch viel zu erzählen an diesem Abend. Zwei Menschen aus ganz verschiedenen Gesellschaften, mit unterschiedlichem Bildungsgrad und Lebenslauf tauschten Erfahrungen aus. Und als sie sich am frühen Morgen trennten, versprach Ana, Mrs. Moore in den nächsten Tagen zu besuchen. Sie fühlte so etwas wie Verantwortung für diese Frau und durfte sich jetzt nicht aus der Pflicht stehlen. Sie würde alles daransetzen, dieser Frau zu helfen.

Kaum wieder allein in ihrer Suite, ließ sie sich eine Telefonverbindung mit ihrem Institut in Bukarest vermitteln. Sie verlangte Maria Kalateneau an den Apparat. »Stelle jetzt bitte keine Fragen, ich habe nämlich eine große Bitte: Schicke mir noch heute per Luftpost einen Vorrat von H3, aber ganz schnell.«

»Praktizierst du jetzt in London?« Ihre Mitarbeiterin schien sich zu amüsieren.

»Jetzt keine Scherze, Maria. Mir ist es ernst. Ich habe jemanden kennengelernt, dem will und muß ich helfen. Alles weitere erzähle ich dir, wenn ich wieder zurück bin. Also bis dann.« Sie beendete das Gespräch, ohne weitere Fragen aufkommen zu lassen.

Sie hatte sich für diesen Tag vorgenommen, einen Schaufensterbummel durch die englische Hauptstadt zu unternehmen. James würde ihr sicher einige Adressen nennen können, wo sie gut und preiswert einkaufen könnte. Gerade wollte sie nach ihm läuten, da klopfte es wieder an ihre Zimmertür. »Ja, bitte.«

Es war James. »Entschuldigen Sie, Madam. Darf ich kurz stören? Ein Bote hat für Sie diese Karte abgegeben. Er wartet unten in der Halle auf Ihre Antwort.« Der Page reichte ihr ein großformatiges Kuvert, auf dem kein Absender stand.

Ana entnahm dem Umschlag eine aufwendig gearbeitete Einladungskarte. Oben, am rechten Rand war ein mehrfarbiges Wappen eingeprägt, daneben in goldenen Buchstaben der Absender gestochen, ein adeliger Name, der mit allen Bezeichnungen und Titeln vier Zeilen einnahm. Ana überflog das Schreiben. Es handelte sich um eine Einladung zum Lunch!

Sie reichte James die Karte, was ihm sichtlich peinlich war. »Kennen Sie den Herren, und wo finde ich das ›Guardian‹?«

Der Diener errötete leicht. »Der Herr ist Mitglied des Oberhauses und einer der einflußreichsten Lords Großbritanniens. Das ›Guardian‹ ist das beste Restaurant, das London zu bieten hat, mit exquisiter französischer Küche, wenn ich das erwähnen darf.«

Die Einladung war noch für denselben Tag. »Sagen Sie bitte dem wartenden Boten, daß ich mich geehrt fühle und die Einladung annehme.« Sie verfiel in Hektik. »Haben wir einen Friseur im Hotel?«

Wenige Stunden später, pünktlich um halb eins betrat sie das Guardian. Wie der Page ihr empfohlen hatte, trug sie ein schlichtes, aber elegantes Kostüm, die Haare waren neu gestylt – sie fühlte sich ganz als Lady.

Vom Interieur des Restaurants war sie zunächst etwas enttäuscht. Nichts von pompöser Eleganz, vielmehr war die Einrichtung eher schlicht. Auffallend war nur, daß sich sehr viele Kellner um die wenigen Gäste bemühten.

Ein älterer Herr im Smoking kam auf sie zu. »Sie haben reserviert, Madam?« Er sprach ein Englisch, wie sie es in der Schule gelernt hatte, allerdings etwas näselnd und arrogant. Ana nannte ihren Namen. »Ich bin eingeladen.« Mit einemmal war die Arroganz des Empfangschefs verschwunden und wandelte sich in tiefe Unterwürfigkeit. »Wenn Sie mir bitte folgen wollen. Wir haben das Windsor-Zimmer für Sie vorbereitet.«

Ana folgte ihm quer durch das Restaurant, über einen weiteren Flur bis zu einer großen zweiflügeligen Tür. Aus dem nichts sprangen zwei Kellner herbei und öffneten mit eleganten Bewegungen die Tür. »Wenn Sie schon mal Platz nehmen wollen. Ich habe den Auftrag, Sie um einige Minuten Geduld zu bitten. Darf ich Ihnen einen Aperitif bringen?«

Das Zimmer, das Ana betrat, war weder groß noch klein. In der Mitte des Raumes stand ein hübsch gedeckter Tisch mit je einem Stuhl an den Kopfseiten. Sonst gab es keine Möbel, lediglich an den Wänden hingen einige teuer aussehende Gemälde. Originale, wie es schien. Ana wurde zu ihrem Platz begleitet. Sie suchte eine Speisekarte, fand aber keine.

»Dürfen wir Sie jetzt allein lassen?« Die Gedecke mit den unzähligen verschiedenen Gläsern, Bestecken und Gebinden irritierten Ana. Ein gutes Essen hatte sie nie verachtet, kannte natürlich die bedeutenden Lokale ihrer Heimatstadt. Das, was sie hier erwartete, war aber mit den besten Restaurants Bukarests nicht vergleichbar.

Jetzt, als sie allein war, hatte sie Gelegenheit, ihren Gedanken nachzugehen. »Wozu die Einladung?« Sie konnte sich nicht vorstellen, daß dies etwas mit ihrem Vortrag zu tun haben könnte. Auch hochrangige Wissenschaftler würden wohl kaum für ihre Besprechungen einen solchen Rahmen wählen. Und wer war dieser unbekannte Adelige?

Dann endlich öffnete sich die Tür. Ein sehr großer, sehr würdig wirkender Mann in einem grauen Straßenanzug betrat den Raum. Hinter ihm traten der Empfangschef und drei weitere Kellner ein. Mit schnellen Schritten kam ihr Gastgeber auf sie zu. Er küßte ihr galant die Hand und stellte sich vor. »Ich freue mich, daß Sie meiner Einladung gefolgt sind, Frau Professor.«

»Die Neugier trieb mich.« Ana wollte von vornherein klarstellen, daß sie das Ambiente nicht beeindrucken konnte.

»Gestatten Sie mir, daß ich das Menü zusammenstelle?« Ohne Anas Antwort abzuwarten, tuschelte der Gastgeber mit dem Personal, das kurz darauf verschwand und sie allein ließ.

Es folgte eine Zeit des Schweigens.

»Ich möchte ungern mit der Tür ins Haus fallen, aber können Sie sich den Grund unseres Treffens vorstellen?« Ihr Gegenüber brach zuerst die Stille. Er war ein gutaussehender Mann, dessen Gesicht von einem großen gezwirbelten Bart beherrscht wurde. Seine Haut war wettergebräunt und sein Alter nur schwer zu schätzen. Er hätte fünfzig, aber auch fünfundsechzig Jahre alt sein können. An seiner rechten Hand prangte ein großer gelbgoldener Siegelring.

»Ich bedanke mich für Ihre Einladung, weiß aber wirklich nicht, womit ich das verdient habe.« Ana schenkte ihm ihr charmantestes Lächeln.

»Ich habe mich über Sie genauestens informiert und weiß, daß Sie in Ihrer Heimat als Kapazität gelten. Ihnen geht der Ruf voraus, wahre Wunderdinge bei der Behandlung alter Menschen geleistet zu haben. Mein Auftraggeber möchte sich Ihr Wissen zunutze machen.«

»Ihr Auftraggeber . . .?« Ana war erstaunt. »Ich dachte, es ginge um Sie? Und was soll das heißen, ›zunutze machen‹?«

»Zunächst einmal, mein Auftraggeber möchte anonym bleiben. Nur soviel sei gesagt, es handelt sich um eine hochrangige Persönlichkeit des öffentlichen Lebens.« Der Earl of Sussex, so hatte er sich Ana vorgestellt, blickte Ana fest in die Augen. »Sie haben eine Behandlung entwickelt, die nach Aussagen anerkannter Ärzte, auch englischer Mediziner, Altersbeschwerden lindern kann. Um eine solche Injektionstherapie möchte ich Sie bitten.«

Ana Aslan mußte lächeln. »Ist das nicht ein etwas seltsames Anliegen? Sie bestellen mich in dieses feine Lokal, erzählen mir von einer anonymen Person und verlangen von mir ein Medikament? Ich weiß nicht, was ich sagen soll.«

»Wir sollten vielleicht erst mal etwas essen. Mit leerem Magen redet es sich nicht gut.«

Der Earl klingelte nach den Kellnern. »Das Menü bitte«, und zu Ana gewandt: »Ich esse fast täglich hier, und mir ist die Küche bestens vertraut. Verlassen Sie sich auf mich.« Ana stimmte gerne zu.

Nach dem ersten Gang – es gab Muschel-Croquetten – kam Ana wieder auf das Thema zurück. »Sie brauchten sich eigentlich nur noch einige Zeit zu gedulden, ich plane nämlich, ein wirksames Medikament in Kürze auch auf den westlichen Markt zu bringen. Sie sind übrigens der erste, der es erfährt.«

»Ich fühle mich geehrt, gnädige Frau, aber so lange kann ich nicht warten. Ich brauche das Mittel sofort, und Sie können natürlich sicher sein, daß es von erfahrenen Ärzten verabreicht wird. Sie brauchen sich also in dieser Hinsicht keine Sorgen zu machen.«

Ana machte ihrem Gastgeber deutlich, daß Gero-H3-Aslan bereits in Rumänien und anderen osteuropäischen Ländern frei erhältlich war. Es sollte doch für eine Person seiner Möglichkeiten ein Leichtes sein, sich einen Vorrat zu beschaffen.

Doch der Earl of Sussex ließ sich davon nicht überzeugen. Amüsiert winkte er ab: »Sagen wir es einmal vorsichtig. Sie forschen doch seit Jahren, setzen alles daran, lebensverlängernde Substanzen zu finden. Ich glaube, daß Sie schon weiter sind, als es der Öffentlichkeit bekannt ist. Und ich möchte nur das beste, das wirksamste Mittel. Geld spielt keine Rolle, und Diskretion ist selbstverständlich.«

Das war es also!

»Entschuldigen Sie, wenn ich lachen muß. Aber Sie glauben doch nicht im Ernst, daß ich . . .?« Ana war ehrlich erstaunt.

Die Antwort war kurz. »Doch.«

Und wieder wurden sie unterbrochen, als das Hauptgericht serviert wurde. Vier Kellner teilten sich die Arbeit, während sich ein fünfter um die Getränke kümmerte. »Geschmorte Hammelschulter mit weißen Rübchen.« Der Chef des Service gab sich so stolz, als hätte er selbst gekocht.

Sie ließen es sich schmecken.

Der schwere rote Bordeaux hatte Ana mutiger gemacht. Übermütig, einfach aus einer Laune heraus, meinte sie: »Nennen Sie mir Ihren Auftraggeber, und ich sage Ihnen, ob es das Mittel wirklich gibt oder nicht. Ich finde, daß ist ein fairer Vorschlag.« Sie erschrak über ihre eigene Kühnheit.

Ihr Gastgeber ließ fast seine Gabel fallen. Mit allem hatte er gerechnet, nur nicht damit, daß diese rumänische Ärztin sich so hartnäckig und selbstsicher zeigte. Lange mußte er überlegen. »Das ist glatte Erpressung, Frau Professor. Sie bringen mich damit in eine schlimme Situation.« Wieder dachte er lange nach. Man spürte quasi, wie er mit sich selbst kämpfte.

Endlich schien er einen Entschluß gefaßt zu haben. »Kommen wir uns beide auf halbem Wege entgegen. Nur soviel – Sie wissen, daß wir in einer Monarchie leben.« Das war es also – die königliche Familie!

Ana hatte an diesem Spiel ihren Spaß gefunden. Fast arrogant antwortete sie: »Und Sie wissen – Wunder gibt es immer wieder!«

Minutenlang schwiegen sie sich jetzt an.

»Sir ...«, Ana stockte, »ich weiß ja gar nicht, wie ich Sie anreden muß. Selbstverständlich bekommen Sie von mir die Injektionen. Das bin ich Ihnen doch nach diesem wunderbaren Essen schuldig. Aber bitte, reden wir nicht weiter über Wundermittel, die es nicht gibt.« Und wieder ernst geworden meinte sie: »Noch nicht gibt. Aber Ihre Informanten haben dennoch gut recherchiert. Ich arbeite ständig an einer Verbesserung. Und einen Traum habe ich auch.«

Sie wandte sich wieder dem Essen zu. Nach der großen Käseplatte wurden Windebeutel serviert. »In zwei, drei Tagen liegt beim Portier meines Hotels eine Dreimonatskur für Sie bereit. Für die optimale Anwendung werde ich Ihnen einen Therapieplan beilegen. Und lassen Sie uns jetzt bitte das Thema wechseln, ich bin ja eigentlich gar nicht im Dienst.«

Eine halbe Stunde später trennten sie sich. »Grüßen Sie die königliche Familie von mir.« Ana Aslan konnte sich diesen Seitenhieb beim Abschied nicht verkneifen. Der Earl of Sussex antwortete erwartungsgemäß nicht darauf!

Wieder im Hotel wartete die nächste Überraschung auf sie. Auf dem Schreibtisch in ihrem Zimmer fand sie erneut einen dicken Stapel von Briefen. Und immer wieder mit dem gleichen Inhalt: Bitte behandeln Sie mich. James hatte daneben eine lange Liste von Telefonaten gelegt – Ana war in England eine begehrte Frau, vielmehr eine begehrte Ärztin (oder doch nur Wunderheilerin?) geworden.

Mit einer solchen Resonanz hatte sie nie und nimmer gerechnet. Jedoch wurde sie dadurch in ihrem spontanen Entschluß bestärkt, auch im Westen ihre Therapie anzubieten. Ein Bedarf war zweifelsfrei vorhanden. Alte Menschen gibt es schließlich überall auf der Welt.

Anne Moore fiel ihr wieder ein. Sie mußte sich eingestehen, daß ihr das Schicksal dieser Frau mehr ans Herz gegangen war als das Taktieren des smarten Earls. Obwohl für eine Medizinerin jeder Patient gleich sein sollte, war es meist nicht so. In einigen Fällen war Hilfe einfach dringender. Noch am Abend telefonierte sie deshalb mit Anne Moore und kündigte für morgen ihren Besuch an. Deutlich merkte sie, daß Mrs. Moore nicht mit ihrem Kommen gerechnet hatte. Die leidgeprüfte Frau bedankte sich mit tränenerstickter Stimme.

Direkt nach einem üppigen Frühstück machte sie sich auf den Weg. Mit dem Taxi ging es zum Bahnhof, wo sie gerade noch den Vorortzug nach Bankwing erreichte. Anders als Anne Moore hatte sie eine Fahrkarte für die erste Klasse gebucht.

Bankwing war so ganz anders als die Kleinstädte in Rumänien. Als sie aus dem Bahnhof trat, fiel ihr sofort die Sauberkeit und Ordnung auf. Sämtliche Häuser der Hauptstraße waren frisch gestrichen, die Vorgärten gepflegt, und es schien, als hätten alle Menschen auf der Straße irgend etwas zu tun. Frauen gingen zum Einkaufen, Kinder kamen von der Schule, und die wenigen Männer, die um diese Zeit zu Hause waren, arbeiteten entweder an ihren Autos oder pflegten den Garten. Ein idyllisches Bild.

Es war nicht weit bis zum Haus der Moores. Nur die Hauptstraße entlang bis zur Bar, dann links und wieder links. Es war das letzte Haus auf der rechten Seite.

Je weiter sie sich von dem kleinen Ortskern entfernte, desto ärmlicher wurde die Gegend. Das Haus der Familie Moore war dann auch eher ein ausgebauter Schuppen als ein typisches Vorstadthaus. Zwar war auch hier das kleine Stückchen Grün zur Straße hin sauber und gepflegt, doch konnte man sehr schnell feststellen, daß überall dringend Reparaturen nötig gewesen wären. An dem mit Brettern beschlagenen Haus blätterte die Farbe ab, das Dach war nur notdürftig geflickt – es war alles dem Verfall preisgegeben.

Ana öffnete die kleine Gartenpforte und erreichte nach vier, fünf Schritten die Haustür. Auf einem abbröckelnden Namensschild war der Name Moore fast nicht mehr zu entziffern. Sie betätigte den Türklopfer.

Nach wenigen Sekunden wurde die Tür geöffnet, und Anne Moore begrüßte sie mit einem Wangenkuß. Sie mußte hinter der Tür auf ihr Eintreffen gewartet haben. »Ich freue mich so, daß Sie da sind. Kommen Sie doch herein, ich habe das Mittagessen bereits auf dem Ofen.«

Ana Aslan betrat den kleinen Flur. Es roch nach Weißkohl, nicht unappetitlich, aber aufdringlich. Ana folgte der Hausherrin in das angrenzende Wohnzimmer. Hier bot sich ein Bild tiefster Traurigkeit: Mr. Moore lag ausgestreckt und mit einer dünnen Wolldecke bedeckt auf einem alten verschlissenen Sofa. Als Ana eintrat, versuchte er sich aufzurichten, was aber nicht vollständig gelang. Er streckte ihr seine magere schlaffe Hand entgegen. »Ich freue mich, Sie zu sehen, meine Frau hat mir schon viel von Ihnen erzählt.« Dann fiel er zurück auf sein Kissen.

An der Kopfseite des Sofas stand ein großer Liegesessel. Ein Mann, Ana schätzte ihn auf ungefähr fünfzig, saß hier, tief in sich gesunken. Es schien, als hätte er sie gar nicht wahrgenommen.

»Das ist mein Sohn, Frau Professor. George, sag guten Tag.« Erst jetzt hob der Mann den Kopf und hauchte ein nur schwer zu verstehendes »Hallo«. Dann fiel er wieder in einen tranceähnlichen Zustand.

Ana wußte gar nicht, wie sie sich verhalten sollte, es war

für sie eine peinliche Situation. »Wie geht es Ihnen, Mr. Moore?« Eine bessere Frage fiel ihr so schnell nicht ein.

»Schauen Sie mich doch an. Ich bin ein Wrack.« Für seine Zweiundachtzig sah John Moore eigentlich noch ganz gut aus. Das dünne weiße Haare war ordentlich gekämmt und der buschige Schnauzer gepflegt. Noch vor wenigen Jahren mußte dieser Mann eine imposante Erscheinung dargestellt haben.

»Woran leiden Sie, wenn ich fragen darf?«

»Das ist eine lange Geschichte, und ich möchte Sie nicht langweilen.« John Moore griff nach einer alten Pfeife, die griffbereit neben ihm auf dem Wohnzimmertisch lag, und begann sie zu stopfen.

Ana widersprach: »Ich bin Ärztin, und mich interessiert jede Krankengeschichte. Ihre besonders.«

Nachdem er einige dunkle Tabakschwaden gegen die Decke gepustet hatte, begann er. Seine Stimme war noch überraschend fest und sonor. »Es war vielleicht vor zwei Jahren. Ich lag wegen einer lächerlichen Kleinigkeit im örtlichen Krankenhaus. Als ich entlassen wurde, bekam ich plötzlich hohes Fieber, und mein Hausarzt verschrieb mir Antibiotika. Aber ich wurde von Tag zu Tag schwächer. Auch als das Fieber gesunken war, änderte sich wenig. Anfangs konnte ich noch einen kleinen Spaziergang machen, dann reichte es nur noch für wenige Schritte bis zur Küche und zurück. Später blieb ich einfach den ganzen Tag im Sessel – und heute? Sehen Sie selbst!«

»Haben Sie Schmerzen? Sind Sie kurzatmig oder haben Sie Kreislaufschwierigkeiten?«

»Nein, ich war mein Leben lang gesund. Ich bin nur so unendlich müde und matt.«

»Nehmen Sie Medikamente?« Ana griff nach der Hand des Mannes und fühlte einen ruhigen, gleichmäßigen Puls.

»Nein, das nutzt doch nichts mehr. Manchmal kommt der Doktor und gibt mir eine Vitaminspritze.«

»Haben Sie Appetit, trinken Sie ausreichend?« Es ergab sich ein normales Gespräch zwischen Ärztin und Patient. Als John Moore wieder zustimmend nickte, bat ihn Ana, ihr einmal fest die Hand zu drücken. In diesem Moment wurde eine große Kanne dampfenden Tees hereingetragen.

»Jetzt wollen wir uns erst einmal stärken.« Es war rührend mitanzusehen, wie sich Mrs. Moore bemühte. Erst schenkte sie Ana eine Tasse ein, dann richtete sie alles für ihren Mann her, und schließlich führte sie ihrem Sohn einen Becher an die Lippen. Für sich selbst nahm sie sich keine Zeit.

Während sie nun gemütlich Tee tranken, unterhielten sie sich über Belanglosigkeiten. Über das Wetter in London, die steigenden Preise und über Kochrezepte. Die Gastgeberin vermied es, über Krankheiten zu reden, auch erwähnte sie mit keinem Wort, daß sie sich überfordert fühlte. Im Gegenteil, sie überspielte ihre Erschöpfung, die Ana ihr deutlich anmerkte, durch übertriebene Hektik und Lebendigkeit. »So, jetzt werde ich mich um das Essen kümmern. Zur Feier des Tages habe ich etwas ganz Besonderes gekocht. Laßt euch überraschen.« Sie verschwand in der Küche.

Ana folgte ihr. »Warten Sie, ich helfe Ihnen.« Sie wollte einige Minuten mit Anne Moore allein sein.

»Was fehlt meinem Mann? Können Sie ihm helfen?« Mrs. Moore hatte lange darauf gewartet, diese Frage endlich stellen zu können.

Ana schüttelte nur den Kopf. »Ich weiß nicht. Organisch scheint er ganz gesund zu sein, obwohl ich ja nicht die Möglichkeit habe, ihn genauer zu untersuchen. Aber, wenn sie mich fragen, ich glaube, es ist psychisch bedingt. Er will einfach nicht mehr, er fühlt sich nicht mehr als vollwertiger Mann und flüchtet sich in seine eigene Hilflosigkeit.«

»Und was können wir dagegen machen?«

»Wenn meine Diagnose wirklich stimmt, muß er wieder den Eindruck bekommen, gebraucht zu werden. Das ist die einzige Möglichkeit, die ich sehe.« Ana war sich ihrer Sache zwar nicht ganz sicher, aber sie hoffte, das Richtige zu machen.

»Aber ich liebe meinen Mann doch, ich brauche ihn doch.« Die einfache alte Frau wußte wahrscheinlich gar nicht, was Ana meinte. »Er muß doch wissen, daß ich ihn brauche.«

»Ich habe eine Idee.« Ana Aslan flüsterte nur noch. Sie wollte nicht, daß man sie im Wohnzimmer hören konnte. Minutenlang tuschelten die beiden Frauen miteinander, als planten sie einen kriminellen Coup. Schließlich aßen sie gemeinsam zu Mittag. Und wieder das gleiche Bild. Während die Hausfrau ihren Mann bediente und ihren behinderten Sohn wie ein Baby fütterte, blieb für sie selbst nur wenig übrig. Man schwieg, nur ab und zu lobte Ana die gute Küche ihrer Gastgeberin.

»Es hat wirklich großartig geschmeckt. Soll ich Ihnen beim Abdecken helfen?«

Anne Moore lehnte entrüstet ab und begann bereits, die Teller und Schüsseln zusammenzustellen. Plötzlich aus heiterem Himmel griff sie sich ans Herz, atmete schwer und stöhnte. »Mir ist mit einemmal so schlecht, hoffentlich war das Kaninchen auch frisch.« Sie hatte den Satz noch nicht beendet, da brach sie zusammen und sackte zu Boden. Ohnmächtig blieb sie liegen.

Ihr Mann hatte alles mitangesehen. Verzweifelt suchte er nach Worten: »Anne, was ist mit dir?« Blankes Entsetzen stand in seinen Augen. »Nun tun Sie doch etwas. Sie sind doch Ärztin.« Er wandte sich an Ana und blickte sie flehentlich an. Er wirkte so hilflos.

Ana hatte sich von ihrem Stuhl erhoben und beugte sich zu der Ohnmächtigen herab. Schnell öffnete sie die obersten Knöpfe der Bluse. »Ich glaube, sie hat einen Herzanfall. Wir müssen sie sofort auf ein Bett legen.« Ana versuchte mit aller Kraft, Anne Moore aufzurichten, aber natürlich schaffte sie es nicht. »Sie ist zu schwer, ich bekommen sie allein nicht hoch. Schnell, Mr. Moore, an wen kann ich mich um Hilfe wenden? Haben Sie einen Nachbarn? Es geht um Sekunden.« Sie war schon immer eine gute Schauspielerin gewesen.

Er saß immer noch auf seinem Sofa. Das heißt, er lag mehr, als daß er saß. Seine Augen hatten sich geweitet, und man sah ihm an, wie sein Gehirn arbeitete. »Ich weiß nicht«, stammelte er. Anne Moore röchelte. Es hatte den Anschein, als würde es mit ihr zu Ende gehen.

»Wir brauchen einen Notarzt. Ich selbst kann nichts tun, ich habe meinen Koffer nicht bei mir.« Ana verstärkte ihre Hektik.

Erst ganz langsam, dann mit einem schnellen Ruck richtete sich John Moore plötzlich auf. Seine Decke fiel achtlos zu Boden. Etwas steif kam er um den Tisch herum und beugte sich zu seiner Frau herab. Wie in Zeitlupe legte er nun seine Arme unter den zierlichen Körper seiner Frau, und ohne ein Wort zu sagen hob er sie auf, als würde er gar keine Last spüren. Mit einer Zärtlichkeit, die nur Menschen entwickeln können, die sich sehr lieben, trug er sie zum Sofa und legte sie behutsam ab.

Ana lief ein Schauer über den Rücken, als dieser alte Mann seiner Frau die Wangen streichelte und sie zart küßte. »Du darfst nicht sterben, Anne. Bitte nicht.« Ana sah, wie ihm Tränen aus den Augen rannen. »Wird sie sterben, Frau Professor?« Mit feuchtem Blick und geduckt wie ein geschlagener Hund schaute er Ana an. Dann wandte er sich wieder seiner Frau zu.

»Nein, ich glaube nicht.« Ana hatte den Arm von Anne Moore ergriffen und fühlte ihren Puls. »Sie hat noch einmal Glück gehabt.« Und wie auf Kommando öffnete Mrs. Moore die Augen, sah sich unsicher um und erwiderte den Kuß ihres Mannes. »Was ist passiert?«

Ana verließ das Zimmer. Noch eine Sekunde länger, und sie hätte mitgeweint. Sie wollte die beiden allein lassen.

Im Herausgehen warf sie einen Blick auf den Sohn, der

teilnahmslos in seinem Sessel verharrte. Sie meinte, so etwas wie ein Lächeln auf seinem Gesicht erkennen zu können. In der Küche setzte sie Teewasser auf und begann mit dem Abwasch. Sie ließ sich Zeit, bis sie bei dieser für sie ungewohnten Arbeit gestört wurde. Arm in Arm kamen die Moores aus dem Wohnzimmer. Erst jetzt bemerkte Ana, daß John Moore seine Frau um zwei Köpfe überragte. Er hatte sie untergefaßt, beide hatten rotgeweinte Augen. »Sehen Sie nur, es geht ihr wieder besser.« Seine Stimme zitterte vor Glück.

Ana strahle ebenfalls: »Sie wird sich aber in Zukunft etwas mehr schonen müssen. Versprechen Sie mir das, Mr. Moore? Ihre Frau ist schließlich nicht mehr die Jüngste.«

Er nickte ergeben. Und aus dem Augenwinkel konnte Ana sehen, wie ihre neue Freundin ihr zuzwinkerte. Ein verschmitztes Lächeln huschte über ihr Gesicht. Ihr kleines Geheimnis würden die beiden Frauen nie preisgeben.

London war für Ana zu einem wichtigen Kapitel in ihrem Leben geworden. Sie hatte Freunde gefunden und helfen können; sie hatte endlich wieder am eigenen Leibe gemerkt, wie notwendig ihre Arbeit war. Sie spürte, daß zwanzig Jahre Forschung für ein menschenwürdiges Altern nicht umsonst gewesen waren. Ihr Vortrag war für sie längst zweitrangig geworden.

Sie genoß die restlichen Tage in der britischen Metropole, schlenderte durch die Straßen, bewunderte die Vielfalt der Angebote in den Geschäften und fühlte sich einfach nur gut. Wie ein junges Mädchen sog sie die Eindrücke in sich auf und sammelte neue Kräfte. Und sie stellte fest, daß der Westen doch nicht so brutal und unpersönlich war, wie die kommunistische Propaganda es darstellte. Aber es war ihr klargeworden, daß es hier ebenso dunkle Schattenseiten gab.

Den Moores hatte Ana versprochen, ihnen kostenlos Gero-H3-Aslan zur Verfügung zu stellen. Auch der vornehme Earl hatte längst seine versprochenen Injektionen erhalten. Und bei ihm hatte sie sich nicht geschämt, den großzügigen Scheck anzunehmen.

Mit diesem gestärkten Selbstbewußtsein hatte sie auch die Vortragsveranstaltung gut überstanden. Nein, es gab diesmal keine Pfiffe, keine Buhrufe oder spöttische Bemerkungen. Engländer sind eben ein sehr höfliches Volk, anders als die Deutschen, die sich in Karlsruhe als die Alleinvertreter der Wissenschaft aufgespielt hatten. Zwar gab es immer noch westliche Wissenschaftler, die ihre Forschungen als Unsinn abtaten. Aber es gab auch andere, die jetzt ebenfalls begannen, mit Procain zu arbeiten und zu therapieren. Lediglich ein Teil der Presse kritisierte Ana Aslans Methoden. Für diese Medien war und würde sie immer die Wunderheilerin aus dem Osten bleiben.

Diese Englandvisite hatte ihr aber auch gezeigt, wie sehr sie ihre Heimat Rumänien liebte. Wie jeder Patriot konnte sie dafür zwar keine Gründe nennen, doch lief es ihr kalt über den Rücken, als sie wieder heimischen Boden unter den Füßen hatte. Hier war ihr alles vertraut, hier würde sie immer hingehören. Und noch etwas war ihr klar geworden. Sie würde in Zukunft die Leitung des Instituts nicht mehr allein bewältigen können. Sie brauchte jemanden, der ihr den Rükken freihielt und den Großteil der Alltagsarbeit übernahm. Sie würde bald Siebzig werden und der Verantwortung für ihre große Aufgabe nicht mehr gewachsen sein. Ehe sie dies aus dem Munde eines Dritten erfahren mußte, würde sie lieber von sich aus handeln.

Maria Kalateneau? Wäre sie nicht die geeignete Stellvertreterin? Sie war eine gute Apothekerin, sie würde weiterhin ihre Vertraute bleiben, aber mehr . . .?

Bereits am Tag ihrer Rückkehr teilte sie ihren Mitarbeitern ihren Entschluß mit: ein Leiter des Geriatrieinstitutes sollte gefunden werden. Alle verstanden sie, die Frau, die den Großteil ihres Lebens der Wissenschaft gewidmet hatte und jetzt die ersten Zeichen der Ermüdung spürte.

Aus ganz Rumänien hagelte es ab sofort Bewerbungen. Es waren durchweg Kapazitäten. Die ausgeschriebene Position verlangte aber mehr als ein ausgezeichnetes Fachwissen. Hingabe und eine gewisse wissenschaftliche Neugier waren unentbehrlich.

Aus der langen Liste der Aspiranten hatte Ana zwei Kandidaten ausgewählt, die sie persönlich kennenlernen wollte. Da sie weiterhin die Verantwortung tragen wollte, mußte ihr auch die menschliche Seite ihres zukünftigen Stellvertreters gefallen.

»Dr. Mario Talescu ist da. Darf er hereinkommen?« Die Sekretärin avisierte Ana den ersten Bewerber. Es war ein Morgen, wie sie ihn liebte. Die Sonne schien bereits um diese frühe Uhrzeit heiß vom Himmel, und die zahlreichen Blumen und Sträucher im Park ihres Institutes verströmten einen bezaubernden Duft. Es war eigentlich viel zu schön, um den Tag am Schreibtisch zu verbringen.

»Schicken Sie ihn herein.« Ana setzte ihr »Chefgesicht« auf – ein bißchen arrogant, ein bißchen härter als gewöhnlich.

Ein hochgewachsener Mann trat ein. Sein gelichtetes Haupthaar stand im geradezu grotesken Kontrast zu seinem Vollbart, der ihm fast bis zur Brust reichte. Außer den zwei wachen kleinen Augen und der Hakennase war von seinem Gesicht nichts zu erkennen. Mit einer für sein Aussehen erstaunlich hohen Stimme stellte er sich vor.

Ana blätterte in seinen Bewerbungsunterlagen. »Sie waren bislang Chefarzt am Krankenhaus in Craiova, sind Internist und verfügen über langjährige Erfahrungen in der Altenmedizin.« Sie blickte Dr. Talescu fest in die Augen. »Warum wollen Sie Ihre gut dotierte Position aufgeben und in meinem Institut arbeiten? Ich glaube nicht, daß Sie sich dadurch finanziell verbessern werden.«

Trotz des Bartes konnte man erkennen, daß sich der Mund des Mannes zu einem Lächeln verzog. »Mir geht es auch gar nicht ums Geld, mir geht es um die Aufgabe. Ihr Institut hat einen sehr guten Namen, und Sie sind als Wissenschaftlerin international anerkannt. Warum sollte ich Ihnen nicht nacheifern?«

Sie dachte kurz nach. »Sind Sie verheiratet? Wo leben Ihre Eltern?«

»Ich war verheiratet. Meine Arbeit, der Streß, Sie wissen schon, das alles war nicht gut für meine Ehe. Ich bin geschieden. Gott sei Dank hatten wir keine Kinder. Übrigens, mein Vater ist vor Jahren gestorben, und meine Mutter weiß ich in Craiova in einem der besten Altenheime gut versorgt.«

Das Frage- und Antwortspiel ging noch eine ganze Weile weiter. Erst nach einer halben Stunde beendete Ana schließlich das Vorstellungsgespräch. »Lieber Dr. Talescu, ich danke Ihnen, daß Sie gekommen sind. Bitte haben Sie Verständnis dafür, daß ich mich noch nicht jetzt entscheiden kann. Ich werde mich wieder bei Ihnen melden. Sie hören von uns.« Die Verabschiedung fiel kurz aus.

Wie Ana durch die geöffnete Tür zum Sekretariat sehen konnte, wartete dort bereits der zweite Kandidat. Ihren Akten nach Karol Schwarz, ein Arzt aus dem Militärkrankenhaus in Bukarest. Wenige Minuten später stand er vor ihr. Er wirkte etwas nervös.

Karol Schwarz war noch jung. Ana schätzte ihn auf höchstens dreißig. Sein kurzes hellblondes Haar trug er streng gescheitelt. Auch er hatte einen Bart, einen gestutzten Schnauzer. Ana fielen sofort seine tiefblauen Augen auf.

»Sie sind etwas jung für diese Position.« Ohne lange Vorrede kam sie sofort zur Sache. Sie haßte Vorstellungsgespräche.

Mit entwaffnender Ehrlichkeit wurde ihr geantwortet: »Ich bin doch schon zweiunddreißig.«

Karol Schwarz rückte auf seinem Stuhl hin und her. Aufgeregt griff er sich immer wieder in seine Jackentasche.

»Rauchen Sie ruhig. Sie können mir auch eine anbieten.« Ana versuchte, ihm die Scheu zu nehmen.

Endlich begann er: »Seit zwei Jahren bin ich Oberarzt hier im Militärkrankenhaus in der Inneren Abteilung. Zuvor war ich Assistenz- und Stationsarzt.«

»Sie haben bei Professor Parhon studiert? Haben den besten Universitätsabschluß des Jahrgangs?« Ana war gut vorbereitet. Sie meinte, jetzt so etwas wie Schamesröte in seinem Gesicht zu erkennen. »In Ihrem Alter bereits Oberarzt. Sie haben ja richtig Karriere gemacht, warum wollen Sie Ihr Krankenhaus verlassen? Es ist doch nur eine Frage der Zeit, bis man Sie zum Chefarzt ernennt.«

»Und mit fünfundsechzig gehe ich in Rente und frage mich dann, was ich in meinem Leben wirklich geleistet habe. Ich bin vielleicht ein guter Arzt, vielleicht auch ein sehr guter. Aber davon gibt es viele. Und ich möchte mehr. Ich will meine Fähigkeiten dort einsetzen, wo ich wirklich etwas bewirken kann. Und Sie haben etwas bewirkt, Frau Professor.« Der junge Arzt klang glaubwürdig.

»Ihr jugendlicher Enthusiasmus ehrt Sie.«

»Das ist meine feste Überzeugung. Was Sie in den letzten Jahren geleistet haben, kann gar nicht hoch genug bewertet werden. Sie sind eine Kultfigur der rumänischen Medizin, und für mich wäre es eine Ehre, für Sie arbeiten zu dürfen.«

»Weshalb haben Sie keinen Doktortitel?«

Der scheinbar so schüchterne junge Mann legte seine Verlegenheit langsam ab. »Ist das denn so wichtig? Ich habe sämtliche Prüfungen abgelegt. Für meine Promotion fehlte mir das Geld. Ich mußte mir sofort eine Stelle suchen, und dann hatte ich keine Zeit mehr.«

»Kein Geld?«

»Armut schändet nicht. Meine Eltern haben mir unter großen Opfern das Studium finanziert. Ich wollte sie nicht länger ausnutzen und meine Schuld so schnell wie möglich zurückzahlen. Auf den Doktortitel kann ich gut verzichten.«

»Sie haben Temperament, junger Mann. Haben Sie aber auch den Idealismus, tagtäglich mit alten Menschen zusammenzusein? Jeden Tag Leiden und Tod, jeden Tag wenig Hoffnung auf Heilung, sondern lediglich auf Linderung?«

Seine Antwort war kurz: »Ich bin Arzt!«

Ana dachte an ihre Jugend zurück. Sie kannte nur zu gut dieses Engagement, diese Verbissenheit für eine Sache. Man brauchte diesen Fanatismus, um Überdurchschnittliches leisten zu können.

»Wann könnten Sie anfangen?«

»Am liebsten morgen. Aber das geht wohl nicht, ich muß meine Kündigungsfrist einhalten.« Er steckte sich eine neue Zigarette an und vergaß vor lauter Freude, auch seiner neuen Chefin eine anzubieten. »Ich danke Ihnen.«

»Ich weiß, daß wir gut zusammenarbeiten werden.« Sie redeten noch lange an diesem Morgen. Über die Modalitäten war man sich schnell einig. Irgendwie stimmte die Chemie zwischen ihnen und sie spürten es beide.

8

Und in der Tat, bereits nach wenigen Wochen zeigte sich, daß sie gut miteinander harmonisierten. Ana hatte jetzt wieder mehr Zeit, sich der Forschung zu widmen, während Karol Schwarz die eigentlichen Geschäfte des Instituts leitete. Gemeinsam mit Maria Kalateneau bildeten sie ein Dreigestirn.

Ständig wachsende Anfragen aus dem Ausland nutzte Ana jetzt zu zahlreichen Reisen. Ob in Europa, in den USA oder in Südamerika, überall war ihr Rat gefragt, wurde sie mit Auszeichnungen überschüttet. Ihre H3-Therapie hatte sich endlich auch in Fachkreisen durchgesetzt. Sogar die Weltgesundheitsorganisation holte sie zeitweilig als Dozentin und Ratgeberin nach Kiew.

Vor allem aber Rumänien ehrte und verehrte seine große Wissenschaftlerin. Sie bekam den »Orden der Arbeit«, den »Verdienstorden der Republik« und die Auszeichnung »Held der sozialistischen Arbeit« – Ana war das wissenschaftliche Aushängeschild der kommunistischen Regierung. Und obwohl weiterhin politisch neutral, stellte sie sich gern in den Dienst der Sache. Sie war eben eine echte Patriotin.

Im Institut selbst war sie nur noch selten zu sehen, und wenn, dann beschränkte sich ihre Arbeit auf das Labor. Manchmal vermißte sie den früher so engen Kontakt zu ihren alten Menschen, doch schließlich konnte sie nicht überall sein.

»Frau Professor, können Sie bitte einmal auf Station 2

kommen. Eine Patientin wünscht Sie dringend zu sprechen.« Ana war erst am Morgen aus Südamerika gekommen. In Nicaragua war ihr die Gedenkgoldmedaille des Landes verliehen worden. Jetzt war sie eigentlich nur hier, um ihre Post zu ordnen und nach dem Rechten zu sehen. »Ist es denn so wichtig?«

»Die alte Frau Hulicek, ich glaube es geht mit ihr zu Ende. Dr. Schwarz hat so etwas durchblicken lassen.«

»Frau Hulicek?« Dieser Name sagte ihr nichts.

»Das ist eine der Damen, die Sie vor Jahren aus dem Altenhospiz zu uns geholt haben. Mehr weiß ich auch nicht.«

Ana erhob sich. »Also gut, dann werde ich einmal kurz nach ihr sehen. Ich bin in fünf Minuten wieder zurück.«

Sie verließ den Verwaltungstrakt. Die Stationsschwester brachte sie auf das Zimmer der alten Dame. Noch im Gehen streifte sich Ana ihren weißen Kittel über, den sie in letzter Zeit so wenig benutzt hatte.

Es war ein Zweitbettzimmer. Die Vorhänge waren zur Hälfte zugezogen, so daß ein düsteres Dämmerlicht über dem Raum lag. Zwei Frauen lagen in ihren Betten, und man mußte kein Mediziner sein, um zu erkennen, daß hier der Tod bereits an die Tür geklopft hatte. Fahl und eingefallen schauten sie zwei Gesichter an.

»Frau Hulicek?« Sie wandte sich an die Frau an der Fensterseite des Zimmers.

Mit einem schwachen Lächeln wurde ihr geantwortet. Die Frau hob langsam ihre ausgemergelte Hand und winkte Ana zu sich. »Bitte setzen Sie sich an mein Bett, Frau Doktor.«

»Sie wollten mich sprechen?«

Diesmal ein leichtes Nicken. »Ich hatte schon die Hoffnung aufgegeben. Seit Tagen warte ich auf Ihre Rückkehr. Immer hieß es, Sie wären verreist. Und dabei wußte ich doch, daß mir nicht mehr viel Zeit bleibt.«

»Haben Sie Schmerzen?« Auch als erfahrene Ärztin bedeutete der Tod immer noch etwas Grausames, Unwiderrufliches und Endgültiges. Sie würde sich nie daran gewöhnen können. Zart tupfte sie der Sterbenden den Schweiß von der Stirn.

»Frau Doktor, ich habe Ihnen so viel zu verdanken. Sie waren immer so gut zu mir.« Sie drückte Anas Hände. »Und Sie sind der einzige Mensch, dem ich vertraue und den ich in meiner letzten Stunde um Hilfe bitten kann.«

Die alte Frau schwieg nun einige Minuten. Das Reden fiel ihr sichtlich schwer. »Sie wissen vielleicht, daß ich keine Verwandten mehr habe. Mein Mann und auch meine Kinder sind längst tot. Was mir noch blieb, ist meine einzige Enkelin, die ich großgezogen habe. Sie muß jetzt dreißig Jahre alt sein.«

»Und ich soll Ihre Enkelin . . . benachrichtigen?« Sie vermied das Wort Tod. »Aber das machen wir doch gern.« Wieder langes Schweigen.

»Das wird nicht so einfach sein. Vor zwei Jahren war Duna, so heißt meine Kleine, zum letztenmal hier. Ich spürte damals sofort, das etwas nicht mit ihr stimmte. Sie sah so schlecht aus, hatte tiefe Ringe unter den Augen, zitterte am ganzen Körper und war, ich will ehrlich sein, etwas seltsam. Seit ich mich nicht mehr um sie kümmern konnte, hat sie sich sehr verändert.«

»Erzählen Sie weiter.«

»Sie war für mich wie ein leibliches Kind. Ich habe sie großgezogen, als ihre Eltern bei einem Bombenangriff starben. Sie war mein ein und alles. Und ich habe jetzt nur noch den einen Wunsch, sie vor meinem Tode in den Arm zu nehmen und ihr zu sagen, daß ich sie sehr liebhabe.«

»Wissen Sie denn, weshalb sie in letzter Zeit nicht mehr gekommen ist? Hatten Sie Streit mit ihr?«

Die alte Frau schüttelte den Kopf. »Das macht mir ja gerade solche Sorgen. Ich weiß einfach nicht, was passiert ist. Ich habe geschrieben, ohne Antwort. Telefon hat sie nicht. Und ich war schon damals einfach zu schwach, um sie zu besuchen. Jetzt mache ich mir furchtbare Sorgen.«

»Was soll ich tun?« Dieser Frau mußte geholfen werden, das stand für Ana fest. Ohne ihre Enkelin noch einmal gesehen zu haben, würde sie nicht sterben können. Nur dieser Wunsch hielt sie am Leben.

»Ich weiß, wo sie vor zwei Jahren gewohnt hatte. Wenn eine Schwester dort Bescheid sagen könnte. Vielleicht reicht auch schon ein Telegramm, aber es eilt.« Sie hatte nicht einmal die Kraft, die Augen geöffnet zu halten.

»Wohnt sie in Bukarest?« Ana Aslan bekam keine Antwort mehr. Statt dessen deutete die Frau auf ihren Nachttisch, wo ein kleines Taschenbuch lag. Dann schlief sie ein.

Das Büchlein war fast ganz leer. Lediglich auf der letzten Seite stand neben einem großen rotgemalten Herzen ein Name und eine Anschrift: Duna Hulicek, Soseaua Pantelmon 64. Diese letzte Seite war stark abgewetzt. Wie oft mußte die alte Frau hier nachgeschlagen haben, um wenigstens den Namen ihrer geliebten Enkelin vor sich zu sehen. Ana nahm sich vor, noch am selben Tag selbst bei der jungen Frau vorbeizuschauen, das war sie ihrer Patientin, die soviel Hoffnung in sie setzte, schuldig. Auf Zehenspitzen verließ sie das Zimmer.

Keine zwei Stunden später stand sie vor dem Haus in der Soseaua Pantelmon 64, einem heruntergekommenen Jugendstilbau. Es war Mittagszeit, und sie verspürte ein nagendes Hungergefühl. Sie nahm sich vor, nach diesem Besuch erst einmal gut essen zu gehen.

Schnell fand sie den Namen Hulicek auf dem schäbigen Klingelbrett. Sie brauchte nicht zu klingeln, die Haustür stand offen. Einen Fahrstuhl gab es leider nicht und Ana machte sich daran, das fünfte Stockwerk zu erklimmen. Wie sie es immer tat, zählte sie die Stufen, und als sie bei sechsundneunzig angekommen war, schlug ihr Herz wie ein Dampfhammer. Sie nahm sich vor, in Zukunft mehr für ihre Kondition zu tun.

Es roch nach Bohnerwachs, billigem Schnaps und Fäkalien. Wer in diesem Haus wohnte, lebte auf der Schattenseite der

Gesellschaft, das war ihr schnell klar geworden. Hinter einigen Türen war Kindergeschrei zu hören, irgendwo im Haus grölte ein Betrunkener. Zaghaft klopfte Ana an die Tür, an der eine abgegriffene Visitenkarte mit dem Namen Duna Hulicek mit einer Reißzwecke befestigt war.

Lange Zeit tat sich gar nichts. Erst als sie noch mal, und diesmal heftiger an die Tür schlug, waren Geräusche aus dem Inneren der Wohnung zu hören. Dann war wieder Ruhe.

Langsam verlor Ana die Geduld. Sie klopfte erneut.

»Was wollen Sie?« Die Tür wurde plötzlich aufgerissen, und eine Frau in einem schmuddeligen Morgenmantel trat in den Rahmen. Der Geruch nach Schnaps ließ Ana erschauern. »Ich kaufe nichts, und nun verschwinden Sie wieder.« Die Tür wurde zugeschlagen.

Ana überlegte kurz, bevor sie erneut klopfte. Diesmal noch aggressiver. »Machen Sie endlich auf. Ich komme von Ihrer Großmutter und habe Ihnen etwas mitzuteilen.« Nach einigen Sekunden öffnete sich die Tür erneut.

»Kommen Sie herein und setzen Sie sich. Ich ziehe mich schnell an.« Es hatte den Anschein, als wäre die junge Frau gerade erst aufgestanden. Es war nicht aufgeräumt und in der kleinen Wohnung stank es nach Essensresten und Bier (leere Flaschen lagen überall im Zimmer herum). Wie kann ein Mensch nur in einem solchen Durcheinander leben? fragte sich Ana.

»Ihrer Großmutter geht es nicht gut. Sie bittet Sie um einen Besuch, um einen letzten Besuch, um ehrlich zu sein. Sie hat nicht mehr lange zu leben!«

Langsam erschien Duna Hulicek jetzt in der Tür zum Badezimmer. Sie war lediglich mit einem Slip und BH bekleidet und gerade dabei, sich Lockenwickler ins Haar zu drehen. »Was sagen Sie da?« Sie vergaß ihre Nacktheit und schaute Ana nur aus großen Augen an. Es schien, als hätte sie nicht verstanden.

»Es tut mir leid. Ihre Großmutter liegt im Sterben.«

Die Reaktion kam mit einiger Verzögerung. Erst bebten leicht ihre Lippen, dann zuckte ihr ganzer Körper unkontrolliert, bevor sie mit einemmal in lautes Weinen ausbrach. Die junge Frau schlug ihre Hände vor das Gesicht, als schäme sie sich, und heulte hemmungslos.

Ana Aslan stand auf, ging zu ihr und nahm sie in den Arm. »Weinen Sie ruhig.« Sie strich ihr eine blondgefärbte Haarlocke aus der Stirn. »Ihre Oma hat mich gebeten, Sie zu benachrichtigen. Sie möchte Sie noch einmal sehen.« Das Schluchzen wurde noch intensiver. »Sie braucht Sie jetzt in ihren letzten Stunden. Sie sind das einzige, was sie noch hat auf der Welt.«

»Keine Chance?« Die Frage kam ganz leise, hoffend und war kaum zu verstehen. Ana schüttelte stumm den Kopf. »Sollen wir jetzt gleich . . .?« Aus der zuvor so resoluten und burschikosen Frau war ein hilfloses Mädchen geworden. Jetzt ohne Schminke, schien sie kaum älter als zwanzig.

»Ziehen Sie sich in Ruhe an, wir nehmen uns ein Taxi ins Heim, ich werde Sie begleiten.«

Duna Hulicek ging, um sich anzuziehen. Nach gut zehn Minuten war sie wieder zurück. Ana erschrak. Die junge Frau trug jetzt ein kanariengelbes Kostüm, das obenherum recht freizügig geschnitten war, darunter schwarze Netzstrümpfe und ebenfalls schwarze hochhackige Pumps. Das wasserstoffblonde Haar hatte sie hochgesteckt und ein übertriebenes Make-up aufgelegt. »So, ich bin fertig. Wir können jetzt gehen.«

Schockiert blieb Ana in ihrem Sessel sitzen und schüttelte den Kopf. »Liebes Fräulein, wenn Sie in diesem Aufzug an das Bett Ihrer Großmutter treten, trifft sie der Schlag. Haben Sie vergessen, daß sie in einem Altenheim ist, und nicht in einem Puff lebt? Und – Ihre Großmutter liegt im Sterben.« Zunächst rechnete sie damit, daß die junge Frau ob ihrer freien Rede explodieren würde. Aber im Gegenteil, Duna errötete bis unter die Haarspitzen.

»Zu grell, nicht wahr?« Sie machte auf dem Absatz kehrt. »Ich bin gleich soweit.« Wieder vergingen einige Minuten. Doch diesmal lohnte sich das Warten.

Vor Ana stand jetzt ein wirklich hübsches junges Mädchen. Zu einem karierten Glockenrock paßte die weiße Bluse ebenso wie das dunkelbraune Jackett. Ihre Haare hatte sie unter ein Kopftuch versteckt. Außer einem zartrosa Lippenstift hatte sie vollständig auf Schminke verzichtet. »Na, besser?«

»Viel besser.« Während nun beide gemeinsam auf das Taxi warteten und auf der anschließenden Fahrt ins Institut hatten sie genügend Zeit, sich zu unterhalten. Ana erfuhr, daß die Enkelin der alten Frau Hulicek während ihrer Ausbildung zur Krankenschwester einen jungen Mann kennen- und liebengelernt hatte, für den sie schließlich ihre Arbeit aufgegeben und einen Job in einer Nachtbar angenommen hatte. Hier konnte sie wesentlich mehr verdienen. Aber bereits nach wenigen Wochen hatte ihr Freund sein wahres Gesicht gezeigt. Er hatte versucht, sie auf den Strich zu schicken, sie geschlagen und gedemütigt, als sie sich standhaft weigerte, ihren Körper zu verkaufen. Die Verbindung ging in die Brüche, als Bardame arbeitete sie aber immer noch. Sie fand nichts anderes.

Aus diesen Gründen war der Kontakt zu ihrer Oma abgebrochen. Sie hatte sich geschämt, ihrer Großmutter, die wie eine Mutter zu ihr gewesen war, ihr Scheitern einzugestehen. Irgendwann, wenn es ihr wieder besser gehen würde, hätte sie den Kontakt wieder aufgenommen.

Je länger sie sich unterhielten, desto besser lernte Ana Aslan die wahre Duna Hulicek kennen. Sie war ein liebenswertes Mädchen, vielleicht etwas zu naiv und gutgläubig. Man merkte ihr deutlich an, wie sehr sie in ihrem Innersten ihre Großmutter verehrte und liebte. Ihr bevorstehender Tod ging ihr sehr nahe.

»Sind Sie wirklich die Chefin dieses Krankenhauses?« Fast ehrfürchtig blickte sie Ana an, als diese beim Betreten des Instituts begrüßt wurde. Und etwas leiser: »Sagen Sie bitte meiner Großmutter nicht, daß es mir zur Zeit nicht so gut geht. Ich bin für sie doch immer noch das kleine liebe Mädchen. Und es wäre schön, wenn sie mit dieser Überzeugung sterben würde.«

Auf dem Weg zum Trakt des Altenheims trafen sie auf Karol Schwarz. Er hatte seine Visite gerade beendet und war auf dem Weg in das Kasino zum Mittagessen. »Was für einen hübschen Neuzugang bringst du uns da ins Haus?« Gutgelaunt begrüßte er Ana.

»Das ist die Enkelin von Frau Hulicek auf Zimmer 117. Wie geht es der alten Dame? Warst du schon bei ihr?« Seit einiger Zeit duzten sich die beiden, aus Kollegen waren Freunde geworden.

»Ich komme gerade von Frau Hulicek. Es geht ihr nicht gut. Es wäre ein Wunder, wenn sie die nächsten vierundzwanzig Stunden überleben würde. Sie ist schon sehr schwach.«

»Ich möchte zu ihr.« Die Enkelin hatte es mit einemmal sehr eilig. Sie zog Ana am Ärmel.

»Warten Sie, ich begleite Sie. Mein Essen kann warten.« Karol Schwarz schloß sich den beiden Frauen an. Der Institutsleiter war mittlerweile wegen seiner Kompetenz zur Persönlichkeit geworden. Er entlastete Ana, so gut es ging, und verließ manchmal tagelang nicht das Institut. Ana war im nachhinein froh, die richtige Wahl getroffen zu haben.

Der alten Frau Hulicek ging es wirklich sehr schlecht. Man hatte sie bereits am Morgen in ein Einzelzimmer gebracht – in das sogenannte Sterbezimmer. Sie befand sich im Dämmerzustand, der letzten Etappe vor dem Weg in den Tod. Leise betraten die drei den Raum. Während die Enkelin sofort an das Bett der Sterbenden trat, hielten sich die beiden Ärzte im Hintergrund.

»Omi, hörst du mich?« Voller Zärtlichkeit berührte Duna das Gesicht ihrer Großmutter. Aus der Jackentasche holte sie ein rosa Spitzentaschentuch hervor und tupfte die schweißnasse Stirn der alten Frau ab. »Omi, ich bin es, Duni, Dein Mäuschen.« Ihre Stimme war brüchig, aber tapfer verschluckte sie die Tränen.

Langsam, ganz langsam drehte sich ihr das Gesicht der Alten zu. Ihre tiefliegenden Augen blickten immer noch ins Leere, es schien, als würde sie nichts mehr um sich herum wahrnehmen. Sekunden vergingen. »Duni, du?« Man mußte schon genau hinhören, um die schwache Stimme verstehen zu können. »Schön, daß du da bist.« Ein Anflug von Lächeln zeigte sich auf dem alten faltigen Gesicht.

»Omi, ich liebe dich.« Es fiel der jungen Frau immer schwerer, die Fassung zu bewahren. »Ich danke dir für alles.«

»Ich dich auch.« Die Stimme der alten Dame versagte. »Mein Mäuschen . . .« Dann wurde ihr Gesicht wieder ausdruckslos.

Duna Hulicek brach nun endgültig in Tränen aus. Es war alles zuviel für sie gewesen, jetzt mußten die aufgestauten Emotionen heraus. »Ist sie . . .?« Flehend blickte sie Ana an.

»Nein, sie schläft nur. Kommen Sie jetzt, ich lade Sie zum Essen ein, wir haben eine ausgezeichnete Kantine im Haus. Im Moment können Sie nichts für Ihre Oma tun. Sie braucht Ruhe.« Ana wußte, daß die junge Frau ihre Einladung nicht annehmen würde. Alles andere hätte sie auch sehr enttäuscht.

Und wirklich: »Nein, ich möchte bei meiner Großmutter bleiben. Ich habe sowieso keinen Hunger, und ich habe so viel gutzumachen.« Langsam ergriff sie die Hand der Schlafenden und legte sie in die ihren. Lautlos bewegte sie die Lippen, es schien als wolle sie beten.

Karol Schwarz und Ana ließen die beiden allein. Sie würden stören, wenn zwei Menschen, die sich lieben, Abschied voneinander nehmen.

Es gab Nudeln mit Gulasch. Die Führungscrew des Institutes hatte sie versammelt, denn auch Maria Kalateneau war inzwischen im Kasino eingetroffen. Was lag also näher, als sich über die aktuellen Aufgaben abzustimmen?

»Morgen haben wir eine Delegation spanischer und portugiesischer Gerontologen im Haus und übermorgen hat sich Ceausescu mit einer Abordnung polnischer Diplomaten angesagt.« Karol las aus seinem kleinen Notizbuch vor. »Am Samstag haben wir eine Pressekonferenz und am Sonntag kommt noch mal Ceausescu, diesmal mit einem Staatsgast, und am Montag müssen wir dringend . . .«

»Hör endlich auf.« Ana mußte lachen. »Sind wir überhaupt noch ein Institut, oder sind wir eine Sehenswürdigkeit für Politiker und Journalisten?« Und dann ganz ernst: »Nun mal ehrlich, ihr beiden, leidet nicht die tägliche Arbeit unter dieser permanenten Öffentlichkeit. Werden nicht die Schritte unserer Forschungsprojekte von Jahr zu Jahr kleiner? Können wir mit den Resultaten wirklich zufrieden sein?«

Karol Schwarz versuchte sie zu beruhigen: »Was willst du eigentlich mehr? Du wirst überall auf der Welt mit Preisen ausgezeichnet, dein Rat ist auf jedem Erdteil gefragt. Du bist die Kapazität auf dem Gebiet der Altersforschung. Ist das nicht Befriedigung genug? Ganz Rumänien liebt dich!«

»Aber . . .« Ana wurde sofort wieder unterbrochen.

»Nichts aber.« Auch Maria Kalateneau stimmte ihrem Kollegen zu. »Was du für dein Alter leistest, entschuldige wenn ich das jetzt anspreche, ist phantastisch. Seit Jahrzehnten hast du einen Fünfzehn-Stunden-Tag. Wenn du gerade nicht einmal bis in die Nacht hinein im Labor stehst, bist du auf Reisen oder hältst Vorträge. Du hast großen Erfolg!«

»Aber ich wollte mehr! Und ich hatte Träume.« Ana steckte sich eine Zigarette an. Das tat sie immer häufiger, immer dann wenn sie sich abgespannt fühlte.

»Ja.« Maria Kalateneau sah sie ernst an. »Du hattest Träume, aber . . .«

In diesem Moment öffnete sich die Kasinotür. Duna Hulicek stand wortlos vor ihnen. Sie weinte nicht, aber ihre Augen waren rotunterlaufen, und ihre Wangen schimmerten feucht. »Sie ist tot!«

Karol Schwarz und Ana standen gemeinsam auf und gingen auf die junge Frau zu. Für beide war der Tod längst etwas Alltägliches, manchmal sogar etwas Erlösendes. Aber die Trauer der Hinterbliebenen weckte immer wieder aufs neue traurige Gefühle in ihnen. Ana nahm Duna Hulicek in die Arme und versuchte sie zu beruhigen. Leise sprach sie auf die Enkelin der Toten ein und nahm sie mit an ihren Tisch. Karol Schwarz bestellte etwas Hochprozentiges.

»Omi hörte auf einmal auf zu atmen. Einfach so.« Die junge Frau wirkte sehr mitgenommen.

»Seien wir froh, daß sie nicht leiden mußte.« Wie oft in ihrem Leben hatte Ana diese Worte gebraucht? Und immer wußte sie, daß es nur die halbe Wahrheit war. Duna nickte tapfer.

»Konnte sie noch etwas sagen, bevor ...« Auch Karol Schwarz fiel es in solchen Momenten schwer, das Wort »Sterben« zu benutzen. Man merkte ihm aber an, daß ihn das Schicksal der jungen Frau mehr als üblich bedrückte.

»Ich konnte nicht alles verstehen. Aber es klang, wie ›Werde glücklich‹ und ›du bist doch ein anständiges Mädchen‹. Bis zu ihrer letzten Sekunde hat sie sich Sorgen gemacht. Und ich habe sie so enttäuscht.« Erneut schüttelte sie ein Weinkrampf.

Für einige Zeit schwiegen alle. Tröstende Worte wären fehl am Platze gewesen. Sie tranken einen Cognac.

Erst der Arzt brach wieder das Schweigen: »Wissen Sie schon, was Sie jetzt tun werden?« Ana hatte ihn kurz über den Lebenswandel der jungen Frau informiert.

Ihre Antwort kam stockend. »Ich werde mir heute abend frei nehmen. Ich kann einfach nicht hinter der Bar stehen und freundlich tun.«

»Ist das der richtige Beruf für Sie?« Der Institutsleiter interessierte sich auffallend stark für das Schicksal der Trauernden.

»Glauben Sie, daß es mir Spaß macht, jede Nacht mit Betrunkenen herumzusitzen und mich betatschen zu lassen? Ich muß meinen Unterhalt verdienen, gelernt habe ich auch nichts – was soll ich also machen?« Die junge Frau sprach nicht aus Selbstmitleid, sie meinte es ernst.

Jetzt mischte sich Ana auch ein. »Sie haben doch eine Ausbildung zur Krankenschwester begonnen. Hat es Ihnen denn keinen Spaß gemacht?«

»Schon, aber ...«

»Kein Aber!« Karol Schwarz legte väterlich (er war eigentlich nur unwesentlich älter) den Arm um Duna Hulicek. »Eine gute Krankenschwester können wir immer gebrauchen. Und Ihre Ausbildung können Sie auch bei uns beenden.«

Jetzt war sogar Ana überrascht. So kannte sie ihren Stellvertreter bislang noch gar nicht. Er war für sie immer ein Mensch, der nur für seinen Beruf lebte und auf Privatleben anscheinend völlig verzichtete. Er wurde von den Frauen umschwärmt, zeigte aber nie eine gefühlsmäßige Regung.

Auch die junge Hulicek war sichtlich verlegen. Für eine kurze Zeit vergaß sie sogar ihre Trauer.

Maria Kalateneau unterstützte ihren Kollegen: »Ich finde das gar keine schlechte Idee von Karol. Wir können wirklich noch eine helfende Hand gebrauchen und wenn Fräulein Hulicek möchte, kann sie am nächsten Ersten anfangen. Ich könnte alles weitere regeln.« Alle blickten die Angesprochene an.

Die schwieg erst mal. »Ich weiß wirklich nicht, was ich sagen soll. Da stirbt meine Omi, und wenige Minuten später bietet sich mir die Chance auf ein neues Leben. Soll ich jetzt weinen oder lachen?«

»Lachen Sie, Ihre Großmutter würde glücklich sein.« Auch Ana freute sich für die junge Frau. Wahrscheinlich war dies die letzte Chance für sie, wieder in ein normales Leben zurückzufinden. Warum sollte ihr Institut nicht auch einmal für ein junges Menschenleben da sein? »Bei Herrn Schwarz werden Sie in den besten Händen sein.«

Sie trennten sich in der Gewißheit, bald wieder voneinander zu hören. Der Institutsleiter verließ mit Duna Hulicek das Kasino, um sofort die notwendigen Formalitäten des Ablebens der Großmutter zu klären.

Maria und Ana blieben allein zurück. »Jetzt trinken wir noch ein Glas, und dann gehen wir an die Arbeit.« Auch bei Ana fiel die ganze Anspannung von einer Sekunde zur anderen ab.

Überraschend blieb Maria Kalateneau sehr ernst. Jetzt, als sie allein mit ihrer Chefin war, rückte sie mit der Sprache heraus: »Ana, ich mache mir große Sorgen um dich.« Dabei schaute sie wie eine besorgte Tochter.

»Um mich?«

»Tu bitte nicht so, als wäre nichts geschehen. Glaubst du nicht, daß ich in letzter Zeit gespürt habe, wie angespannt du bist? Du bist unzufrieden geworden. Ich weiß genau, daß du den ganzen Frust hier im Institut dadurch verdrängen willst, daß du durch die Welt reist. Du hast Angst, deinem Traum in den letzten Jahren nicht nähergekommen zu sein. Und das macht dich niedergeschlagen und deprimiert.«

Ana widersprach zunächst nicht.

»Wir arbeiten mehr als zehn Jahre zusammen. Ich habe dich kennen- und liebengelernt. Und ich gehe sogar noch einen Schritt weiter: Durch deine vielen Auslandsaufenthalte bekommst du gar nicht mehr mit, was hier vor sich geht.«

Ana war verwirrt. Sie hörte kritische Worte aus dem Munde ihrer Mitarbeiterin und Freundin, und sie verstand deren Sinn nicht. Was sollte das heißen – sie würde die Situation nicht erkennen? Welche Situation? »Heraus mit der Sprache, was meinst du damit? Traust du Karol die Leitung des Instituts nicht zu? Gab es während meiner Abwesenheit irgendwelche Unregelmäßigkeiten? Du mußt schon deutlicher werden.«

»Mit Karol hat das gar nichts zu tun. Er tut, was er kann. Aber dieses Institut trägt deinen Namen, du bist das Vorbild zahlloser Wissenschaftler und trägst die Verantwortung. Früher kanntest du jeden Patienten mit Namen und ihre Krankengeschichten. Und heute? Weißt du überhaupt noch, wie viele Ärzte wir beschäftigen, welche Probleme wir in der täglichen Arbeit haben?«

»Soll das ein Vorwurf sein?« Ana wurde sehr ernst.

»Versteh es als Hinweis einer guten Freundin. Morgen wirst du nach Frankfurt fliegen. Nächste Woche bist du vielleicht in Rio und anschließend in New York. Aber für mich ist das nur eine Flucht, eine Flucht aus der Resignation.« Maria wagte nicht, Ana ins Gesicht zu blicken.

»Glaubst du das wirklich?«

»Als ich dich kennengelernt habe, hast du vor Energie gesprüht. Du hattest ein Ziel vor Augen, für das du mich so begeistern konntest, daß ich alles dafür aufgegeben habe. Wo ist der alte Kampfeswille geblieben?« Eine längere Pause entstand. Beide Frauen wußten sich nichts mehr zu sagen.

»Werde ich alt, Maria?« Es war eine sehr zaghafte Frage, wahrscheinlich hatte Ana Angst vor einer ehrlichen Antwort.

»Nein Ana, du bist nicht alt. Aber bitte verliere deinen Traum nicht. Gerade jetzt nicht, wo wir so nah an einer Lösung sind. Bitte werde wieder die Ana Aslan, die du einmal warst. Geh deinen Weg zu Ende.« Maria Kalateneau stand auf und ließ eine nachdenkliche Professorin zurück.

Marias offene Worte verfehlten ihre Wirkung nicht. Ana Aslan begann, wahrscheinlich zum letztenmal, ihr Leben zu ändern. Sie war sechsundsiebzig Jahre alt, als sie wieder ihren weißen Laborkittel aus dem Schrank holte und die zahlreichen maßgeschneiderten Kleider und Kostüme weiter nach hinten hängte. Unter ihren Lebensabschnitt als »medizinische Globetrotterin« zog sie einen Schlußstrich, Einladungen lehnte sie ab sofort ab – das Ausland reizte sie nicht mehr.

Mit frischem Elan stürzte sie sich in neue Forschungen. Unterstützt von ihrem bewährten Team nahm sie die Herausforderung an, ihre Procain-Therapie zu verbessern. Noch immer war sie auf der Suche nach einer Substanz oder Substanzgruppe, die einen Reparaturmechanismus im Zellkern in Gang setzen kann. Wenn es ihr gelingen würde, die DNS zu einer immerwährenden Zellteilung anzuregen und gleichzeitig den Zellstoffwechsel zu regenerieren, wäre die Zelle unsterblich. Sie setzte noch einmal alle Hebel in Bewegung, diese Vorgänge zu erforschen. Ganze Abteilungen ihres Institutes untersuchten Vitamine, Mineralstoffe und andere Substanzen.

Ana verließ ihr Labor oft tagelang nicht. Sie hatte sich sogar in ihrem kleinen Büro ein Bett aufstellen lassen, das sie häufig benutzte. Ihre Freunde waren immer um sie. Maria Kalateneau koordinierte sämtliche Forschungsarbeiten. Karol Schwarz hatte Duna Hulicek, die jetzt als Oberschwester im Institut mitarbeitete, inzwischen geheiratet. Zu dieser verschworenen Gemeinschaft war in letzter Zeit noch ein junger Mediziner gestoßen. Peter Koula, ein Gerontologe von hohem Fachwissen und absoluter Loyalität.

Diesen Arzt hatte Ana ursprünglich eingestellt, damit er das Institut bei Vorträgen, Seminaren und sonstigen Veranstaltungen vertrat. Er sollte vor allem ihre Termine wahrnehmen. Doch schon bald merkte Ana, daß sein Einsatz auch in der Forschung und in der Therapie unentbehrlich war. Trotz seiner ruhigen, fast zurückhaltenden Art hatte sich Peter Koula in das Management des Instituts vorgearbeitet.

Es war ein freudloser Morgen des Jahres 1975 – eigentlich ein Tag wie jeder andere auch. Ana hatte wieder einmal in ihrem Büro übernachtet – wenn man zwei Stunden Ruhe als Schlaf bezeichnen konnte. Auch Maria war längst an ihrem Arbeitsplatz.

Erst gestern hatte die Apothekerin mit einer neuen Substanz experimentiert, die heute dem Procain zugesetzt werden sollte. Karol Schwarz hatte begleitend eine Patientenliste für die Reihentests ausgearbeitet. Alle waren nervös wie immer zu Beginn neuer Versuche.

»Guten Morgen, Frau Professor.« Als nächster betrat Dr. Peter Koula das Labor. Er hatte es abgelehnt, Ana Aslan zu duzen, obwohl sie ihm das mehrfach angeboten hatte. Er hätte zuviel Respekt vor ihr, er könne es nicht, so seine Begründung. Der junge Arzt war eher ein unscheinbarer Mann, klein und mit leichtem Bauchansatz, und nicht gerade eine Schönheit, aber seine dunklen, freundlichen Augen und sein wacher Geist sprachen für ihn.

»Sind die Spritzen der neuen Substanz bereits aufgezogen, oder kann ich erst frühstücken?« Es war üblich, daß die neuen Medikationen entweder von ihm oder von Karol Schwarz selbst den Patienten injiziert wurden. Man wollte sicher sein, daß nicht durch eine unsachgemäße Behandlung spontane Allergiereaktionen bei den Patienten auftraten. Das war unwahrscheinlich, kam aber immer wieder einmal vor.

»In fünf Minuten bin ich soweit.« Maria meldete sich aus einem Nebenraum des Labors. »Karol müßte auch gleich kommen.«

Und tatsächlich öffnete sich in diesem Moment die Tür. Der stellvertretende Institutsleiter und seine Frischvermählte traten ein. Ein schönes Paar, wie Ana immer wieder feststellen mußte. Leider war ihr die Ehe nie vergönnt gewesen, ein Umstand, den sie gut zu verdrängen wußte, der sie aber immer wieder, wenn es ihr nicht gutging, in Depressionen verfallen ließ. Gerade im Alter nahm auch bei ihr der Wunsch nach der Wärme einer Familie zu. Aber sie hatte ja ihren Beruf.

»Hast du auch so einen merkwürdigen Brief bekommen?« Während er den einen Arm um die Schultern seine Frau gelegt hatte, hielt Anas Stellvertreter mit der anderen ein Schreiben hoch. »Ich verstehe das alles nicht.«

»Was verstehst du nicht?« Ana fragte eigentlich mehr aus Höflichkeit. Sicherlich war es wieder eine Verwaltungssache. Und darum kümmerte sie sich schon seit Jahren nicht mehr. Dafür hatte sie schließlich Karol.

»Man will uns die Zuschüsse kürzen.« Karol Schwarz hatte einen hochroten Kopf bekommen. »Und gleichzeitig werden wir aufgefordert, ab sofort einen monatlichen Rechenschaftsbericht abzufassen.«

»Wer läßt sich so einen Unsinn einfallen?« Maria Kalateneau kam mit einem Tablett mit aufgezogenen Spritzen herein.

»Ihr werdet es nicht glauben. Es ist ein Befehl von ganz oben. Ein Schreiben des Politbüros. Man begründet es mit finanziellen Engpässen.«

Ana machte sich immer noch keine Sorgen. Die finanzielle Seite ihres Institutes kümmerte sie wenig. »Schreib ihnen, daß wir zu wenig Gelder bekommen und mehr fordern. Und schreib an Ceausescu direkt, der ist wenigstens vernünftig. Und schließlich ist er es doch, der sich ständig vor ausländischen Delegationen mit uns brüstet. Und was gut ist, kostet Geld, basta!« Damit war für sie die Sache erledigt. Sie hatte anderes, wichtigeres im Kopf.

Es bot sich ein Bild zum Schmunzeln, an das sich aber sowohl das Personal als auch die Patienten des Institutes längst gewöhnt hatten: Vornweg stürmte die zierliche Professorin mit wehenden Kittelschößen durch die Gänge, gefolgt von Maria Kalateneau, die stolz die Spritzen vor sich hertrug. Dann kamen die beiden optisch so unterschiedlichen Ärzte, den Schluß bildete die schöne Oberschwester Duna. Ein Bild wie aus den zahlreichen Arztserien des Fernsehens.

Zimmer 297, ein Doppelzimmer. Hier lagen die ersten zwei Patienten, die für die neuentwickelte Injektion vorgesehen waren. Da wiederum auf Langzeitwirkung geforscht wurde, hatte man Patienten gewählt, die im großen und ganzen körperlich gesund waren und die Sechzig erst knapp überschritten hatten.

Es waren zwei Männer. Beide hatte man bereits am Vortag über das Projekt informiert, und sie hatten ihr Einverständnis gegeben. Das war auch nicht anders zu erwarten gewesen, denn das Vertrauen in die Kompetenz der Institutsleitung war bei den Patienten grenzenlos. Man wußte sich hier in den besten Händen.

»Gut geschlafen, meine Herren? Hat das Frühstück geschmeckt, oder gibt es Kritik an unserer Küche?« Ana begrüßte ihre zukünftigen Versuchspersonen, die an einem kleinen Tisch vor dem Fenster saßen und Schach spielten, mit Handschlag. Sie lächelte.

»Die Frau Professor persönlich! Nein, alles in bester Ordnung. Bekommen wir jetzt unsere Fitmacher?« Bei den Patienten nannte man die Procain-Präparate spaßeshalber Fitmacher, dieser Begriff hatte sich schon seit Jahren etabliert.

Karol Schwarz hatte die erste Spritze schon in der Hand. »Sie sind die ersten, die unseren neuen Cocktail probieren dürfen. Hosen runter!« Schon war die erste Spritze gesetzt.

»Was spritzen Sie uns eigentlich? Man spricht soviel darüber, aber man weiß so wenig.« Die Frage war nicht ungewöhnlich, immer wieder hatte es Patienten gegeben, die nachfragten. Und Ana versuchte, sie so weit wie möglich aufzuklären. Sie nahm sich einen Stuhl und setzte sich ebenfalls an den Tisch. Auch diesmal würde sie sich Zeit nehmen.

»Meine Herren, wie Sie wissen, experimentieren wir hier am Institut, um Altersbeschwerden zu lindern und so Leben zu verlängern. Und dies nicht allein in der Theorie, sondern auch in der Praxis. Nur wenn wir unsere neuentwickelten Medikamente auch an unseren Patienten testen und deren Wirksamkeit verfolgen können, werden wir langfristig Erfolg haben.«

»Wir sind also Ihre Versuchskaninchen? Ich meine das jetzt wirklich nicht böse, verstehen Sie mich nicht falsch.«

Der Fragesteller, wie Ana wußte, ein pensionierter Lehrer, wollte sich mit ihrer Antwort nicht zufriedengeben.

»Aber Sie haben ja recht. Aber erstens: Alle Medikamente, die Sie erhalten, sind an intensiven Tierversuchen vorab getestet. Und zweitens: Wir verwenden lediglich Substanzen, von denen mit hoher Wahrscheinlichkeit keine Nebenwirkungen zu erwarten sind. Wir wollen Ihnen helfen, und gleichzeitig helfen Sie uns, späteren Patienten unter Umständen das Leben zu retten.«

Der Mann schien beruhigt. »Wir schreiben also medizinische Geschichte?« Alle lachten. Die Situation war geklärt.

»Frau Professor, mir wird mit einem Mal so heiß, mir bricht der Schweiß aus. Und ich habe ein starkes Ziehen in der Nierengegend.« Niemand hatte während des kurzen Gesprächs auf den zweiten Patienten geachtet, der sich mittlerweile wieder auf sein Bett gelegt hatte. Er sah blaß aus, auf seiner Stirn hatten sich kleine Schweißperlen gebildet.

»Karol, bitte Blutdruck messen.« Ana wurde aktiv. »Peter, ein EKG-Gerät. Duna, ich brauche ein Blutbild.« Man arbeitete rasch. Es kam aber keine Hektik auf.

»Blutdruck 160 zu 100.«

»Herztöne?«

Karol hatte sein Stethoskop längst in der Hand. »Normal.«

Ana blickte auf das Namensschild über dem Bett des Patienten. »Herr Paduresceau, welche Beschwerden haben Sie genau? Zeigen Sie mir, wo Sie Schmerzen haben?« So lange sie zurückdenken konnte, war dies der erste Zwischenfall nach einer Procaingabe.

Der Mann erhob sich etwas und deutete mit beiden Händen in die Nierengegend. »Die Schmerzen kamen von vorn und zogen nach hinten, jetzt sind sie wieder fast verschwunden, aber mir ist immer noch so heiß. Ich fühle mich gar nicht gut.«

»Haben Sie einen Druck im Brustbereich? Ein Angstgefühl?«

Der Patient verneinte. Endlich erschien Dr. Koula mit dem mobilen Elektrokardiogramm-Gerät. »Anschließen!«

Nach einer Weile: »Völlig normal, keine Rhythmusstörungen, lediglich leicht erhöhter Puls. 108.«

»Das Blut bitte sofort ins Labor.« Ana wandte sich jetzt an Duna Schwarz. »Mach schnell, ich brauche die Werte sofort.« Mehr konnte sie im Moment nicht tun. »Karol, bitte bleib noch zehn Minuten zur Überwachung hier. Die weiteren Injektionen verschieben wir auf morgen, und ich möchte erst genau Bescheid über diesen Vorfall haben. Du bist mir dafür verantwortlich, daß Herr Paduresceau gründlich untersucht wird. Ich möchte wissen, ob sein leichter Kollaps auf das Procain zurückzuführen ist.«

Zum erstenmal seit dem Beginn ihrer Arbeiten hatte ein Patient so schnell und so intensiv auf eine Injektion reagiert. Dies konnte ein Zufall sein. Wenn aber nicht, mußten die Zusammenhänge schnellstens geklärt werden.

Dies mußte nicht unbedingt heißen, daß die eingesetzte Procain-Variante nicht wirksam war. Vielleicht bedeutete es sogar das Gegenteil. Ana wußte, daß jedes wirksame Therapeutikum auch negative Begleiterscheinungen haben konnte. War sie heute einen Schritt weitergekommen?

»Ich brauche jetzt erst einmal einen starken Kaffee.« Sie wandte sich an Maria und Duna, die ihr ins Labor gefolgt waren.

Auch Peter Koula war anwesend. »Und ein Cognac wäre auch nicht schlecht.«

»Was sagt ihr dazu?« Ana stellte die Frage in den Raum – alle beschäftigten sich mit der Reaktion des Patienten Paduresceau.

»Das rasche Wechseln des Schmerzes ausgehend vom Nierenbereich läßt auf eine extrem schnelle Aufnahme des Procains durch den Blutkreislauf schließen. So etwas habe ich bislang nur bei sehr wirksamen Antibiotika in hoher Dosis erlebt.« Der Arzt war in seinem Element.

Ana war sich nicht so sicher. »Wir sollen weitermachen? Auch wenn beim nächsten Probanden mehr Nebenwirkungen auftreten würden? Können wir das riskieren?«

»Die Entscheidung liegt bei Ihnen, Frau Professor. Ich bin so ehrlich zu sagen, daß ich diese Entscheidung nicht treffen möchte.«

Ana fällte die Entscheidung aus dem Bauch heraus, sie wollte die Injektion weiter einsetzen, eventuelle Risiken würde sie selbst verantworten. Im nachhinein sollte sie recht behalten, Komplikationen traten in der Zukunft nicht mehr auf, auch eventuelle Nachwirkungen wurden nicht beobachtet. Dennoch hatte Ana lange Zeit ein ungutes Gefühl, immer dann, wenn sie eine Injektion setzte.

Wieder waren Monate vergangen. Im Institut gab es wenig Neues, einige sprachen sogar von Stagnation. Andere Länder der Welt hatten längst eigene Forschungszentren für Gerontologie gegründet, und überall überschlugen sich Nachrichten über neue Erfolge. Jeder forschte für sich – mehr noch, zwischen den einzelnen Instituten und den führenden Wissenschaftlern herrschte ein Konkurrenzkampf.

Rumänien war unter Ceausescus Führung auf dem Weg in die kommunistische Diktatur. Sogar in anderen Ländern des Warschauer Paktes äußerte sich leise Kritik an der Machtgier des Politikers. Eine offizielle Opposition gab es nicht mehr, und diejenigen Rumänen, die kritisch dachten, bekamen grausam die Staatsraison zu spüren. Die Securitate, die berühmt-berüchtigte Geheimpolizei, war der brutale Statthalter Ceausescus. Eine unerträgliche Spannung lag über dem Land. Es regierte die Angst.

Zum erstenmal wurde Ana mit dieser politischen Entwicklung konfrontiert, als sich einer ihrer Oberärzte, Dr. Hans Baur, in einer Nacht- und Nebelaktion in den Westen absetzte. In einem vertraulichen Abschiedsbrief hatte er vor allem politische Gründe für seinen Entschluß angegeben. Ana hatte das Schreiben sofort nach dem Lesen verbrannt.

Etwa zur gleichen Zeit war ihr aufgefallen, daß ein Großteil ihrer täglichen Post (vor allem die aus dem Ausland) geöffnet und kontrolliert worden war. Ihre Nachforschungen brachten aber kein Resultat – niemand wußte etwas. Sie stieß auf eine Mauer des Schweigens.

Als Ana dann auch noch von Maria erfuhr, daß eine ihr bekannte Apothekerin aus der Allee Ciopela verhaftet und inhaftiert worden war, nur weil sie im Schaufenster ihres Geschäftes ein kritisches Flugblatt aufgehängt hatte, stieg ihre Skepsis gegenüber dem Staat und gegen die Machthaber. Im täglichen Umgang mit Freunden und Kollegen war die Angst gegenwärtig. Das freie Wort gab es längst nicht mehr.

An diesem Abend hatte Ana sich entschlossen, wieder einmal exklusiv essen zu gehen. Sie bestellte im Restaurant »Caspa« einen Tisch.

Der Oberkellner erkannte sie sofort: »Frau Professor, welche Ehre. Es ist ja fast wie in alten Zeiten.« Er geleitete sie zu ihrem Platz. Vor Jahren war dies Anas Stammlokal gewesen. Häufig trafen sich hier am Abend Kollegen, um noch einen Drink zu nehmen oder eine Kleinigkeit zu essen. Damals war das »Caspa« ein Treffpunkt der Intellektuellen, Ärzte, Schauspieler, Schriftsteller und Politiker. Diese gemütlichen Treffs endeten meist erst in den frühen Morgenstunden.

»Können Sie mir etwas empfehlen?« Ana hatte Platz genommen. Im Gegensatz zu früher war das Lokal noch nicht einmal zur Hälfte besetzt. Trotzdem schaute sie sich um, vielleicht würde sie ein bekanntes Gesicht entdecken.

»Wie wäre es zunächst mit einer getrüffelten Gänseleberpastete und dazu einen guten Bordeaux. Und vorher, wie immer, ein Gläschen Champagner, Frau Professor?« Ana nickte. Zwei Tische entfernt hatte sie einen ihr bekannten Journalisten ausgemacht. Ein bereits älterer Herr, der früher das Politikressort der größten Bukarester Tageszeitung geleitet hatte und jetzt wahrscheinlich schon längst in Rente war. Sie kannten sich von einigen gesellschaftlichen Anlässen und nickten sich erfreut zu.

Ihr Bekannter saß mit einigen jungen Männern – wahrscheinlich ebenfalls Presseleute – zusammen, und Ana entschloß sich, diese Runde nicht zu stören. Sie wollte einen ruhigen Abend verbringen. Wenig später erblickte sie ein weiteres bekanntes Gesicht. Weit hinten, im Dunkeln des Restaurants, an einem Einzeltisch, saß Michael Comana, der ehemalige Referent ihres alten, inzwischen verstorbenen Mentors und Freundes Professor Parhon. Sie kannte Comana noch als aufstrebenden jungen Bürokraten, jetzt hatte auch er bereits graue Schläfen. Ihre Blicke trafen sich, und wie Ana es geahnt hatte, erhob sich der Mann und kam mit einem Glas in der Hand auf ihren Tisch zu. Er schien erfreut, sie wiederzusehen.

»Frau Dr. Aslan, ich freue mich.« Galant küßte er ihre Hand.

»Nehmen Sie doch bitte Platz. Wie lange haben wir uns nicht mehr gesehen?« Beide dachten nach.

»Ich glaube bei der Beerdigung Parhons, wenn ich mich nicht irre. Sie sehen phantastisch aus, gnädige Frau.« Michael Comana mochte die Sechzig schon überschritten haben. Ana Aslan gestand sich ein, daß auch sie einmal für diesen Mann geschwärmt hatte. Wann mußte das gewesen sein? Vor dreißig, vor fünfunddreißig Jahren?

Er sah immer noch gut aus. Schlank und für sein Alter noch elastisch und vital, wirkte er wie ein französischer Beau, an dem die Jahre einfach vorbeigegangen waren. Sein dunkler Anzug stand ihm hervorragend. »Was machen Sie jetzt, Herr Comana?« Es interessierte sie wirklich.

»Eigentlich nicht viel, ich lebe sozusagen von der Vergangenheit.« Er lächelte entwaffnend. »Seit dem Tod unseres gemeinsamen Freundes habe ich vieles versucht, aber nur wenig ist mir wirklich gelungen. Zur Zeit mache ich in Kultur. Ich kenne einige junge, begabte Künstler, vorwiegend Maler, denen ich mit Rat und Tat zur Seite stehe. Ich organisiere Ausstellungen, stelle Pressekontakte her und helfe ihnen beim Verkauf ihrer Werke. Und sie ernähren mich dafür, allerdings mehr schlecht als recht.«

»Und die Politik? Als ehemals rechte Hand Parhons standen Sie doch vor einer großen Karriere? Was ist geschehen?« Ana konnte sich schlecht vorstellen, daß dieser ehemals so erfolgsgewohnte Mann sein Leben jetzt als Kunstmakler fristete.

Ihr Gegenüber mußte lachen. »Politik ist heute ein schmutziges Geschäft, und ich habe mir selbst versprochen, mir nicht die Hände dreckig zu machen.« Der Oberkellner brachte die Pastete und den Rotwein.

»Frederic, bringen Sie das gleiche bitte noch einmal, und servieren Sie am besten eine ganze Flasche Wein.«

»Sehr wohl, gnädige Frau. Als Hauptgang würde ich Kaninchen empfehlen. Auch zweimal?« Der Kellner deutete auf Anas Tischnachbarn.

Ana nickte. Sie wußte, daß sie Comana mit der Bestellung beleidigte, ahnte aber auch, daß er sich ein Essen in diesem Restaurant nicht hätte leisten können. Und tatsächlich tat er so, als hätte er die Bestellung gar nicht wahrgenommen.

»Und? Genießen Sie endlich Ihren wohlverdienten Ruhestand, oder sind Sie immer noch die fanatische Wissenschaftlerin von früher? Sie wissen doch, daß ich Sie wegen Ihrer Energie immer bewundert habe. Und Sie sehen immer noch so aus, als würde in Ihnen das Feuer weiterhin brennen.«

Sie mußte lächeln: »Ja, es brennt noch. Zwar nicht mehr so lodernd wie früher, aber dafür intensiver und heißer denn je.«

So ging es eine Zeitlang. Man machte sich gegenseitige Komplimente, sprach von längst vergangenen Zeiten und erinnerte sich an Freunde, die nicht mehr lebten. Das Essen war hervorragend, der Wein gut, und der Abend wollte einfach kein Ende nehmen.

Das Lokal begann sich bereits zu leeren. Nur die Journalistenrunde und ein verliebtes junges Paar hatten die Zeit wohl vergessen. Ana drängte langsam zum Gehen. Die Musiker der kleinen Combo, die die Gäste bis dahin mit leiser Tischmusik unterhalten hatten, packten ihre Instrumente zusammen.

Mit einemmal wurde die Ruhe jedoch unterbrochen. Eine Gruppe Schwarzuniformierter betrat grölend das »Caspa«. Jeder merkte, daß diese Männer bereits großzügig dem Alkohol zugesprochen hatten.

Sie waren zu fünft und setzten sich an einen Tisch neben dem Eingang. Sie forderten lautstark nach Getränken. »Alter Mann, wir haben Durst. Oder passen wir etwa nicht in dieses feine Etablissement?«

Der Oberkellner bewahrte trotz der pöbelnden Art und Weise seine Haltung. Er nahm wortlos die Bestellung auf und tat so, als wären die Männer ganz normale Gäste. Einige Zeit ging alles gut. In immer kürzerer Zeit leerten sie ihre Gläser, immer aggressiver wurden ihre Bemerkungen. Ana hätte das Restaurant längst verlassen, wenn sie nicht beim Hinausgehen an dem Tisch der Uniformierten hätte vorbeigehen müssen. Sie hatte Angst und wollte abwarten, bis die Männer das Lokal wieder verlassen hatten.

Doch ihre Hoffnung erfüllte sich nicht. Vielmehr stand jetzt der Anführer der Gruppe auf und schwankte, mit dem Schnapsglas in der Hand, auf den Tisch der Journalisten zu. Seine Absicht war klar: Er suchte Streit. »Die feinen Herren lehnen es wohl ab, mit uns, dem einfachen Volk, zu trinken? Man hält sich wohl für etwas Besseres?« Er sprach ein Rumänisch mit starkem Akzent.

Die Angesprochenen ließen sich jedoch nicht provozieren. Und dies, obwohl auch sie nicht mehr ganz nüchtern waren. Man nahm einfach keine Notiz von dem Stänkerer.

Das aber brachte diesen nur noch mehr in Rage. »He, dich kenne ich doch.« Er deutete auf Anas Bekannten, den alten Redakteur. »Du bist doch der Schreiber, der sich stets so für die russischen Bolschewiken eingesetzt hat. Du würdest für die Russen wohl sogar dein eigenes Volk verraten?«

Jan Lupescu, so der Name des Journalisten, reagierte zunächst gar nicht. Er fand es wahrscheinlich viel zu albern, sich mit einem betrunkenen Offizier über politische Themen zu unterhalten. Vielleicht hatte er aber einfach nur Angst.

»He, du, ich rede mit dir.« Der Betrunkene stieß Lupescu mit dem Arm in die Seite. »Ich kann Leute wie dich nicht leiden!« Mit einer schnellen Bewegung schüttete er den Rest seines Glases in das Gesicht des Journalisten.

Aus einem Reflex heraus wollte Ana sich erheben und die Situation beruhigen. Ihr Tischnachbar drückte sie mit sanfter Gewalt aber wieder zurück in den Stuhl. »Tun sie das nicht. Diese Männer sind gefährlicher, als Sie denken.« Michael Comana sprach so leise, daß nur Ana es hören konnte.

Wenige Tische weiter eskalierte mittlerweile die Situation. Zunächst wollte sich der Kellner schlichtend einmischen, wurde aber brutal von einem Betrunkenen zurückgestoßen, so daß er zu Boden fiel. Jetzt erhoben sich auch die anderen Uniformierten und kamen näher. Der Alkohol hatte ihnen längst jede Hemmung genommen.

Auch die Journalisten waren inzwischen aufgestanden. Sie wußten, daß sie gegen diese Horde keine Chance hatten, wenn es wirklich zu einer Schlägerei kommen sollte, aber ihre Ehre ließ auch keine Feigheit zu. Drohend standen sich die beiden Gruppen gegenüber. Es fehlte nur noch ein kleiner Funke, und es würde zur Explosion kommen.

Doch dazu kam es nicht. Die Uniformierten tuschelten miteinander und fingen überraschend an zu lachen. Dann sagte einer von ihnen, der noch am nüchternsten wirkte: »Meine Herren, Sie sind verhaftet. Folgen Sie uns bitte. Sie werden verdächtigt, an einer konspirativen Sitzung hier im Restaurant teilgenommen zu haben, die sich gegen unsere Regierung richtet.« Die Schwarzgekleideten lachten erneut.

»Das ist doch wohl nicht Ihr Ernst?« Jan Lupescu hatte als

erster seine Fassung wiedergewonnen. »Wir haben uns hier lediglich zum Essen getroffen. Ein Kollege hatte letzte Woche Geburtstag, und er hat uns nachträglich eingeladen. Das wird doch wohl erlaubt sein.«

»Was hier erlaubt ist, bestimmen wir. Und nun machen Sie schnell.« Mit einemmal lag eine Pistole in seiner Hand. Seinem Gesicht war deutlich zu entnehmen, daß er keine Sekunde zögern würde, von der Waffe Gebrauch zu machen. Dann ging alles sehr schnell. Wenige Sekunden später war der Spuk vorbei, die Journalisten verhaftet und abgeführt.

Ana war wieder mit ihrem Begleiter allein, auch der Ober hatte sich vom Boden erhoben, er blutete an der Lippe. Ana war entrüstet: »Aber das ist doch unmöglich! Es kann doch nicht sein, daß einige Betrunkene wahllos und ohne Grund friedliche Bürger verhaften können? Das war doch reine Schikane, reiner Machtmißbrauch. Sollen wir etwa einfach tatenlos zusehen?«

Michael Comana zuckte verlegen mit den Schultern. »Herr Ober, bringen Sie uns bitte noch zwei Cognac, und trinken Sie auch einen mit.« Und zu Ana gewandt: »Da werden Sie nicht viel ausrichten können. Die Herren waren von der Securitate, und die bestimmt jetzt, wo es langgeht in unserem Land!«

»Ja, aber ...«

»Nichts aber. Es ist das Beste für uns, wenn wir das Geschehene schnell vergessen. Ich habe keine Lust, für immer in einem Gefängnis zu verschwinden.«

»Halten Sie mich nicht für weltfremd, aber was bedeutet Securitate? Mir sind solche Menschen bislang noch nicht über den Weg gelaufen.«

»Dann seien Sie froh. Sie haben heute Mitglieder der berüchtigten Sicherheitspolizei kennengelernt. Männer ohne Skrupel und ohne Gewissen. Fragen Sie mich nicht nach ihren Aufgaben, darüber weiß niemand Bescheid. Sicher ist nur, daß sie überall präsent sind. Und jetzt lassen Sie uns bitte das Thema wechseln, in Bukarest haben alle Wände Ohren.«

Dennoch wollte Ana nicht lockerlassen. »Und was geschieht mit den Verhafteten? Sie sind doch unschuldig.«

»Natürlich sind sie unschuldig«, sagte er bitter, »das weiß auch die Securitate. Wenn die Verhafteten Glück haben, landen sie irgendwo in einem verlassenen Gebäude, werden zusammengeschlagen und wieder freigelassen.«

»Und wenn sie kein Glück haben?«

»Dann tauchen sie nie wieder auf!«

Man schwieg. Jeder machte sich seine eigenen Gedanken. Seit den Kriegswirren war es für Ana das erste Mal gewesen, daß sie wieder mit Gewalt konfrontiert worden war. Als prominente Wissenschaftlerin und als Aushängeschild des Staates hatte sie bislang einen Sonderstatus genossen.

Der so schön begonnene Abend endete problembeladen. Noch bis tief in die Nacht lag sie wach und sah die angstverzerrten Gesichter der verhafteten Journalisten vor sich, erinnerte sich an die Brutalität der anderen.

Zerschlagen und unausgeschlafen betrat sie dann auch am nächsten Morgen ihr Büro. Sie hatte es eilig, ihren Kollegen von den Ereignissen des Vortags zu berichten. Ausnahmsweise war Ana an diesem Morgen die letzte, die ins Institut kam. Maria, geschäftig wie üblich, war bereits dabei, die Tagesdosis Procain bereitzustellen. Dr. Koula hatte den Laborplan erstellt und stärkte sich gerade mit einer Tasse Kaffee. Karol Schwarz und seine Frau turtelten wie frisch verliebt.

»Freunde, ihr könnt euch nicht vorstellen, was mir gestern passiert ist.« Ana wollte ihre Neuigkeit sofort an den Mann bringen. Das Geschehene beschäftigte sie doch sehr.

»Erst sind wir dran, Ana.« Karol ließ von Duna ab und begrüßte seine Kollegin. »Trink erst einmal einen Kaffee und setz dich bequem hin.«

»Neuigkeiten?« Ana war der festen Überzeugung, daß sie heute nichts mehr erschüttern konnte. Als sie sich die kalten Hände am heißen Kaffee wärmte, gab es dann doch eine Nachricht, mit der Ana nicht gerechnet hatte, und die, das würde die Zukunft zeigen, große Auswirkungen haben sollte – für Ana und das Institut. »Du bekommst eine neue Sekretärin. In wenigen Minuten wird sie da sein und sich bei dir vorstellen.«

Ana verstand zunächst nicht. »Aber ich habe doch eine Sekretärin, und ich bin mit ihr zufrieden. Hat sie etwa gekündigt? Wo habt ihr so schnell einen Ersatz bekommen?«

»Nein«, sagte Karol Schwarz, jedes Wort betonend, »Frau Kuomi hat nicht gekündigt, und die neue Dame haben wir auch nicht angeworben, sondern sie wurde eingesetzt!«

»Eingesetzt?« Ana verstand nichts mehr.

»Gestern nachmittag, kurz nachdem du das Institut verlassen hattest, erhielt ich einen Anruf vom Gesundheitsministerium. Der stellvertretende Minister war am Apparat. Er warf uns mangelhafte Verwaltungsarbeit vor, meinte, unser Sekretariat sei unterbesetzt, und bestand darauf, dir eine neue Mitarbeiterin an die Seite zu stellen. Er sprach von einer persönlichen Referentin. Du wirst die Dame gleich kennenlernen.«

»Kannst du mir erklären, was das soll? Ich habe über Jahrzehnte nie eine Referentin gebraucht, warum gerade jetzt?« Ein unguter Gedanke begann sich in ihrem Hinterkopf festzusetzen.

Karol Schwarz schüttelte nur den Kopf. »Das habe ich den Minister auch gefragt, aber er hat mich einfach abblitzen lassen. Er würde es für notwendig halten. Und damit basta! Der Anrufer hat mir klar gemacht, daß du dich mit dieser Entscheidung abfinden mußt. Übrigens, unsere neue Mitarbeiterin ist nicht dir, sondern direkt dem Ministerium unterstellt.«

»Ich will diese Frau aber nicht!« Ana blickte in betretene Gesichter.

»Und wir können gar nichts dagegen machen?« Maria sprach aus, was alle dachten.

»Sprechen wir es doch offen aus, nennen wir es beim Namen.« Jetzt mischte sich auch Peter Koula ein. Er hatte einen hochroten Kopf und schien kurz davor, die Fassung zu verlieren. »Wir bekommen einen Spitzel vor die Nase gesetzt. Geöffnete Briefe reichen denen da oben nicht mehr, sie wollen jemanden direkt an der Quelle. Und ich sage euch, es wird sich einiges ändern hier am Institut.«

»Was ist nur auf einmal los?« Ana Aslan berichtete von ihrem Erlebnis im »Caspa«. Alle hörten ihr gespannt zu.

»So kommt ein Mosaikstein zum anderen.« Auch Maria wirkte niedergeschlagen.

»Warten wir doch erst einmal ab. Vielleicht ist die neue Referentin, an diese Bezeichnung werde ich mich übrigens erst gewöhnen müssen, gar nicht so übel. Und wir haben uns umsonst Gedanken gemacht. Wenn wir ehrlich sind, müssen wir sogar zugeben, daß wir uns alle immer vor dem Verwaltungskram gedrückt haben. Soll sich doch jetzt die Neue darum kümmern, haben wir vielleicht etwas zu verbergen?« Aber so recht wollte niemand Ana zustimmen.

»Können wir wieder zum Tagesgeschäft übergehen?« Karol Schwarz beendete damit die leidige Diskussion. »Das neuentwickelte Medikament hat übrigens bei keinem weiteren Probanden irgendwelche Nebenwirkungen gezeigt. Wir behandeln weiter, und ich würde sogar zu stärkeren Dosen raten.« Er erntete Kopfnicken. »Dann an die Arbeit, meine Damen und Herren, lassen wir unsere Chefin etwas allein. Sie soll sich in Ruhe auf die neue Mitarbeiterin einstellen.«

Um Punkt zehn war es dann soweit. Ana hatte sich gerade in einen Stapel Zeitschriften vertieft, als es an die Tür klopfte. Bis zuletzt hatte sie gehofft, daß ihre neue »Referentin« nicht erscheinen würde. »Herein!«

Mit einer energischen Bewegung wurde die Tür aufgerissen – Ana glaubte zu spüren, wie es im Zimmer plötzlich kälter wurde. Die Frau war groß – mindestens einsachtzig – und hager, eigentlich eher dürr, denn auch das weit geschnittene mausgraue Kostüm konnte die heraustretenden Schulterknochen nicht kaschieren. »Guten Tag, Frau Professor Aslan.

Ich darf mich vorstellen: Martha Prosnicki. Mein Kommen ist Ihnen avisiert worden.« Sie sprach mit tiefer, fast männlicher Stimme.

Die beiden Frauen begrüßten einander und taxierten sich dabei mit verstohlenen Blicken. Ana schätzte ihre neue Mitarbeiterin auf etwa vierzig Jahre. In ihren Haaren schimmerte bereits das erste Grau, auf Make-up hatte sie gänzlich verzichtet.

»Ich freue mich, Sie kennenzulernen, und hoffe, daß wir gut zusammenarbeiten werden.« Ana wollte nicht voreingenommen sein. »Es wird sicherlich viel für Sie zu tun geben. Ich muß nämlich leider zugeben, daß mir die Verwaltungsangelegenheiten nicht liegen. In Zukunft werde ich mich ganz auf Sie verlassen.«

»Deshalb bin ich schließlich hier.« Nicht der leiseste Anflug eines Lächelns zeigte sich auf dem Gesicht der herben Frau.

Bereits nach diesen wenigen Sätzen kam das Gespräch ins Stocken. Ana wußte nicht, was sie sagen sollte. Ihr wurde diese Entscheidung abgenommen. »Morgen früh um acht Uhr werde ich meinen Dienst antreten. Ich werde für Sie die Post und Korrespondenz erledigen und Ihnen einen täglichen Terminplan vorlegen. Natürlich unterstütze ich Sie auch in allen anderen organisatorischen Aufgaben.«

Ana nickte nur. »Meine Post würde ich aber lieber selbst öffnen. Das habe ich bislang immer so gehalten.«

»Aber das mache ich gern. Ich will Sie doch nur entlasten.« Ihre neue Mitarbeiterin schien nicht zu verstehen, oder sie wollte es nicht.

Gott sei Dank erschien in diesem Augenblick Karol Schwarz. Ana machte beide miteinander bekannt. Dabei merkte man sofort, daß keine große Sympathien vorhanden waren. Diese beiden Menschen waren zu verschieden: Hier der legere Institutsleiter und dort die nicht gerade attraktive, verbissen wirkende Sekretärin – an die Bezeichnung »Referentin« mußte sich Ana erst gewöhnen. Hier stießen Gegensätze aufeinander, unterschiedliche Lebensstile und Lebensauffassungen.

Der Arzt machte keinen Hehl aus seiner Abneigung. Als Vorgesetzter war es ihm möglich, der neuen Mitarbeiterin Fragen nach ihrer Herkunft und beruflichen Entwicklung zu stellen. Er nutzte diese Möglichkeit weidlich aus. Aber so hartnäckig er auch fragte, so wenig Details erfuhr er.

Martha Prosnicki hatte bis vor kurzem im Bukarester Innenministerium in verschiedenen Positionen gearbeitet. Auf Anordnung dieser Behörde war sie schließlich an Professor Ana Aslans Institut versetzt worden, ohne daß sie selbst um einen Wechsel nachgesucht hätte. »Ich lege Wert darauf, daß ich nicht als Sekretärin eingestellt wurde, sondern als Referentin für besondere Aufgaben. Glauben Sie also nicht, daß ich in Zukunft für die Herren Ärzte Kaffee kochen werde.«

Ana mußte sich wohl oder übel damit abfinden, daß ihrem Institut, ihrem Lebenswerk, ein Floh in den Pelz gesetzt worden war. Wie überall im Lande war jetzt auch hier ein Stück Überwachungsstaat eingezogen. Als ihre neue Mitarbeiterin gegangen war, wandte sie sich an Karol: »Glaubst du, daß wir unsere Arbeit wie gewohnt fortsetzen können?«

Karol Schwarz legte seine Stirn in Falten. Er wirkte sehr ernst: »Dies ist nicht mehr mein Land!« Damit war für ihn das Thema vorläufig beendet.

Rumänien, Ende der siebziger Jahre. Ein System zeigte sein wahres Gesicht. Der Kommunismus der Nachkriegsjahre, der gekennzeichnet war durch sowjetrussische Dominanz und nationaler linker Volksbewegungen, war längst durch die radikale Machtpolitik Ceausescus abgelöst worden. Der ehemals liberale Kommunist war vom ZK-Mitglied der rumänischen Arbeiterpartei bis zum Vorsitzenden des Zentralrates aufgestiegen. Im März 1974 verlieh er sich selbst schließlich den Titel »Präsident«. Er war zum gnadenlosen Diktator geworden, der sich auch von Moskau nicht mehr gängeln lassen wollte. Und er verlangte von seinem Volk absoluten Gehorsam und Loyalität. Um dies durchzusetzen, war ihm jedes Mittel recht.

In Bukarest ging wie im ganzen Land die Angst um. Ein falsches Wort zur falschen Zeit, am falschen Ort, vor falschen Zeugen konnte den Tod bedeuten. Ceausescu duldete keine Opposition; Andersdenkende wurden gnadenlos verfolgt. Das Denunziantentum blühte überall.

Bis auf die beschriebenen Episoden war Ana Aslan vor dieser Entwicklung bislang verschont geblieben. Vielleicht wollte sie auch nicht wahrhaben, was mittlerweile um sie herum geschah.

»Jan Lupescu ist tot. Man fand ihn gestern mit eingeschlagenem Schädel in einer dunklen Gasse.« Maria Kalateneau blickte von ihrer Zeitung auf. »Man vermutet einen Raubmord.«

Jäh wurde Ana aus ihren Gedanken gerissen. »Das kann doch wohl nicht wahr sein!« Vor ihren Augen wiederholte sich die Szene im Restaurant.

Die Apothekerin reichte ihr die Zeitung. »Hast du nicht vor kurzem erzählt, daß du dabei warst, als er von der Securitate verhaftet wurde?«

Mehrmals las Ana die kurze Pressenotiz. »Diese Schweine!«

»Du meinst . . .?«

»Das meine ich nicht nur, das weiß ich. Du hättest den Ausdruck in den Gesichtern dieser Bestien in Uniform sehen sollen. Blanker Haß. Diese Menschen sind zu allem fähig.« Sie rang nach Fassung. »Maria, ich habe Angst.«

»Wo bleibt Karol eigentlich?«

Es war in der Tat ungewöhnlich, daß Karol Schwarz um diese späte Stunde noch nicht im Institut war. Gerade heute, wo sich doch Mitglieder des Zentralkomitees zu einem Informationsbesuch angesagt hatten. Es ging sogar das Gerücht um, daß Ceausescu selbst daran teilnehmen würde.

Dennoch ließ Ana der Tod des Journalisten keine Ruhe. »Ich werde diese Verbrecher anzeigen, und zwar an höchster Stelle. Wir können doch nicht dulden, daß solche Horden unser Land unsicher machen. Wir sind verpflichtet, dieser Gewalt einen Riegel vorzuschieben.«

»Ich rate Ihnen dringend ab.« Dr. Koula hatte lautlos den Raum betreten und einen Teil des Gesprächs mitbekommen. »Sie würden damit nur eines erreichen, sich selbst verdächtig zu machen. Und Sie würden sich in Lebensgefahr bringen.«

»Aber man kann doch nicht so tun, als wäre nichts geschehen und zur Tagesordnung übergehen.« Ana wollte nicht einfach aufgeben.

»Wir müssen!« Doktor Peter Koula war stets mit dem Herzen Kommunist gewesen, das wußte Ana. Sie wußte aber auch, daß er sich große Sorgen um seine Nation machte. Wie Karol Schwarz hielt auch er mit seiner Meinung nicht hinter dem Berg. Allerdings nur im engsten Kreis, wenn man sicher sein konnte, daß kritische Äußerungen nicht nach außen drangen.

»Wo Karol nur bleibt?« Ana machte sich langsam Sorgen. »Ich werde die Führung der Herren Politiker wohl selbst übernehmen müssen.«

»Schicken Sie doch Ihre neue Referentin, die hat doch sowieso einen guten Draht nach oben.« Zynismus triefte aus Peter Koulas Stimme. Und als ob sie durch die geschlossene Tür ihren Namen gehört hätte, betrat Martha Prosnicki das Chefzimmer.

Ihr Verhältnis zu den übrigen Mitarbeitern des Instituts hatte sich in den Tagen ihrer Tätigkeit keinesfalls verbessert. Für viele, insbesondere für Karol Schwarz, war sie ein rotes Tuch. Martha Prosnicki spielte sich auf, als wäre sie die Chefin persönlich. Sie nahm sich ein Mitspracherecht in allen Belangen heraus oder wollte wenigstens in alles eingeweiht werden. Und obwohl sie wußte, das Ana Aslan das Öffnen ihrer persönlichen Post nicht duldete, tat sie es trotzdem.

Das Ziel ihrer Unfreundlichkeit war und blieb aber Anas Stellvertreter. Ihr Verhältnis zu Karol Schwarz konnte man getrost als miserabel bezeichnen. Sie waren wie Katz und Maus. »Frau Professor, ich möchte Sie nur daran erinnern, daß sich in einer Stunde eine Abordnung des ZK zu einer Visite angekündigt hat. Wie Sie wissen, geht es heute um die zukünftige finanzielle Absicherung unseres Institutes. Leider mußte ich feststellen, daß noch keinerlei Vorkehrungen getroffen worden sind.« Die Referentin mahnte zur Eile.

»Wir warten noch auf Herrn Schwarz. Gästeführungen obliegen seiner Verantwortung.« Ana machte sich den Bürokratenton ihrer Referentin zu eigen. »Und übrigens weiß ich genau, was zu tun ist und was nicht. Kümmern Sie sich bitte um Ihre Angelegenheiten.« Langsam platzte auch ihr der Kragen.

»Dies ist meine Angelegenheit, Frau Professor.« Mit einer schnellen Bewegung machte sie auf dem Absatz kehrt und verließ das Zimmer.

»Jetzt haben Sie sie beleidigt.« Dr. Koula freute sich sichtlich. »Soll ich bei Karol anrufen? Vielleicht ist er krank oder hatte einen Unfall?«

»Ja, bitte.« Irgendwie beschlich Ana ein ungutes Gefühl. Die Ereignisse der letzten Wochen und Monate hatten sie vorsichtig gemacht. Sie glaubte, langsam ein Gespür zu bekommen, wenn eine Situation brenzlig wurde.

Der Arzt nahm den Telefonhörer und wählte Karols Nummer. Bevor das Freizeichen ertönte, glaubte er ein Klikken in der Leitung zu vernehmen. »Wir werden abgehört. Es war so ein komischer Ton in der Leitung.« Er wartete einige Sekunden ab. »Nichts, er ist nicht zu Hause.«

Mit einer schnellen Bewegung riß Maria Kalateneau in der Zwischenzeit die Tür zum Nebenzimmer auf. Und wie sie vermutet hatte, konnte man gerade noch sehen, wie Martha Prosnicki den Hörer ihres Telefons auf die Gabel legte. Verlegen und ertappt beschäftigte sich die Referentin rasch mit einem vor ihr liegenden Aktenordner. Aber alle hatten genug gesehen. Maria Kalateneau schloß die Zwischentür.

»Wir werden abgehört, das steht fest.« Anas Worte klangen deprimiert. Selbst in ihrem Institut würde man ab sofort nicht mehr sicher sein.

Alle wußten, daß sie sich in Zukunft vorsehen mußten – die Zeit des freien Wortes und des freien Denkens war endgültig vorbei. Natürlich hatte Ana schon daran gedacht, ihrer Referentin einfach zu kündigen, sie wußte aber, wie aussichtslos ein solches Unternehmen gewesen wäre.

Wenig später traf Karol Schwarz ein. Auch er wirkte nervös und nachdenklich – Wesenszüge, die man an dem Arzt bislang nicht kannte. Kurz angebunden berichtete er davon, daß sein Auto eine Panne gehabt und er sich deshalb verspätet habe. Rasch trank er noch eine Tasse Kaffee und verabschiedete sich dann, um sich auf den bevorstehenden Besuch vorzubereiten. Auf den Hinweis seiner Kollegen, daß die Telefonleitungen wahrscheinlich abgehört würden, reagierte er nicht.

»Warum ist Karol so schlecht gelaunt?« wunderte sich Ana. Auch die anderen konnten sich das merkwürdige Verhalten des Institutsleiters nicht erklären. Sie machten sich gemeinsam auf den Weg ins Labor.

Wenige Tage später war das kleine Intermezzo fast vergessen. Sogar mit der Prosnicki hatte man sich abgefunden und reagierte dementsprechend: Man ignorierte sie einfach. Zum erstenmal nach langer Zeit plante Ana Aslan wieder eine Auslandsreise. In Florenz sollte ihr der internationale Preis »Dag Hamerskjoeld« verliehen werden. Und sie hatte spontan zugesagt.

»Freust du dich darauf, endlich mal wieder in den Westen zu kommen?« Maria Kalateneau war natürlich die erste gewesen, die Ana von ihrer Absicht informiert hatte.

»Eigentlich wäre es mir egal. Aber nach allem, was in letzter Zeit hier passiert ist, bin ich froh, mal etwas anderes zu sehen und völlig abzuschalten. Ich glaube, ich habe mir ein paar freie Tage auch verdient. Werdet ihr ohne mich auskommen? Warum kommst du eigentlich nicht mit, Maria? Ich würde mich freuen, dich an meiner Seite zu haben. Einmal so richtig bummeln gehen, abends italienisch essen – wäre das nicht wundervoll? Und unsere Herren Doktoren werden unsere Arbeit einfach mitmachen.«

Maria ließ sich von ihrer Vorfreude anstecken und stimmte begeistert zu. Ana freute sich wirklich, nicht allein fahren zu müssen.

»Ich weiß nicht, Maria, irgendwie mache ich mir Sorgen. Karol ist so verändert seit geraumer Zeit, einfach nicht mehr wiederzuerkennen.«

Tatsächlich war Karol Schwarz schon lange nicht mehr der alte. Er war in sich gekehrt, sprach wenig, und wenn, dann vorwiegend mit seiner Frau. Seine Arbeit hatte dadurch nicht gelitten, trotzdem machten sich seine Freunde und Kollegen große Sorgen. »Ich werde noch einmal versuchen, mit ihm zu reden.« Ana hatte es zwar schon mehrmals getan, aber Karol hatte jedesmal abgewunken und gemeint, ihm fehle nichts, vielleicht sei er etwas überlastet.

»Und wenn du mit Duna sprechen würdest? Du hast doch seit dem Tod ihrer Großmutter ein gutes Verhältnis zu ihr. Vielleicht weiß sie etwas.«

Auch daran hatte Ana bereits gedacht, ein klärendes Gespräch aber immer wieder hinausgezögert, weil sich Karol dadurch hintergangen gefühlt hätte. »Du hast recht. Das erledige ich sofort.« Sie griff zum Telefonhörer und wählte die Zimmernummer der Oberschwester und Arztehefrau.

Wenige Minuten später stand Duna Schwarz vor ihr. Seit ihrer Heirat mit Karol hatte sie sich zu einer verantwortungsvollen Mitarbeiterin und zu einer attraktiven, humorvollen Frau entwickelt. Über ihre Vergangenheit war nie wieder gesprochen worden.

Auch ihre Ehe schien glücklich zu sein. Leider waren sie bislang kinderlos geblieben, obwohl sich beide so sehr Kinder wünschten.

»Schön, daß du so schnell gekommen bist, Duna. Möchtest du eine Tasse Kaffee?« Ana wollte nicht gleich mit der Tür ins Haus fallen.

Die Oberschwester verneinte. »Ich muß gleich wieder auf die Station. Du weißt, wie knapp wir in letzter Zeit mit dem Personal sind.« Duna sprach damit ein aktuelles Problem an. In den vergangenen Monaten hatte man auf Anweisung von oben zahlreiche Ärzte und Krankenschwestern an andere Krankenhäuser abgeben müssen. Das Institut war im Moment ernsthaft unterbesetzt. Nur durch die aufopferungsvolle Arbeit der verbliebenen Mitarbeiter war der Mangel ausgeglichen worden. Karol und Ana hatten sich diese Entwicklung nie erklären können, auf Anfragen stets keine Antwort erhalten.

»Duna, ich will es kurz machen, was ist mit deinem Mann? Er ist so verändert in letzter Zeit.«

Duna Schwarz schwieg.

»Hast du mir nichts zu sagen? Ich sehe dir doch an, daß dich etwas bedrückt. Du weißt, daß du mir vertrauen kannst.« Ana nahm einen neuen Anlauf.

Aber auch diesmal bekam sie als Antwort nicht mehr als ein stummes Nicken.

»Was ist los mit Karol?«

Duna errötete – von einem Moment zum anderen füllten sich ihre Augen mit Tränen. Aber erst nach weiteren langen Sekunden brach es aus ihr heraus: »Karol wollte es dir schon längst gesagt haben.« Wie damals war sie wieder das hilflose kleine Mädchen, das mit einem Problem nicht fertig wurde. Wie damals, nahm Ana sie in den Arm, um sie zu beruhigen.

»Ich muß es endlich wissen, Duna.«

Man merkte, daß die junge Frau sämtlichen Mut sammelte. Es fiel ihr schwer zu sprechen. »Vor wenigen Tagen mußte sich Karol beim Gesundheitsministerium vorstellen.« Sie sprach sehr leise.

»Warum hat er mir nichts davon erzählt?«

Sie ging auf Anas Zwischenfrage gar nicht ein. »Man teilte ihm dort mit, daß ihm eine neue Aufgabe zugeteilt worden wäre und er am nächsten Ersten als Leiter des Institutes abgelöst würde.« Die Bombe war geplatzt. »Karol wird Chefarzt eines kleinen Krankenhauses in Resita, und ich werde mit ihm gehen.« Jetzt konnte sie ihre Tränen endgültig nicht mehr zurückhalten. Sie weinte hemmungslos und schüttelte immer wieder den Kopf. »Ich verstehe das einfach nicht.«

Auch Ana verstand gar nichts mehr. Sie wollte zunächst nicht glauben, was Duna erzählt hatte.

Dann übermannte sie der Zorn. »Wer hat das zu verantworten? Ich werde nicht zulassen, daß mein fähigster Mitarbeiter in die Provinz abgeschoben wird. Das kann man mit mir nicht machen, die sollen mich kennenlernen, diese Verbrecher.« Ana Aslan war außer sich. Am liebsten hätte sie sofort zum Telefon gegriffen und ihrer Wut freien Lauf gelassen.

»Ana!« Duna Schwarz versuchte Ana zu beruhigen. »Karol ist mit den Nerven völlig am Ende. Du weißt, wie sehr er am Institut hängt – und dann das. Er brachte es einfach nicht fertig, dich zu informieren. Er wollte dir nicht weh tun!«

Für einen Moment wurde Ana übel. Ihr Puls raste, und alles um sie herum begann sich zu drehen. Zum erstenmal in ihrem Leben spürte sie ihr Alter. Herz und Kreislauf spielten in solchen Streßsituationen nicht mehr mit, es war alles zu viel für sie. »Wo ist Karol jetzt?« Sie ließ sich in ihren Sessel fallen.

Duna schenkte ihr zur Beruhigung eine Tasse Kaffee ein. »Er bereitet den Umzug vor. Seit Tagen schon ist er dabei, unsere Sachen zusammenzupacken.« Sie mußte sich wieder schneuzen. »Er hat sich hier so wohl gefühlt. Und ich auch!«

Spontan umarmten sich die beiden Frauen. Sie spürten,

daß sie dem Schicksal nicht entfliehen konnten. Sie waren einfach nur traurig und grenzenlos enttäuscht.

Nachdem Duna Schwarz gegangen war, blieb Ana mit ihrem Problem allein. Nie im Leben hätte sie geglaubt, noch einmal vor so einem Desaster zu stehen. Sie hatte viel mitgemacht in ihrem Leben; Krieg und Nachkriegswirren, Wiederaufbau und Intrigen, beruflichen Erfolg und zahllose Enttäuschungen – doch dieser Tag war einer der schlimmsten in ihrem Leben. Vielleicht der zweitschlimmste. Nach langer Zeit dachte sie wieder an den schmerzvollen Tod Michaels in Berlin.

Der Mensch wird vom Leben geformt. Sie hatte stets viel einstecken müssen und dabei versucht, nie auszuteilen. Sie wollte geben und nicht nehmen, wollte ohne Eigennutz helfen und war dennoch in einen Abgrund der Hoffnungslosigkeit gestürzt. Ana Aslan fühlte sich alt.

Sie ließ ihr Leben Revue passieren. Sie sah ihr Kinderzimmer und die Ruinen des zerstörten Berlins, sie sah die Lebenden, Sterbenden und Toten, die ihr Leben begleitet hatten. Und sie sah ihren weißen Kittel, das Symbol der Macht, aber auch das Zeichen für Hilfe und Barmherzigkeit.

Zunächst merkte sie gar nicht, wie Karol Schwarz das Zimmer betrat, so sehr war sie in Gedanken versunken.

»Du weißt Bescheid?« Verlegen wie ein kleiner Junge stand er jetzt vor ihr. Den Blick gesenkt wie ein Sohn, dessen Mutter ihn beim Lügen ertappt hat.

»Ja, ich weiß Bescheid. Und ich hätte es lieber von dir erfahren.« Beide fielen sich wortlos in die Arme. Fast zwanzig Jahre waren sie gemeinsame Wege gegangen, hatten gelernt, einander zu vertrauen und zu verstehen. Und jetzt war diese Gemeinschaft gesprengt. »Das war's, Ana.« Zum erstenmal sah sie diesen starken Mann weinen.

Was sollte sie antworten? Sie selbst sah keinen plausiblen Grund für die plötzliche Versetzung ihres Stellvertreters. »Hast du eine Erklärung für alles?«

Karol Schwarz schüttelte den Kopf. Er hatte sich seit Tagen Gedanken darüber gemacht, weshalb er bei einigen politisch Verantwortlichen in Ungnade gefallen war. Denn einen anderen Grund gab es nicht. »Ana, ich hab dich lieb.« Spontan legte er seinen Kopf in den Schoß der alten Frau. Es war ein rührendes Bild. Zwei erwachsene, erfolgreiche Ärzte ließen ihren Gefühlen freien Lauf und schämten sich ihrer Tränen nicht.

Karol Schwarz faßte sich als erster. »Weißt du, wer mein Nachfolger wird?«

Daran hatte Ana noch gar nicht gedacht. Natürlich brauchte sie einen neuen Mitarbeiter, auch wenn jetzt vielleicht nicht die Zeit war, darüber nachzudenken.

»Dr. Suleau wahrscheinlich! Die ganze Stadt spricht schon darüber.« Karol Schwarz kannte seinen Nachfolger bereits.

Eigentlich konnte Ana jetzt gar nichts mehr überraschen. »Diese medizinische Null!« Natürlich kannte sie Dr. Jean Suleau. Er war ein bekannter Mann unter den rumänischen Medizinern. Als leitender Angestellter der örtlichen Gesundheitsbehörde zählte es zu seinen Aufgaben, medizinische Einrichtungen auf ihre Hygiene und Effektivität hin zu untersuchen. Einige Male war er auch im Ana Aslan-Institut vorstellig geworden. Ana hatte ihn als peniblen und obrigkeitshörigen Menschen kennengelernt, für den die Pflichterfüllung an erster Stelle stand – noch vor seinem ärztlichen Auftrag. Sie mochte ihn nicht!

Diese Neuigkeit machte sie noch deprimierter. »Und du glaubst, wir können gar nichts dagegen tun?«

Karol schüttelte den Kopf. »Beschlossen ist beschlossen. Wir sind doch längst zu austauschbaren Figuren geworden, die man nach Belieben hin und her schieben kann.«

Es klopfte an die Tür. Martha Prosnicki betrat den Raum. Wieder war in ihrem Gesicht dieses wissende Lächeln, das Ana so hassen gelernt hatte. »Ein Brief aus Florenz, Frau Professor.« Sie überreichte Ana ein bereits geöffnetes Kuvert.

»Übrigens möchte ich nur sagen, daß es mir wirklich leid tut, daß Herr Schwarz uns verläßt. Hoffentlich bekommt das Institut einen adäquaten Ersatz.« Ihre Stimme triefte vor Zynismus, und sie gab sich nicht einmal die Mühe, es zu verbergen.

»Sie alte Hexe, ich bin froh, endlich Ihren Fängen zu entkommen.« Bevor Ana Karol unterbrechen konnte, war er explodiert. »Sie gefühlloses Neutrum, Sie unverantwortlicher Spitzel. Sie tragen doch die Hauptschuld ...« Endlich legte Ana ihre Hand auf seinen Mund. Sie wollte ihn vor noch mehr Dummheiten bewahren.

Ohne zu antworten, aber mit einem höhnischen Gesichtsausdruck verschwand die Referentin wieder in ihr Zimmer. Alle wußten, daß die erste Runde an sie gegangen war.

Die nächsten Tage wurden für alle zur Qual. Das ganze Institut trauerte seinem langjährigen Chef nach. Und je näher der Abschied kam, desto mehr sank die Stimmung auf den Nullpunkt. Für seinen Nachfolger war es deshalb auch ein denkbar schlechter Zeitpunkt, sich bei seinen zukünftigen Mitarbeitern vorzustellen. Aber Doktor Suleau tat es ohne jegliches Gespür für die Situation. Bereits als Ana ihn mit dem Personal bekanntmachte, ließ er alle spüren, daß er in Zukunft der zweite Mann sein würde.

Dr. Jean Suleau war relativ klein, und diesen Makel schien er durch übertriebenes Selbstbewußtsein und forsches Auftreten ausgleichen zu wollen. Er trug einen dünnen roten Oberlippenbart, der sich kontrastreich von seinem blassen Gesicht abhob.

»Ich werde wohl einiges zu tun haben«, das war sein Lieblingssatz, als er Abteilung für Abteilung besichtigte. Man mußte den Eindruck gewinnen, daß hier über Jahre hinweg schlechte Arbeit geleistet worden war und alles nur auf ihn gewartet hätte.

Ana Aslan wurde zunehmend lethargischer und ließ alles wortlos geschehen. Nur noch selten verließ sie an diesen Tagen das Labor – sie hatte keine Lust auf Gespräche. Dann kam der Tag des Abschieds. Sie hatte für den letzten gemeinsamen Abend Freunde und Kollegen in ihre Wohnung eingeladen, um bei einem guten Essen die Vergangenheit Revue passieren zu lassen. Man hatte vereinbart, über die Zukunft zu schweigen, denn man würde sie so nehmen müssen, wie sie sich ergab.

Sie waren alle gekommen: Maria Kalateneau und Dr. Peter Koula, natürlich Karol Schwarz und seine Frau Duna und noch viele weitere Ärzte und Krankenschwestern des Instituts. Aber nur diejenigen, auf deren Loyalität man sich verlassen konnte.

Der Champagner floß in Strömen, aus einem der besten Bukarester Restaurants hatte Ana ein viergängiges Menü kommen lassen, dennoch wollte keine rechte Stimmung aufkommen. Man war zwar zusammengekommen, um sich an die schönen und erfolgreichen Tage zu erinnern, aber die Gegenwart lastete schwer auf allen.

Es war bereits nach Mitternacht, und die ersten Gäste hatten die Feier längst verlassen, da klopfte Ana an ihr Glas und bat um Ruhe. »Ihr braucht keine Angst zu haben, daß ich Euch jetzt mit einer Rede langweile, aber gestattet mir dennoch einige Worte.« Sie erhob sich. Man sah ihr an, daß ihr die letzten Wochen doch mehr zugesetzt hatten, als sie sich selbst eingestehen wollte.

»Liebe Kollegen, liebe Freunde, wir sitzen hier, um Abschied zu nehmen von Duna und Karol Schwarz. Abschiednehmen ist wie Sterben, und heute stirbt wirklich ein Teil von mir. Vielleicht war ich manchmal eine zu strenge Chefin, sicher habe ich zu oft zuviel gefordert, und wahrscheinlich habe ich Euch zu selten gezeigt, wie sehr ich Euch mag. Das will ich heute nachholen. Karol, ich liebe dich wie einen Sohn, vom ersten Augenblick warst du mir ans Herz gewachsen. Das wollte und mußte ich einmal aussprechen.«

Als sie sich wieder setzte, hatte sie Tränen in den Augen. Zum erstenmal sahen die anderen, daß sie eine alte Frau vor sich hatten, die nicht nur eine Wissenschaftlerin war, sondern auch ein gefühlvoller und sensibler Mensch.

Karol Schwarz ging auf Ana zu. Er nahm ihr Gesicht in beide Hände und küßte sie, voller Zuneigung. »Du machst es mir unsagbar schwer, euch zu verlassen. Ich will ehrlich sein. Ich hatte im Institut nicht nur einen Job gefunden, sondern auch eine Familie. Und ich hatte eine Aufgabe, für die es sich lohnte, hart zu arbeiten. Jetzt habe ich alles verloren.« Seine Stimme wurde immer leiser, bis sie fast versagte. »Ich werde immer an euch denken.«

Es war seltsam, jetzt wo alles gesagt war, wurde die Stimmung plötzlich besser. Man erinnerte sich an einzelne Episoden der letzten Jahre, und bald war auch ein erstes Lachen zu hören. Es wurde noch ein richtig gemütlicher Abend. Jeder wußte, daß eine Freundschaft weder durch politische Intrigen noch durch räumliche Trennung entzweit werden konnte. Das gab allen die notwendige Zuversicht für eine unbekannte Zukunft.

Ana Aslan hatte sich vorgenommen, den Ereignissen der nächsten Tage zu entfliehen, die Reise nach Florenz kam ihr gerade recht. Schon morgen würde sie mit Maria nach Italien fahren, um die anstehende Preisverleihung mit einem ausgiebigen Urlaub zu verbinden. Gleich in der Früh würde sie im Institut Bescheid geben und sich einige Unterlagen mitnehmen. Drei Wochen unter südlicher Sonne, was konnte jetzt schöner sein?

Sie war auch schon in richtiger Urlaubsstimmung, als sie gegen acht Uhr ihr Büro betrat. Trotz der wenigen Stunden Schlaf fühlte sie sich wunderbar, ein angenehmes Reisefieber hatte sie gepackt. »Frau Prosnicki, ich reise heute nach Florenz. Schicken Sie mir bitte die wichtige Post nach. Die Hotelanschrift gebe ich Ihnen morgen telefonisch durch. Übrigens, Frau Kalateneau wird mich begleiten, nur damit Sie Bescheid wissen.«

Maria würde heute erst gar nicht mehr ins Labor kommen, das wußte Ana. Beide wollten sich am Abend direkt am Bahnhof treffen.

»Halten Sie das wirklich für günstig, Frau Professor? Gerade jetzt, wo es im Institut so viele Veränderungen gegeben hat, wäre die Anwesenheit von Frau Kalateneau doch unbedingt erforderlich. Ich glaube nicht, daß Dr. Suleau schon so eingearbeitet ist, daß er auf ihre Mitarbeit verzichten kann.«

»Ich werde den Nachtzug nehmen, Frau Prosnicki.« Ana ging nicht auf die Einwände ihrer Referentin ein. Statt dessen verließ sie grußlos das Sekretariat. Sie wollte Karols Nachfolger selbst über ihre Reiseabsichten informieren, und zwar sofort. Zielstrebig steuerte sie auf das Büro ihres neuen Institutsleiters zu.

Dr. Suleau saß hinter seinem großen Schreibtisch und studierte eine Krankenakte. Im Gegensatz zu seinem stattlichen Vorgänger wirkte er hinter dem Möbel noch kleiner. Er mußte unter hohem Blutdruck leiden, denn sein Gesicht war stark gerötet, was ihn auch nicht attraktiver machte.

Als Ana eintrat, erhob er sich und streckte ihr die Hand entgegen. »Guten Morgen, Frau Professor. Ich habe Sie bereits erwartet.«

Sie winkte ab. »Ich bin aber gleich wieder weg, und zwar für drei Wochen. Urlaub in Italien.« Aus Vorfreude brachte sie es sogar fertig, ihn anzulächeln. Dr. Suleau lächelte aber nicht zurück. »Oh, das ist aber kein glücklicher Augenblick. Ich habe für heute nachmittag eine Mitarbeiterversammlung einberufen, um mich in aller Form vorzustellen und die zukünftige Politik des Instituts zu erläutern. Ich hätte Sie natürlich gern dabei gehabt.«

»Es muß auch ohne mich gehen. Meine Entscheidung steht jedenfalls fest, ich fahre!« Ana hatte keine Lust, bereits am ersten Tag bei diesem Machtkampf nachzugeben.

»Aber, Frau Kollegin, natürlich fahren Sie, das ist doch selbstverständlich. Ich freue mich für Sie, daß sie eine so hohe

Auszeichnung erhalten. Eine bessere Bestätigung für unser Institut gibt es nicht. Zwar wollte ich eigentlich . . .« Theatralisch legte er seine Stirn in Falten. »Wir müßten uns einmal über die hohen Laborkosten des Instituts unterhalten. Ich sehe keine Notwendigkeit für diese Ausgaben, aber das hat ja Zeit, bis sie wieder in Bukarest sind.«

Das fing ja gut an. »Herr Kollege, unser Labor hat den Weltruf dieses Instituts erst begründet, das werde ich Ihnen nicht erklären müssen. Wissenschaftliche Arbeit ist teuer, aber wir haben bislang damit keine Probleme gehabt. Und ich hoffe, das wird sich auch in Zukunft nicht ändern?«

»Ja, aber . . .«

Ana ließ ihn nicht ausreden. »Kein Aber. Unsere Procainforschung ist erforderlich und bei weitem noch nicht abgeschlossen, und ich lehne es grundweg ab, über den Umfang der Arbeiten zu diskutieren.« Es ging ihr um Leben, nicht um Geld.

»Frau Professor . . .«

Sie wandte sich erregt zur Tür. »Ich werde mir von Ihnen mein Lebenswerk nicht zerstören lassen. Von Ihnen nicht!« Sie ließ einen verblüfften Institutsleiter zurück. Mit diesem Gefühlsausbruch hatte er wohl nicht gerechnet, aber die klärenden Worte waren unbedingt notwendig gewesen, um Anas Standpunkt klarzustellen: Hände weg vom Labor!

Ab dieser Stunde war ihr klar, daß es in Zukunft noch so manchen Kampf auszufechten galt, wenn es um die Weiterentwicklung von Gero-H3-Aslan gehen würde. Dr. Suleau war ein Bürokrat, der mit Pfennigen rechnete und nicht Wirksamkeit und Hoffnung im Auge hatte. Sie würde Maria und Dr. Koula über die neuen Tendenzen im Institut informieren.

Wieder im Büro atmete sie erst einmal tief durch. Sie hatte sich eigentlich vorgenommen, sich heute nicht provozieren zu lassen und gelassen zu reagieren. Aber das war ihr nicht gelungen. Was würden die nächsten Arbeitstage bringen?

Ana wußte genau, daß die Diskussion heute erst der Anfang von allem gewesen war. Lediglich die Hoffnung auf einige schöne Tage in Florenz machten sie wieder ruhiger. Noch nie hatte sie sich so auf einen Urlaub gefreut wie heute.

9

Trotz der späten Stunde herrschte auf dem Bukarester Zentralbahnhof noch geschäftiges Treiben. Viele Berufstätige kamen erst jetzt aus den Geschäften und Büros der Hauptstadt, um mit den Vorortzügen zu ihren Wohnorten in der Provinz zu gelangen.

Ana war zu früh auf dem Bahnsteig. Weder im Institut noch in ihrer Wohnung, wo noch einiges an die Abschiedsfeier erinnerte, hätte sie es länger ausgehalten. Maria war noch nicht da. Über Lautsprecher wurde bereits die Einfahrt des ›Balkan-Express‹ bekanntgegeben. Abfahrt in acht Minuten.

Je mehr Zeit verging, desto nervöser wurde sie. Unentwegt blickte sie in Richtung des Eingangs in der Hoffnung, Maria Kalateneau endlich zu entdecken. Doch statt dessen schaute sie in das breite Lächeln von Ministerpräsident Nicolai Ceausescu. Von zahlreichen überdimensionalen Plakatwänden sah der rumänische Staatschef auf sein Volk herab.

Es fiel ihr auf, daß außergewöhnlich viel Polizei auf dem Bahnhof patrouillierte. Überall waren die Schwarzuniformierten präsent, zum Teil von Schäferhunden begleitet und mit Maschinenpistolen im Anschlag. Der Zug lief auf Bahnsteig 12 ein. Wo blieb Maria? Langsam machte sich Ana Sorgen. Sollte sie noch einmal telefonieren? Dafür blieb keine Zeit.

Unter schrillem Quietschen kam der ›Balkan-Express‹ zum Stehen. Ana ergriff ihre zwei Koffer – es waren immer noch dieselben, die sie damals nach Karlsruhe und London mitgenommen hatte. Sie konnte jetzt nicht mehr zurück. Wahrscheinlich war Maria etwas dazwischengekommen, und sie würde in ein, zwei Tagen nachkommen, jedenfalls hoffte sie das.

Sie betrat ein Abteil der ersten Klasse. Nachdem sie ihr Gepäck verstaut hatte, öffnete sie das Fenster und beobachtete weiter den Bahnsteig. Keine fünf Meter von ihr entfernt verabschiedete sich zärtlich ein verliebtes Paar. Der junge Mann hatte seinen kleinen Koffer bereits in der Hand, doch das Mädchen wollte nicht von ihm lassen. Schier endlos war ihr Kuß. Ana Aslan schloß das Fenster und war allein.

Für einen Moment überkam sie ein Gefühl der Einsamkeit. Aber sie hatte längst das Schicksal des Lebens akzeptiert, daß immer dann, wenn sie einen Menschen kennen- und liebengelernt hatte, die Zeit des Abschieds kam. Mit einem leichten Ruck fuhr der Zug an, kaum spürbar nahm er Fahrt auf. Von ihrem Platz am Fenster sah sie die Lichter ihrer geliebten Stadt. Ihr Blick streifte in die Ferne, irgendwo da draußen würden jetzt auch in ihrem Institut die Lampen gelöscht werden.

Das Öffnen der Abteiltür unterbrach ihre Gedanken. Ana, in der Hoffnung, daß es Maria vielleicht doch noch geschafft hätte, wandte sich um, und erstarrte: Statt der erwarteten Freundin stand Frau Prosnicki vor ihr. Scheinbar gutgelaunt und mit einem riesigen Koffer trat sie ein.

»Sind Sie überrascht, Frau Professor? Aber wir konnten Sie doch nicht allein fahren lassen.« Die Referentin lächelte süffisant.

Es dauerte einige Sekunden, bis Ana antworten konnte. Es hatte ihr glatt die Sprache verschlagen. »Wo ist Frau Kalateneau?«

»Die Frau Apothekerin mußte leider im Institut bleiben. Man war der Meinung, daß sie jetzt unabkömmlich sei.«

Zornesröte stieg Ana ins Gesicht: »Unabkömmlich? Und

wer, um Gottes willen, ist ›man‹?« Zum erstenmal sah sie die ihr zugewiesene Mitarbeiterin lachen. Ohne zu antworten hob sie ihr Gepäck in die Ablage und setzte sich direkt neben Ana. »So, nun können wir reden.«

»Ich möchte wissen, was das zu bedeuten hat ›man war der Meinung‹? Noch habe ich das Sagen im Institut, auch wenn es einigen nicht zu gefallen scheint.« Ana hatte sich geschworen, sich nicht mehr aufzuregen, dennoch spürte sie, wie ihr Puls schneller ging.

»Dr. Suleau. Aber nicht er allein«, meinte Martha Prosnicki geheimnisvoll. Wieder lachte sie, als wüßte sie, wie sehr sie ihre Chefin damit treffen konnte. »Aber, Frau Professor, meine Aufgabe ist es doch, Sie zu unterstützen. Und wo Sie sind, soll auch ich sein. Sie sind doch nicht mehr die Jüngste und eine lange, anstrengende Reise birgt Gefahren in sich. Ich will Ihnen doch nur helfen.« Für einige Minuten schwiegen sie. Die Lichter Bukarests blieben langsam zurück und die Dunkelheit begleitete fortan den Zug.

Je länger Ana nachdachte, desto mehr verstärkte sich ein böser Gedanke. Sie wollte Klarheit darüber. »Darf ich mich wenigstens in Italien frei bewegen, oder haben Sie den Auftrag, mich immer und überallhin zu begleiten? Seien Sie ehrlich, noch haben wir die Möglichkeit, an der nächsten Station auszusteigen und dies alles zu vergessen.«

Überraschenderweise reagierte ihre Begleiterin ganz gelassen auf diesen Vorwurf. »Sie sind ein freier Mensch aus einem freien Land und können tun und lassen, was Sie wollen. Aber wenn Sie mich brauchen, werde ich da sein.« Sie hatte ein Buch ergriffen und sich darin vertieft. »Ich werde auf Sie acht geben.«

Damit war für sie das Thema beendet. Ana machte sich weiter ihre Gedanken. Obwohl die Liegesitze sehr bequem waren, schlief sie sehr schlecht. Sie träumte, die Horde betrunkener Securitate-Männer aus dem ›Caspa‹ würden sie durch eine Gemäldeausstellung in Florenz begleiten. Lauthals grölend zogen sie an den wunderschönen Bildern vorbei, immer in ihrem Schatten. Alle anderen Besucher warfen ihr böse Blicke zu und Ana wäre am liebsten vor Scham in den Boden gesunken. Schweißgebadet wachte sie auf. Draußen begann es langsam zu dämmern.

Neben ihr schnarchte ihre Begleitung – das machte sie für Ana nicht sympatischer. Langsam stand sie auf und machte sich so leise wie möglich auf den Weg in den Speisewagen.

Trotz der frühen Uhrzeit war er schon gut gefüllt. Sie fand keinen freien Tisch mehr. Da sie unentschlossen stehenblieb, geleitete sie ein freundlicher Zugkellner zu einem Platz. An diesem Tisch saß bereits ein älterer Herr, der galant aufstand, als Ana sich zu ihm setzte. »Darf ich mich vorstellen, gnädige Frau? Dr. Johann von Bronnen.« Der grauhaarige Mann mit dem fast weißen Vollbart deutete eine Verbeugung an.

Sie nickte. »Ana Aslan.«

»Und ich dachte schon, ich müßte mein Frühstück allein einnehmen. Sprechen Sie Deutsch?« Ana hatte die Erfahrung gemacht, daß die Deutschen ein sehr redseliges Volk waren, und auch diesmal hatte sie sich nicht geirrt. Sie bestellte sich nur eine Kanne Kaffee und ein kleines Gläschen Cognac. Ein für sie übliches Frühstück.

»Sind Sie die Professor Ana Aslan aus Bukarest? Die bekannte Ärztin?« Erwartungsfroh sah er sie an, sichtlich stolz, sie erkannt zu haben.

Als Ana lediglich nickte, fuhr er fort, wobei er sich leicht vorbeugte: »In gewissem Sinne komme ich ja auch aus dem Metier. Mir gehört eine Brauerei, auch ich tue den Menschen also Gutes.« Lauthals mußte er über seine eigene Bemerkung lachen.

Sie hatte eigentlich wenig Lust zur Konversation, andererseits fühlte sie sich geschmeichelt, daß der ihr unbekannte Herr wußte, wer sie war. Und ein Gespräch mit diesem Brauereibesitzer war noch allemal angenehmer als die Gesellschaft von Frau Prosnicki. »Woher kennen Sie mich?«

»Ach, wissen Sie, ich interessiere mich für alles Medizinische. Meine Mutter wird jetzt zweiundneunzig, und sie hat schon alle Wundermittel ausprobiert; von der Frischzellenkur bis zum Vitaminpräparat. Und ich muß das bezahlen.« Er lachte. »Auch ihr Produkt hat sie bereits ausprobiert.«

»Und, hat es geholfen?«

»Sie lebt noch.« Wieder lachte er lauthals, so daß alle anderen Gäste des Speisewagens herüberschauten. »Aber im Ernst, mittlerweile schwört meine Mutter auf ihr Procain, sie nimmt es regelmäßig.« Dann wurde er überraschend ernst. »Nun mal Tacheles gesprochen, nutzt das Medikament wirklich etwas? In einer großen Tageszeitung bei uns in Bayern habe ich nämlich gelesen, daß viele Ärzte Sie für eine Scharlatanin halten, die das ›ewige Leben‹ verspricht. Stimmt das wirklich?«

»Möchten Sie denn nicht möglichst lange und möglichst gesund leben?« Ana fühlte sich getroffen.

»Ja, schon.«

»Dann sehen Sie doch, daß es gut und sinnvoll ist, dafür zu forschen. Und unsterblich? Sagen wir es einmal einfacher: Meinen Sie, die alten Ägypter hätten geglaubt, daß jemals ein Mensch den Mond betritt oder daß man durch Kernspaltung Wärme erzeugen kann? Was möglich und unmöglich ist, bestimmt fast ausschließlich der Mensch und seine Entwicklung ...« Ihre Kaffeetasse und das Cognacglas waren inzwischen leer.

»Ich bin stolz, Sie kennengelernt zu haben. Noch heute werde ich meiner Mutter von Ihnen erzählen. Ich glaube, ich werde ihr Hoffnung machen, noch viele Jahre zu leben. Ich danke Ihnen dafür.«

Ana verabschiedete sich und ging langsam wieder zurück in ihr Abteil. Das Gespräch mit dem deutschen Brauereibesitzer hatte ihr gutgetan. Doch ihre gute Laune dauerte nicht lange an. Denn auch ihre Reisebegleitung war mittlerweile erwacht und gerade dabei, mit Appetit in eine mitgebrachte

Brotschnitte zu beißen, dazu trank sie Kaffee aus einer Thermoskanne.

»Wo waren Sie die ganze Zeit?« Zwischen zwei Bissen blickte sie auf.

»Hätte ich mich bei Ihnen abmelden sollen? Sie haben noch geschlafen.« Für einen großen Teil der Fahrt waren das die letzten Worte, die beide wechselten. Überraschend für Ana war es der Referentin nicht peinlich, sich über Stunden auszuschweigen. Im Gegenteil, sie schien die Fahrt auch noch zu genießen. Inzwischen hatte sie den Fensterplatz eingenommen und bestaunte, sichtlich beeindruckt, die Gegend.

Für Frau Prosnicki war es der erste Auslandsaufenthalt, das wußte Ana, jedenfalls im westlichen Ausland. »Es ist sehr schön hier, nicht wahr?« fragte Ana provozierend, als sie die Tiroler Alpen durchfuhren.

»Rumänien ist auch schön.« Die Antwort der Referentin kam prompt – wie einstudiert. Aber als sie schließlich mit langsamem Tempo die Florentiner Altstadt durchfuhren, so nah, daß man fast mit den Händen die schönen alten Patrizierhäuser greifen konnte, kam sogar die sonst so spröde und reservierte Frau ins Schwärmen.

Nicht umsonst trägt Florenz, die alte Hauptstadt der Toscana, den Beinamen ›la Bella‹. Malerisch liegt sie zu beiden Seiten des Arno, umgeben von den Vorhöhen des Apennin. Eine erstaunliche Fülle von Kunstschätzen, wie sonst wohl nirgends auf so kleinem Raum vereint, bedeutsame, geschichtliche Erinnerungen sowie die reizvolle Umgebung machen sie zu einer der schönsten Städte der Erde.

Ana hatte sich vorgenommen, so viel wie möglich von dieser Stadt zu sehen. Schon lange vor ihrer Reise hatte sie Kunstführer studiert und sich einen regelrechten Besichtigungsplan erarbeitet. Daß Maria Kalateneau jetzt nicht an ihrer Seite sein konnte, hatte die Vorfreude allerdings erheblich verringert.

Im Hotel Excelsior Italia auf der Piazza Ognissanti waren

zwei Zimmer reserviert. Mit der Freundlichkeit der Südländer wurden die beiden Frauen begrüßt. »Frau Professor Dr. Aslan?« Der Portier wandte sich versehentlich zunächst an ihre Begleiterin. »Ich habe eine Nachricht für Sie.«

Noch ehe ihre Referentin zugreifen konnte, um den Brief an sich zu nehmen, drängte sich Ana dazwischen. »Ich bin Ana Aslan, geben Sie mir bitte die Nachricht. Dies ist meine Sekretärin.« Sie wußte genau, daß die Prosnicki keine Skrupel gehabt hätte, ihre Post zu öffnen.

»Wer hat Ihnen geschrieben? Es weiß doch eigentlich niemand, daß wir hier abgestiegen sind«, kam auch prompt die neugierige Frage ihrer Reisebegleiterin.

Ana reagierte nicht darauf. »Ich bin von der Reise etwas müde.« Und an den Portier gewandt: »Würden Sie uns jetzt bitte die Zimmer zeigen lassen? Die Anmeldeformalitäten übernimmt dann später meine Mitarbeiterin.« Sie fühlte sich tatsächlich matt und sehnte sich nach einem kleinen Mittagsschlaf. Danach wollte sie einen Imbiß zu sich nehmen und anschließend einen ersten Rundgang machen. Und zwar allein.

Ihr Zimmer war luxuriös. Je bekannter man ist, desto besser sind die Hotelzimmer, das wußte Ana und genoß diesen Vorteil. Sie lächelte. Und je älter man wird, desto aufmerksamer das Personal. Ihre Gedanken schwebten über den Dächern von Florenz, die sie aus dem Fenster ihres Zimmers sehen konnte.

Zunächst packte sie ihre Koffer aus. Für alles war gesorgt. Es gab einen Fernseher mit Videoanlage, eine Bar und eine Schreibecke mit Schreibmaterial und Telefon. Apropos Papier – ihr fiel wieder das Schreiben ein, das an der Rezeption für sie abgegeben worden war, und das sie achtlos in ihre Kostümtasche gesteckt hatte. Jetzt, da sie endlich allein war, konnte sie es beruhigt öffnen.

Sie las: »Liebe Frau Professor, wir haben uns vor Jahren kurz kennengelernt. Als ich jetzt erfahren habe, daß sie nach Florenz kommen werden, um eine Auszeichnung entgegenzunehmen, hoffe ich, Sie wiederzusehen. Ich möchte Sie bitten, morgen gegen siebzehn Uhr zum Palazzo Vecchio an der Piazza della Signora zu sein. Neben dem Eingang, bei der Nachbildung von Michelangelos David, erwarte ich Sie. Und bitte kommen Sie allein.« Unterschrieben war der Brief mit ›ein rumänischer Freund‹. Einen Absender gab es nicht.

Wer konnte dieser anonyme Briefschreiber sein? Ana steckte das Schreiben in ihre Tasche. Sie nahm sich vor, zu diesem Treffen zu gehen. Sie wußte zwar nicht, wer der unbekannte Fremde war, aber die Neugierde siegte über die Vorsicht. Was sollte einer alten Frau von achtzig Jahren schon zustoßen?

Der Rest des Tages verlief so, wie sie ihn geplant hatte. Mit einer Ausnahme: Frau Prosnicki fing sie bereits im Voyer ab, als Ana unbemerkt das Hotel für einen kleinen Spaziergang verlassen wollte. Ungefragt schloß sie sich ihr an. Ana wußte, daß jeder Widerspruch zwecklos war. »Ich will doch nur Ihr Bestes, Frau Professor.«

Auch beim Abendessen ließ ihre Referentin sie nicht allein. Ohne viel zu reden, saßen die beiden im vornehmen Hotel-Restaurant und speisten. »Und was machen wir morgen? Bis zur Preisverleihung bleiben uns noch vier Tage, da können wir noch einiges unternehmen. Was halten Sie von einem Besuch der Uffizien? Oder wir fahren nach Fiesole und schauen uns die alte Etruskersiedlung an.« Auch Martha Prosnicki hatte ihre Hausaufgaben gemacht.

Ana ahnte bereits jetzt Böses. Es würde nicht leicht werden, allein zu ihrer morgigen Verabredung zu gehen, ihr Schatten würde sich nur schwerlich abschütteln lassen. »Ich glaube, morgen werde ich erst einmal einen faulen Tag machen. Die Reise hat mich doch mehr angestrengt, als ich gedacht habe. Aber wenn Sie möchten, unternehmen Sie ruhig etwas. Ich brauche Sie morgen nicht.«

Und es kam, wie sie es erwartet hatte. »Nein, Frau Professor, für mich ist dies schließlich kein Erholungsurlaub, sondern Arbeit. Ich bleibe dann natürlich auch im Hotel, damit ich immer da bin, wenn Sie etwas benötigen. Sie können sich ganz auf mich verlassen.« Martha Prosnicki entwickelte sich für Ana langsam zu einem Problem.

Das Coniglio alla Piacentina, das Kaninchen mit Wein und Nüssen, schmeckte Ana mit einemmal nicht mehr.

Trotz ihres Unmuts und ihrer Sorgen schlief sie die folgende Nacht traumlos und fest. Voller Energie und mit neuem Mut stand sie auf. Über Florenz schien bereits die Sonne. Es würde ein schöner, warmer Tag werden.

Im Frühstückssaal duftete es verführerisch nach Kaffee und frischen Brötchen. Nur wenige Tische waren besetzt und Ana entschied sich für einen Platz am Fenster, von wo aus sie das geschäftige Treiben auf den Straßen verfolgen konnte.

Es war ja so ganz anders als in Rumänien. Wenn man in die Gesichter der Menschen schaute, glaubte man, immer ein Lächeln zu erkennen. Die Leute gaben sich fröhlich, egal ob sie zur Arbeit gingen oder ins Café, um einen Rotwein zu genießen. Kleine Kinder spielten ungestört zwischen parkenden Autos. Aber kein Fahrer wagte hier zu hupen oder sich aufzuregen. Man nahm Rücksicht aufeinander.

»Guten Morgen, Frau Professor, Sie sind schon auf?« Abrupt wurde sie aus ihren Gedanken gerissen. »Haben Sie gut geschlafen?«

»Danke ja, ich habe Sie schon vermißt!« Ana log, ohne rot zu werden.

»Es tut mir leid, ich habe uns nur schnell ein paar Zeitungen besorgt.« Die Referentin setzte sich an ihre Seite und bestellte ein opulentes Frühstück. Ana fragte sich nicht zum erstenmal, wie man ein so falsches Lächeln so lange auf sein Gesicht zaubern konnte.

Immer noch hatte sie keine Vorstellung, wie sie am Nachmittag einige Stunden unbeobachtet sein könnte. »Sie hatten recht – warum sollten wir uns jetzt nicht die Uffizien anschauen? Ich bin wieder fit und brenne darauf, endlich diese wunderschönen Gemälde zu sehen. Würden Sie mich begleiten?« Ana wandte eine neue Taktik an.

»Aber selbstverständlich. Ich freue mich doch, wenn wir uns besser verstehen und uns langsam kennenlernen. Sie werden sehen, ich bin gar nicht so, wie Sie mich einschätzen.« Die Prosnicki fühlte sich bereits zum zweitenmal als Siegerin.

Wenig später verließen die beiden Frauen das Hotel und erlagen sofort der Faszination der Stadt. An jeder Straßenecke wartete eine neue Sehenswürdigkeit, sie kamen aus dem Staunen nicht mehr heraus.

Ana hatte vor, ihre Begleiterin in Sicherheit zu wiegen, um sich so am Nachmittag für einige Stunden absetzen zu können. Sie ging sogar soweit, sich bei Martha Prosnicki einzuhaken. Zunächst fiel ihr diese Schauspielerei schwer, aber mit der Zeit fand sie sogar Spaß an der Rolle.

Der Palazzo delgi Uffizi erwies sich als wirkliche Attraktion. Rund siebenhundert Gemälde von Botticelli bis da Vinci, von Dürer bis Tizian waren dort in zahlreichen Räumen ausgestellt. Man ließ sich Zeit, um die Bilder auf sich wirken zu lassen. Erst als die beiden Frauen Hunger verspürten, stellten sie fest, daß es längst Mittag war. Sie suchten in der Nähe ein kleines Restaurant und ließen es sich trotz der abschreckend hohen Preise schmecken.

»Und was machen wir jetzt?« Die Prosnicki strotzte vor Entdeckungslust. »Ich würde mir ja gern eine der wunderschönen alten Kirchen ansehen.«

»Das würde ich ja auch gerne«. Ana machte ein möglichst leidendes Gesicht. »Aber wenn ich ehrlich bin, mir tun jetzt schon die Füße weh. Am liebsten würde ich zurück ins Hotel gehen und mich etwas hinlegen.«

»Dann werde ich Sie natürlich begleiten. Morgen ist auch noch ein Tag.« Sie reagierte nicht so, wie Ana es sich erhofft hatte.

»Aber das ist doch nicht nötig. Die Kirche ›Or San Michele‹ befindet sich ganz hier in der Nähe, und sogar der Dom ist nicht weit entfernt. Ich schlage vor, Sie schauen sich noch ein wenig um, und wir treffen uns dann zum Abendessen.« Ana hoffte, daß sie zustimmen würde.

Man merkte, wie Martha Prosnicki mit sich kämpfte. Auf der einen Seite hatte sie die Pflicht, Ana nicht von der Seite zu weichen, andererseits lockte die Aussicht auf einen ereignisreichen Nachmittag in dieser wunderschönen Stadt. »Einverstanden, treffen wir uns heute abend in der Hotelhalle, so gegen sieben Uhr.« Florenz hatte auch bei ihr gesiegt.

Immer noch mit Leidensmiene verließ Ana das Lokal. Das Rendezvous mit ihrem unbekannten ›rumänischen Freund‹ erwartete sie. Ein Taxi war schnell gefunden. Während der Fahrt blickte sie sich einige Male um, um sicherzugehen, daß die Prosnicki ihr nicht doch folgte. Aber ihre Referentin war nicht zu sehen.

Rund um den Palazzo Vecchio pulsierte das Leben. Einheimische und Besucher aus aller Herren Länder bildeten ein buntes Gemisch, die Menschenmenge war schier unübersehbar. Ana, eine solche Turbulenz nicht gewohnt, hatte es schwer, sich zu orientieren. So dauerte es auch eine Zeit, bis sie die moderne Nachbildung von Michelangelos David links vom Eingang entdeckte.

Sie schaute nervös auf die Uhr, und stellte mit Schrecken fest, daß sie sich um einige Minuten verspätet hatte. Hoffentlich hatte ihr Verehrer genügend Geduld mitgebracht.

Sie näherte sich neugierig dem vereinbarten Treffpunkt, schaute dabei in jedes Gesicht der Vorbeieilenden, in der Hoffnung, ein ihr bekanntes zu entdecken. Der Eingang war fast erreicht. Da sah sie ihn: der ältere, kleine Mann mit Stirnglatze stand direkt an der Statue und trat von einem Fuß auf den anderen. Ab und zu warf er einen verstohlenen Blick auf seine Armbanduhr. Zweifellos war es dieser Mann, der auf sie wartete.

Ana versuchte sich zu erinnern. Zwar kam ihr sein Gesicht

bekannt vor, aber wann und wo sie ihm im Laufe ihres langen Lebens begegnet war, wußte sie nicht.

Im Gegensatz zu ihr, schien der Mann sie sofort zu erkennen. Kaum hatte er sie erblickt, veränderte sich sein Gesichtsausdruck, und er kam schnellen Schrittes auf sie zu. »Ich freue mich so, daß Sie gekommen sind, Frau Professor Aslan. Sind Sie allein?« Er wirkte verängstigt, als er sich mehrmals umschaute.

Ihre Erinnerung ließ sie immer noch im Stich. »Guten Tag.« Ihre Begrüßung fiel reichlich kühl aus.

»Sie können sich nicht mehr an mich erinnern, nicht wahr? Nun ja, es sind schon über dreißig Jahre seitdem vergangen.«

Auf ein Rätselraten hatte Ana gar keine Lust. »Wer sind Sie?« Sie blickte ihm streng in die Augen.

»Mein Name ist Nicolaie Negru.« Der Name kam ihr bekannt vor, aber einordnen konnte sie ihn nicht.

»Wir haben uns in Timisoara kennengelernt. Ich war damals für das rumänische Gesundheitsministerium tätig und mußte sie damals wegen ihrer Forschungsarbeiten abmahnen. Es war kein angenehmes Zusammentreffen.«

Langsam dämmerte es Ana.

»Aber es lief noch mal glimpflich ab damals.« Der Mann lächelte. Er war jetzt über sechzig und Ana hatte ihn noch als jungen Mann im Gedächtnis. In Timisoara war er seiner Position entsprechend sehr korrekt gekleidet gewesen, heute jedoch eher nachlässig. Insgesamt wirkte er ärmlich.

»Ja, ich erinnere mich an Sie.«

»Es hat wohl wenig Sinn, wenn ich mich nach der langen Zeit für mein damaliges arrogantes Auftreten entschuldige?«

»Weshalb wollten Sie mich sehen?« Wie konnte sich dieser Mensch als ihr ›rumänischer Freund‹ ausgeben? Warum überhaupt dieses Treffen?

»Darf ich Sie zu einem Espresso einladen?« Er faßte sie zart unter dem Arm und führte sie durch das Getümmel zu einer kleinen Trattoria in einer ruhigen Seitenstraße. »Sie werden es nicht bemerkt haben, aber seit unserem ersten Zusammentreffen habe ich Sie bewundert. Nie habe ich Ihren Gesichtsausdruck vergessen, als Ihre Patientin damals plötzlich wieder laufen konnte. Wie Sie sich über den Erfolg begeistern konnten, wie Sie fantastisch an Ihre Arbeit geglaubt haben! Ich war und bin von Ihrer Therapie überzeugt.«

»Ich habe das aber anders in Erinnerung!« Langsam spulten sich die Bilder von damals wieder vor ihren Augen ab. »Ich fand Sie nicht sehr sympathisch.« Ihr war aufgefallen, daß dieser ältere Herr nichts mehr mit dem geschniegelten Bürokraten von einst gemein hatte.

»Frau Professor, glauben Sie mir, ich habe über Jahre hinweg Ihren weiteren Weg verfolgt und, soweit es in meiner Macht stand, auch gefördert. Ich war im Ministerium immer und zu jeder Zeit über Ihre Aktivitäten informiert. Über lange Zeit war ich der Mann im Hintergrund, der immer wieder Ihre Forschungen unterstützt hat. Und dies gegen große Widerstände. Wenn Sie über das ›Ewige Leben‹ referiert haben, war ich einer Ihrer aufmerksamsten Zuhörer.«

Im ersten Moment wußte Ana nicht, was sie sagen sollte. Das Eingeständnis des Mannes machte sie sprachlos. »In letzter Zeit scheinen Sie aber weniger Einfluß genommen zu haben.« Sie war noch längst nicht von der Zuneigung dieses Mannes überzeugt, zumal die Geschehnisse der letzten Monate sie sehr vorsichtig gemacht hatten.

»Das stand nicht mehr in meiner Macht.« Nicolai Negru senkte verlegen den Kopf. »Ich hätte gern mehr für Sie getan.« Wortlos tranken beide ihren Kaffee. Hunderte von Fragen schwirrten ihr durch den Kopf. »Sagen Sie, weshalb sind Sie eigentlich auch in Florenz? Spionieren Sie mir nach?«

»Ich lebe seit zwei Jahren in dieser Stadt.«

»Bitte?« Jetzt verstand Ana gar nichts mehr.

»Ja, und Sie sind nicht ganz unschuldig daran.« Er machte eine kleine Pause, ehe er fortfuhr. »Sie haben in den letzten

Jahren eine Personalpolitik betrieben, die vielen anderen nicht gefallen hat. Sie haben Ärzte und andere Mitarbeiter eingestellt, die, sagen wir es einmal vorsichtig, politisch fragwürdig waren.«

»Mir ging es lediglich um die fachliche Qualifikation.« Ana versuchte sich zu rechtfertigen.

»Ja, ich wußte das. Aber für andere wurden Sie dadurch verdächtig. Ich habe versucht, so lange wie möglich meine schützende Hand über Sie zu halten. Aber ich war machtlos.« Seine Stimme war immer leiser geworden, sein Gesicht immer betrübter.

»Sie wollen doch nicht sagen, daß Sie meinetwegen . . .« Anas Stimme verriet Ungläubigkeit.

Er nickte. »Aber es ist die Wahrheit. Als im Ministerium bekannt wurde, daß ich Informationen über Ihr Institut bewußt zurückgehalten hatte, mußte ich mit Repressalien rechnen . . .«

»Und da haben Sie sich nach Italien abgesetzt?« Ana schämte sich, diesem Mann so unfreundlich begegnet zu sein, und wagte es nicht, ihm in die Augen zu blicken.

»Ja, genau so war es.«

»Ist Ihnen die Flucht leichtgefallen?« Sie wollte irgend etwas sagen, bemerkte aber sofort, welchen Unsinn sie redete.

Er nahm es ihr nicht übel. »Natürlich ist es mir schwergefallen. Ich mußte meine Familie zurücklassen. Bis heute weiß ich nicht, was aus meiner Frau und den Söhnen geworden ist. Wir haben keinen Kontakt mehr. Aber ich mußte fliehen, die Verhältnisse ließen nichts anderes zu.«

»Die Verhältnisse?«

Er wirkte zunehmend deprimiert. »Rumänien ist ein riesengroßes Gefängnis geworden, Sie werden es nicht bemerkt haben, aber Menschenrechte und Menschenwürde haben in Rumänien keinen Platz mehr.«

Ana verstand. »Und wie leben Sie hier?«

Ein Seufzer, der aus dem Herzen kam: »Ganz gut. Ich kann

mich frei bewegen, kann sagen, was ich denke, und muß nicht jedem Menschen von vornherein mißtrauen.«

»Darf ich fragen, wovon Sie leben?« Sie fühlte sich plötzlich schuldig an dem Schicksal dieses Mannes.

»Ich habe eine Halbtagsstellung im Schlachthof. Eine harte Arbeit für einen Mann, der nicht mehr der Jüngste ist und Zeit seines Lebens hinter dem Schreibtisch gesessen hat, aber ich bin zufrieden. Es reicht um satt zu werden und für ein kleines Zimmer. Aber erzählen Sie doch von sich, Frau Professor.«

Gern berichtete Ana jetzt von den letzten Ereignissen im Institut und auch davon, daß man ihr sogar einen Aufpasser mit nach Florenz geschickt hatte. Endlich konnte sie frei mit jemandem darüber reden. »Woher wußten Sie eigentlich, daß ich hier im Hotel Excelsior abgestiegen war?«

»Ich hatte in der Zeitung gelesen, daß Sie hier bald einen Preis erhalten, und da habe ich in jedem Hotel nachgefragt, ob für Sie gebucht worden sei.« Wieder schwiegen sie eine Zeitlang.

»Frau Professor Aslan, darf ich Ihnen eine Frage stellen?« Nicolaie Negru schaute ihr in die Augen. »Warum bleiben Sie nicht endgültig im Westen?«

10

Bukarest erwartete sie mit Kälte und Nieselregen. Natürlich war sie zurückgekehrt, obwohl ihr die Worte ihres ›italienischen Freundes‹ noch lange in den Ohren geklungen hatten. So deprimierend wie das Wetter war auch die Stimmung im Institut. In den Tagen ihrer Abwesenheit hatte sich einiges ereignet.

Schon beim Betreten der Eingangshalle war Ana aufgefallen, daß das Foyer nicht besetzt war. Auch der benachbarte Krankenhaustrakt war völlig verwaist. Wo sich vor einiger Zeit Ärzte und Krankenschwestern in hektischer Eile um ihre Patienten kümmerten, herrschte jetzt Totenstille. Von Panik erfaßt öffnete Ana Tür um Tür, ohne jemanden zu finden. Ana hastete in ihr Labor. Sie war jetzt auf das Schlimmste gefaßt.

Wie oft war sie diesen Weg gegangen? Jedes Bild an der Wand, jede Topfpflanze, alles war ihr seit Jahren vertraut, jedes Krankenzimmer hatte eine kleine Geschichte zu erzählen – aber heute wirkte alles so verändert.

Doch dann kam die Erlösung. Noch niemals zuvor hatte sie sich über ein bekanntes Gesicht so gefreut wie diesmal, als ihr Dr. Peter Koula entgegenkam. Er wirkte sehr ernst.

»Gut, daß Sie endlich wieder da sind, hier ist der Teufel los.« Er begrüßte sie mit einer innigen Umarmung. Sie war so angespannt, daß ihr die Worte fehlten. Sie blickte ihn nur fragend an.

Die Antwort kam prompt. »Sie waren kaum abgereist, da

hat man ohne jegliche Vorankündigung das Krankenhaus geschlossen. Unsere Patienten wurden verlegt, das Personal einfach auf andere Krankenhäuser verteilt. Wir waren völlig machtlos.« Er machte eine Pause, um sich zu beruhigen. »Aber es kam alles noch viel schlimmer. Man ist ebenfalls dabei, den gesamten Alten- und Pflegebereich, das Herz unseres Instituts, aufzulösen. Die meisten Zimmer stehen bereits leer, es sind vielleicht noch dreißig Betten belegt. Und zwar mit Hochbetagten, die man zum Sterben hiergelassen hat.«

Ana spürte, wie ihr schwarz vor Augen wurde. Sie mußte sich setzen. »Was ist mit dem Labor?«

»Maria und ich arbeiten noch dort, insgesamt sind wir zu sechst. Aber, was das Schlimmste ist, man hat uns die Procainversorgung streng beschnitten, so daß wir kaum noch in der Lage sind, Testreihen fortzusetzen.«

Eine Hiobsbotschaft folgte der anderen. Aber was Ana besonders ängstigte, war die Ahnung, daß dies erst der Anfang vom Ende war. »Wäre ich doch nie nach Florenz gefahren, dann wäre dies alles nicht passiert!« Sie schlug die Hände vors Gesicht, der Arzt sollte ihre Tränen nicht sehen.

Von Ana unbemerkt, war jetzt auch Maria Kalateau hinzugekommen. Auch an ihr war das Geschehene nicht unbemerkt vorübergegangen, sie wirkte blaß und sichtlich gealtert. »Du hättest auch nichts ausrichten können. Mach dir keine Vorwürfe.« Zärtlich nahm sie Ana in die Arme.

»Wie soll es weitergehen?«

Lange Zeit blieb diese Frage unbeantwortet im Raum stehen, bis Peter Koula endlich meinte: »Wir müssen weitermachen!« Daß es gerade der junge Arzt war, der allen wieder Mut machen wollte, war nur zu verständlich. In letzter Zeit hatte er sich geradezu in die Forschung verbissen. Er war es, der unermüdlich neue Formeln entwickelte und sich von Rückschlägen nicht entmutigen ließ. Und Rückschläge hatte es in den vergangenen Wochen und Monaten häufig gegeben.

Ana war mittlerweile soweit, sich selbst einzugestehen,

daß alle Procainverbindungen mit Vitaminen, Mineralstoffen, Spurenelementen und sonstigen Substanzen nicht die Wirkung erzielt hatten, die sie sich erhoffte: die Formel des ewigen Lebens. Aber Peter Koula zerstreute immer wieder alle Zweifel.

»Schau dich einmal hier um. Wir sitzen in einer Ruine, ohne Patienten und mit wenig finanziellen Mitteln, ohne Anerkennung von oben und, wenn wir ehrlich sind, mit wenig Hoffnung. Wie soll es weitergehen?« Ana stand kurz davor zu resignieren.

»Willst du wirklich nach über dreißig Jahren alles hinwerfen? Hat es nicht immer wieder einen Ausweg gegeben?« Zum erstenmal hatte der Arzt sie geduzt – wahrscheinlich unbewußt, aber vielleicht auch als Ausdruck eines besonderen Zugehörigkeitsgefühls.

Ana antwortete nicht. Sie stand auf und ging ohne ein Wort zu sagen aus dem Zimmer. Langsam wanderte sie durch das Institut, das so lange Jahre ihr Lebensinhalt gewesen war: Die Bibliothek, früher einmal ihr ganzer Stolz, war leergeräumt. Im Schwimmbad war das Wasser abgelassen. Sogar aus der kleinen Turnhalle hatte man die Sportgeräte entfernt.

Im Altenheim wurde sie von einer einzigen Schwester begrüßt. Wortlos hörte sie sich ihr Klagen über die schlechte Verpflegung der verbliebenen Patienten und die mangelnde Hygiene an, und wußte doch, daß sie nicht helfen konnte. Selbst auf die alten Menschen hatte das Desaster abgefärbt. Alleingelassen und ohne ausreichende Hilfe dämmerten sie in ihren Betten dem Ende entgegen. Die meisten nahmen Ana gar nicht mehr wahr. Bei denjenigen, die sie erkannten, glimmte ein Funken Hoffnung in den trüben Augen auf.

Ana fühlte sich so entsetzlich machtlos. Und wieder kamen ihr die Worte in den Sinn: »Warum bleiben Sie nicht endgültig im Westen?«

Sie spürte, daß ihr die Kraft fehlte, noch länger durchzuhalten – jede weitere Minute in diesem toten Institut bereitete ihr körperliche Schmerzen. Sie fühlte sich einfach zu alt, um einen aussichtslosen Kampf aufzunehmen. Sie hatte das Bedürfnis, mit sich und den Problemen allein zu sein.

Ana Aslan begann sich zu isolieren. Nur selten verließ sie in den folgenden Wochen ihre Wohnung, und wenn, dann nur um Milieustudien zu betreiben. Stundenlang konnte sie durch die Straßen Bukarests gehen, um den rumänischen Alltag zu verfolgen. Mit über achtzig war aus ihr eine politische Frau geworden. Sie erkannte das Leid in den Augen ihrer Mitbürger, erkannte die Zwänge und Diskriminierungen und sah hungernde Menschen in den Straßen um eine Scheibe Brot betteln.

Sie sah Rumänien plötzlich mit anderen Augen. Als Patriotin tat es ihr im Herzen weh, ihr Volk leiden zu sehen. Was sie aber noch mehr schmerzte, war die Tatsache, nicht helfen zu können.

Hinzu kam, daß fast alle Freunde und Bekannte ihres Lebens nicht mehr da waren. Die einen waren spurlos verschwunden, ohne Abschied zu nehmen, die anderen hatten sich längst in den Westen abgesetzt. Es kam ihr vor, als habe das Leben sie einfach vergessen.

Nur noch sehr selten besuchte sie Maria Kalateneau und Peter Koula im Institut. Und auch diese wenigen Kontakte würden bald abbrechen, denn auch diese beiden hatten längst ihre Kündigungen erhalten und sollten bald ihre Tätigkeiten an anderer Stelle aufnehmen.

Das Labor war ihr fremd geworden. Peter Koulas Begeisterung und sein unermüdliches Arbeiten verstand sie längst nicht mehr. Sie war zu einer Fremden in eigenen Institut geworden! Es machte ihr auch nichts mehr aus, als Arbeiter ihren Namenszug am Portal mit ›Hammer und Meißel‹ entfernten. Sie nahm es widerspruchslos hin.

Als ihr wenig später mitgeteilt wurde, daß es für sie in Zukunft kaum noch Genehmigungen für Auslandsreisen in den Westen geben würde, faßte sie diese Neuerung als weiteres

Glied in einer Kette auf, die ihr langsam aber sicher die Luft zum Leben abschnürte.

Professor Doktor Ana Aslan war am Ende.

So konnte sie sich auch nicht richtig freuen, als ihr der Postbote eines Tages die Einladung von Peter Koula zustellte, als Trauzeugin an seiner bevorstehenden Hochzeit teilzunehmen. Lange überlegte sie, ob sie absagen sollte, aber damit hätte sie den Mann beleidigt, der so unermüdlich ihre Arbeit fortsetzte. Sie sagte schließlich zu, mehr aus Pflichtgefühl denn aus eigenem Willen.

Als sie vor dem Spiegel stand, um sich zu betrachten, sah sie eine alte Frau. Auch das teure maßgeschneiderte Kleid konnte diesen Eindruck nicht ändern. Sie fürchtete sich mehr, als sie sich freute. Ihre Einstellung zu Menschen hatte sich gewandelt, sie hatte Angst vor ihnen.

Die Braut war sehr hübsch. Ein kleines blondes Wesen, das durch seine Natürlichkeit und ihren Charme jeden verzaubern mußte. Sie betete ihren zukünftigen Mann an, und bei jedem Lächeln zeigten sich zwei süße Grübchen auf ihren Wangen.

Das Brautpaar hatte sich erst kürzlich kennengelernt, und es war Liebe auf den ersten Blick gewesen. Der intellektuelle Peter und die schüchterne, frauliche Isa waren nach Anas Ansicht das ideale Paar.

Es war trotz aller widrigen Umstände eine schöne Trauung, die ans Herz ging und zahllose Tränen fließen ließ. Auch Ana wurde von der Melancholie angesteckt. Abends wurde dann gefeiert. Man hatte das Kasino des Instituts, das längst nicht mehr genutzt wurde, mit Girlanden und kleinen Luftballons geschmückt. Ein kaltes Buffet war aufgebaut und sogar eine Dreimannkapelle sollte für fröhliche Stimmung sorgen. An alles war gedacht.

Ana saß gemeinsam mit Maria Kataleneau an einem Tisch in der Nähe der Tanzfläche. Sie hatten sich viel zu erzählen und sich von den anderen Gästen – meist Freunde und Verwandte des Brautpaares – etwas zurückgezogen. Natürlich stand die Entwicklung des Instituts im Mittelpunkt ihrer Unterhaltung.

Ana erfuhr, daß es unaufhörlich bergab ging. Übermorgen sollte Marias letzter Arbeitstag sein, um die verbleibenden fünfzehn Patienten kümmerten sich noch ganze vier Mitarbeiter. »Peter scheint von allem gar nichts mitzubekommen. Er ist nach wie vor mit Feuereifer bei der Sache und läßt sich durch nichts erschüttern. Er glaubt immer noch, kurz vor der Lösung zu stehen.«

Ana hörte nur mit einem Ohr zu, es interessierte sie nicht mehr, was Maria erzählte. Das Institut war für sie in weite Ferne gerückt, es gehörte zu ihrer Vergangenheit.

»Hörst du mir überhaupt zu?« Maria stupste Ana mit dem Ellbogen in die Seite.

Nein, sie hörte ihr nicht zu. Sie hatte einen Gast entdeckt, der ihre volle Aufmerksamkeit auf sich zog: Nico Ceausescu, der Sohn des Ministerpräsidenten, hatte den Saal betreten. Mit einigen Freunden, alle bereits ziemlich stark alkoholisiert, wollte er – sicherlich ohne Einladung – mitfeiern. Zunächst von den meisten Gästen gar nicht beachtet, machte sich die Gruppe über das kalte Buffet her.

Nico Ceausescu war in der Öffentlichkeit als arroganter, brutaler ›Thronfolger‹ bekannt, der keine Mittel scheute, seinen Willen durchzusetzen. Obwohl klein an Gestalt galt er als äußerst aggressiv und jähzornig.

Eben hatte das Brautpaar das Kasino betreten. Peter Koula trug einen eleganten Smoking und sah ganz anders aus als in seinem weißen Arztkittel. Man sah ihm seinen Stolz an, eine solch attraktive Frau erobert zu haben. Und zu recht, denn die junge Frau zog sämtliche Blicke der Anwesenden auf sich.

»Ist sie nicht wunderhübsch?« Maria hatte Tränen in den Augen, als sie das Brautpaar erblickte. Leider war ihr genau wie Ana ein solcher Festtag nicht vergönnt gewesen. Um so mehr war sie jetzt aber gefühlsmäßig engagiert.

Die Musik setzte ein. Ein langsamer Walzer wurde gespielt, und Peter Koula führte seine Frischangetraute auf die Tanzfläche. Die anderen Gäste bildeten einen Kreis um die beiden und begleiteten den ersten Brauttanz mit rhythmischem Klatschen. Nach und nach gingen immer neue Paare zum Tanz. Auch Ana und Maria waren von zwei männlichen Gästen aufgefordert worden, und obwohl sie sich zunächst zierten, willigten sie schließlich doch ein.

Die Kapelle spielte jetzt schnellere Melodien, die Stimmung wurde ausgelassener. Und als der Bräutigam während einer Tanzpause das kalte Buffet freigab, erntete er lautstarken Jubel. Wie bei Hochzeiten üblich, war die Stimmung fröhlich und heiter.

Auch Ana amüsierte sich. Mit einem Glas Champagner und einem mit vielen Köstlichkeiten beladenen Teller unterhielt sie sich mit zwei älteren Kollegen. Nico Ceausescu und seine Freunde hatte sie längst aus den Augen verloren.

Die Musik setzte erneut ein. Als einer der ersten hatte Peter Koula die Hand seiner Frau ergriffen und sie zur Tanzfläche geführt. Verliebt blickten sich beide in die Augen und tanzten engumschlugen einen Slow-Fox.

Plötzlich meldete sich auch Nico Ceausescu wieder. Schwankend bahnte er sich einen Weg durch die tanzenden Paare und strebte zielsicher auf das Brautpaar zu. Vor ihnen baute er sich auf und klatschte mehrmals in die Hände. »Jetzt bin ich an der Reihe. Dieser Tanz mit der Braut gehört mir.« Grob drängte er Peter Koula zur Seite. Immer noch spielte die langsame Musik.

Natürlich war der Bräutigam nicht erfreut über die Situation, aber er kannte die Mentalität von Ceausescus Sohn und wollte jeden Streit vermeiden. Wortlos gab er seine Braut frei und trat in den Hintergrund. Keinesfalls wollte er sich provozieren lassen.

Die meisten Gäste hatten diesen kleinen Zwischenfall gar nicht bemerkt. Nur Ana, die in diesem Moment in der Nähe der Tanzfläche stand, hatte alles mitbekommen. Ein ungutes Gefühl beschlich sie.

Zunächst ging alles gut. Ceausesceau tanzte ein wenig zu eng mit Isa Koula, der dies sichtlich unangenehm war. Demonstrativ legte sie den Kopf weit in den Nacken, um dem Tänzer nicht zu nahe zu kommen.

Nach schier endlosen Minuten hörte die Musik endlich auf zu spielen, eine Pause wurde eingelegt. Die meisten Paare trennten sich, um sich entweder am Buffet zu treffen oder eine neue Formation zu bilden. Nur ein Paar blieb auf der Tanzfläche zurück.

Der Sohn des Diktators machte kein Anzeichen, die Braut freizugeben. Im Gegenteil, nach wie vor hielt er sie fest umklammert und deutete wiegende Tanzschritte an. Als er merkte, daß sich seine Partnerin sträubte und sich aus seinen Armen winden wollte, erregte dies seinen Ärger. Brutal versuchte er, die Braut zu küssen. Er fühlte sich in seinem Tun so sicher, daß er auf eine mögliche Reaktion der anderen Gäste keine Rücksicht nahm.

Erst als die junge Braut mit einem schrillen »Nein« aufschrie, kamen einige mutige männliche Gäste langsam auf das Paar zu. Auch Peter Koula hatte jetzt genug und war entschlossen, seine Frau aus den Armen ihres Peinigers zu befreien.

Doch Nico Ceausescu stachelte dies noch mehr auf. Schamlos streichelte er die Brüste der Braut. Sie wehrte sich weiter erbittert, aber sie konnte seinem festen Griff nicht entkommen. Wie von Sinnen begrapschte er lüstern die junge Frau.

Peter Koula konnte jetzt nicht mehr an sich halten. Mit wenigen Schritten eilte er seiner Braut zu Hilfe und verpaßte seinem Widersacher eine schallende Ohrfeige. Er prügelte so lange auf Ceausescu ein, bis dieser endlich von seiner Frau abließ. Wie zwei Kampfhähne standen sich nun die beiden Männer gegenüber, während die Braut weinend davonlief.

Mit hochrotem Kopf fuhr der Arzt sein Gegenüber an:

»Wie können Sie es wagen, Sie Idiot. Merken Sie sich eines, auch Sie können sich nicht alles erlauben.« Er trat einige Schritte zurück. »Verlassen Sie sofort meine Feier. Sie sind hier unerwünscht.«

Das Gesicht Ceausescus verzerrte sich zu einer irren, grinsenden Maske. Er wirkte ruhig und eiskalt. »Du kleiner Wicht, weißt du überhaupt, was du getan hast? Du hast mich gedemütigt und damit nicht nur mich beleidigt, sondern ganz Rumänien. Du bist nicht nur mein Feind, du bist auch ein Staatsfeind. Und du weißt, was mit Staatsfeinden gemacht wird?«

Im Saal war es totenstill geworden. Ana trat zu ihrem ehemaligen Mitarbeiter und wollte ihn von unüberlegten Reaktionen zurückhalten. Doch dieser schüttelte nur entschlossen ihren Arm ab. Er schien außer sich zu sein. »Was bilden Sie sich ein? Sie dringen hier ein, belästigen meine Frau und reden vom Volk und Kommunismus. Sie sind ein Nichts, ein primitiver Besoffener.« Peter Koula konnte nicht mehr an sich halten. Auch seine junge Frau, die ebenfalls herangetreten war, um ihn zu beruhigen, konnte nichts ausrichten.

»Ich werde dich vernichten.« Der Störer winkte mit einer kurzen Handbewegung seine Freunde zu sich und schickte sich an, den Raum zu verlassen. »Wir sprechen uns noch!«

»Glaube ja nicht, daß du allmächtig bist, nur weil dein Vater seine schützende Hand über dich hält. Und denk daran, ich habe mein Leben lang meinem Volk gedient, während du und deinesgleichen es nur ausgenutzt habt«, gab Peter Koula ihm noch mit auf den Weg, bevor Ceausescu verschwand.

Ana Aslan machte sich große Sorgen um ihren Mitarbeiter und Freund. Sie kannte ihn nur als stillen, in sich gekehrten Menschen – und jetzt dieser Wutausbruch, der zwar berechtigt, aber völlig unvernünftig war. Sie wußte, daß dies Folgen haben würde.

Noch lange nachdem Ceausescu gegangen war, herrschte peinliche Stille. Einige der Gäste, die jetzt Repressalien erwarteten und sich fürchteten, verabschiedeten sich umgehend. Andere suchten Ausreden, um die Feier ebenfalls verlassen zu können. Sogar die Musiker waren dabei, ihre Instrumente einzupacken.

Nur noch wenige Personen blieben. Das Brautpaar und die engste Verwandtschaft der Braut, Maria und einige ehemalige Mitarbeiter des Instituts und natürlich Ana Aslan. An Feiern war zwar nicht mehr zu denken, aber man hatte einige Tische zusammengestellt und diskutierte über das Geschehene. Alle hofften, daß es für Peter Koula ohne Folgen bleiben würde.

Zwei, drei Stunden waren vergangen. Man hatte schon gehofft, daß alles nur ein böser Spuk gewesen war, da öffnete sich mit einem lauten Schlag die Tür. Zehn Polizisten in der schwarzen Uniform der Securitate stürmten in den Saal, mit gezückten Pistolen verteilten sie sich. Es waren durchweg junge Männer, denen man aber doch die Entschlossenheit vom Gesicht ablesen konnte.

Als letzter betrat Nico Ceausescu die Institutskantine, die ursprünglich Ort eines fröhlichen Festes sein sollte. Auch er trug jetzt Uniform und war merklich nüchterner. »Herr Dr. Peter Koula, ich verhafte Sie wegen Volksverhetzung und Angriff auf den Ministerpräsidenten. Sie und Ihre Gäste sollen noch heute nacht verhört werden. Leisten Sie keinen Widerstand, folgen Sie den Anweisungen der Polizei.« Auf den Hacken drehte er sich um und verschwand.

Unter Waffenandrohung wurden die verbliebenen Gäste in bereitstehende Autos gebracht. Die Fahrt ging durch das nächtliche Bukarest.

Ana saß gemeinsam mit Maria und den Brauteltern in einem alten Citroën, dessen Fenster von innen verspiegelt waren und keinen Blick nach draußen erlaubten. Während der Fahrt sprach niemand ein Wort, Angst und Schrecken saßen zu tief.

Die Fahrt dauerte vielleicht eine halbe Stunde. Irgendwo,

wahrscheinlich in den Außenbereichen der Hauptstadt, hielt der Wagen an. Ana hatte längst die Orientierung verloren.

Der Konvoi stand jetzt auf einem großen, quadratischen Innenhof eines mehrstöckigen Gebäudes. Weitere Uniformierte standen bereit, um die Gefangenen in Empfang zu nehmen. Sie wurden getrennt. Ana fand sich wenige Minuten später in einem kleinen Büro wieder. Allein.

Sie hatte das Gefühl, als würden Stunden vergehen. Sie atmete regelrecht auf, als ein junger Zivilist das Zimmer betrat und ihr eine dampfende Tasse Kaffee brachte. »Frau Professor Aslan, im Namen von Herrn Oberst Caleaus möchte ich mich bei Ihnen für diese Behandlung entschuldigen. In wenigen Minuten wird Sie ein Wagen zu Ihrer Wohnung bringen.« Er gab ihr ihren Paß zurück, den man ihr zuvor abgenommen hatte. »Ich muß Sie lediglich bitten, über die heutige Aktion Stillschweigen zu bewahren.«

»Und was passiert mit den anderen?« So einfach wollte sich Ana nicht zufriedengeben. Sie hatte Angst um das Brautpaar, um Maria und die anderen Gäste.

Der junge Mann wurde ernst. »Es tut mir leid, darüber darf ich Ihnen keine Auskunft geben.« Er verließ den Raum. Der Spuk war vorüber.

Kurze Zeit später war Ana wieder in ihrer Wohnung, allein und deprimiert. Sie war sich sicher, daß dieser Abend das endgültige Ende aller ihrer Hoffnungen bedeutete. Und sie würde nicht die Kraft haben, zu kämpfen und einen neuen Anfang zu wagen. Dies war nicht mehr ihr Rumänien!

Das ganze Ausmaß des Schreckens erfuhr sie erst im Laufe der nächsten Tage. Zunächst war da nur eine kleine Pressemeldung auf der letzten Seite der Lokalzeitungen: »Peter Koula plötzlich verstorben.«

Ana glaubte, ihren Augen nicht zu trauen. Ein-, zwei- und dreimal las sie die Meldung, bis sie vor Tränen nichts mehr erkennen konnte. Der Zeitungstext war so kurz wie zynisch: »Der bekannte Arzt und Biologe vom Ana-Aslan-Institut ist gestern in einer Zelle des Bukarester Staatsgefängnisses einem Herzinfarkt erlegen. Der Mediziner befand sich in Arrest, weil er angetrunken während einer Feier einen anderen Gast schwer verletzt hatte. Die Beisetzung im engsten Familienkreis hat bereits stattgefunden.«

Ana konnte es immer noch nicht fassen. Was waren das für Menschen, die einen anderen wegen eines dummen Streites einfach hinrichteten? Was war aus Rumänien geworden, wenn sich Polizei und Behörden als Mordgenossen eines Diktators verdingten? Nico Ceausescu war sein Mörder, nein, das ganze System war zum Mörder geworden!

Was war mit den anderen geschehen? Wo war Maria Kalateneau? Voller Panik griff sie nach Hut und Mantel, stürmte aus der Wohnung und hielt ein Taxi an.

Bis zu Marias Haus waren es nur wenige Minuten. Je näher sie kam, desto größer wurde die Angst um ihre Freundin und langjährige Mitarbeiterin. Sollte auch sie ...? Daran wagte sie nicht zu denken.

Zitternd klingelte sie. Es dauerte viel zu lange, bis ihr endlich geöffnet wurde. »Maria, mein Gott, und ich dachte, man hätte dir auch etwas getan.« Sie fiel der Apothekerin um den Hals, überglücklich, daß ihre bösen Ahnungen nicht eingetroffen waren.

Arm in Arm gingen die beiden Frauen ins Wohnzimmer. Erst jetzt hatte Ana die Zeit, ihrer Vertrauten ins Gesicht zu blicken. »Wer hat dir das angetan?«

Maria Kalateneau war furchtbar zugerichtet. Ihr linkes Auge war zugeschwollen und schimmerte in allen Farben, die Lippen waren aufgerissen und eine Platzwunde zog sich fast über ihr ganzes Gesicht. Sie ging gebeugt, als würde ihr jeder Schritt Schmerzen bereiten. »Peter ist tot! Wußtest du das?« Ihre Stimme war kaum zu hören, das Reden fiel ihr schwer.

Ana nickte. Die beiden Frauen machten sich eine Kanne Kaffee. Sie ließen sich Zeit mit dem Erzählen, vielleicht hatten sie auch nur Furcht, eigene Ängste und Depressionen zu zeigen. Beide waren stolze, erfolgreiche Frauen, jetzt waren sie nur noch gedemütigt. Mit dieser Situation mußten sie erst fertig werden.

»Man hat dich geschlagen! Warum? Du warst doch völlig unbeteiligt an dem Streit zwischen Peter und dem jungen Ceausescu – genau wie ich.« Ana konnte alles noch gar nicht begreifen.

»Es war die Hölle«, Marias Stimme zitterte. »Ich möchte so etwas nie wieder in meinem Leben durchmachen. Und das Schlimmste ist, daß sie das erreicht haben, was sie wollten, ich habe Angst. Ich habe sogar Angst davor, dir alles zu erzählen, weil du mich ja ...« Sie schämte sich sofort ihrer Worte. »Bitte Ana, entschuldige. Ich weiß, daß du mich niemals verraten würdest.«

Sie schwiegen. Ana konnte ihre Freundin sehr gut verstehen.

»Es hat ihnen Spaß gemacht, mich zu erniedrigen.« Mit einem schnellen Handgriff raffte sie ihre Bluse hoch. Auf ihrem Bauch hatte sich ein riesiger Bluterguß gebildet, der nur von Fußtritten oder starken Faustschlägen stammen konnte. »Als wir im Gefängnis ankamen, führte man mich sofort in ein kleines Zimmer, wahrscheinlich ein Vernehmungsraum. Zwei Uniformierte fragten mich zunächst noch ganz freundlich nach den Geschehnissen während der Hochzeitsfeier. Ich sagte ihnen, was ich gesehen hatte.«

»Und dann?«

»Nach zehn Minuten legten sie mir ein Protokoll zur Unterschrift vor. Das wäre alles, ich könne gehen, meinten sie noch. Ich las mir das Papier durch. Aber darin stand etwas ganz anderes, als ich in Wirklichkeit ausgesagt hatte. Nämlich, daß Peter den Streit begonnen hätte; daß er Nico Ceausescu grundlos geschlagen und dabei abfällige Äußerungen über dessen Vater, den Ministerpräsidenten, gemacht hätte. Ich weigerte mich natürlich, dieses verlogene Papier zu unterschreiben.«

Ana konnte sich vorstellen, was nun folgte. »Und dann hat man dich dazu gezwungen?«

Maria nickte. »Als ich den Beamten sagte, daß dies so nicht stimmen würde, änderte sich alles schlagartig. Sie wurden aggressiv, nannten mich eine Staatsfeindin und drohten mir. Ich wollte aber immer noch nicht unterschreiben. Und dann . . .« Die Erinnerung an die Greueltaten, machten ihr zu schaffen, verstohlen wischte sie sich die Tränen ab. »Sie schlugen zu, immer und immer wieder. Ich weiß nicht mehr, ob ich irgendwann ohnmächtig wurde – jedenfalls habe ich dann doch unterschrieben.« Jetzt brach sie völlig zusammen.

»Das hätte jeder andere auch getan.« Ana wußte, daß dies kein Trost war.

Maria Kalateneau reagierte fast hysterisch. »Aber ich habe Peters Todesurteil unterschrieben. Ich bin mitschuldig an seinem Tod. Wäre ich standhaft geblieben, würde er heute vielleicht noch leben!«

»Oder du wärst auch tot! Was ist mit den anderen geschehen?«

Wieder dauerte es Sekunden, bis Maria antworten konnte. »Gestern habe ich Peters Frau besucht.« Das Wort Witwe wollte nicht über ihre Lippen. »Ihr ist es noch viel schlimmer ergangen. Sie wurde nicht nur geschlagen, sondern von diesen Verbrechern auch noch vergewaltigt. Sie hat ihren Mann nicht mehr zu Gesicht bekommen.«

»Was sind das nur für Menschen? Da habe ich zwei Kriege überlebt und geglaubt, alles Schlechte zu kennen.« Ana versuchte erst gar nicht sich vorzustellen, was ihr in den Räumen der Securitate erspart geblieben war. Sie machte sich Gedanken darüber, warum gerade sie so glimpflich davongekommen war.

»Isa war zwei Tage inhaftiert, und immer wenn einer der Wärter oder ein anderer Polizist Lust auf Sex hatte, bedienten sie sich. Zunächst hat sie sich noch gewehrt, dann war ihr Widerstand gebrochen. Sie ließ nur noch alles über sich ergehen.

Als sich alle befriedigt hatten, schmiß man sie einfach auf die Straße.«

Ana wurde es übel vom Ekel. »Sind wir denn wirklich so machtlos?«

»Ana, wir sind zwei alte Frauen, die hier im Wohnzimmer Kaffee trinken. Was glaubst du, können wir unternehmen? Eine Revolution? Einen Staatsstreich? Wir sind so unabhängig wie zwei kleine Goldfische in einem Wasserglas, die nichts anderes tun können, als auf Futter zu warten. Und wenn sie nicht mehr erwünscht sind, werden sie einfach ins Klo geschüttet.«

»Würdest du mitkommen?« Ana stellte diese Frage ganz automatisch. Es war wie ein Reflex.

Maria blickte sie erstaunt an. »Wohin?«

Schon seit Tagen hatte Ana von Venedig geträumt, von Berlin, Paris und New York. Sie sah fröhliche Menschen vor sich, die an prallgefüllten Geschäften vorbeigingen. Menschen, die mit sich selbst und ihrem Leben zufrieden waren.

»In den Westen!« Jetzt war es heraus. »Was lassen wir denn hier zurück? Erinnerungen vielleicht und einige wenige Freunde. Ein Institut, das nicht mehr existiert, und eine Hoffnung, die sich längst zerschlagen hat. Aber wir würden auch dem Terror den Rücken zudrehen können.«

»Rede nicht so, Ana. Diese Chance haben wir beide längst vertan. Natürlich, vor Jahren, als eine Auslandsreise noch möglich war, habe ich darüber nachgedacht. Aber heute? Es ist leichter aus dem Gefängnis zu entfliehen als aus Rumänien.«

Ana aber ließ sich nicht so schnell entmutigen. »Kommst du mit, ja oder nein?«

»Nein«. Maria konnte ihrer Freundin nicht in die Augen blicken. Die letzten Tage hatten sie mürbe gemacht, ängstlich und unterwürfig. Alles, was ein Risiko darstellte, würde sie in Zukunft ablehnen.

»Warst du schon im Institut?« Maria wurde das Gespräch

zunehmend peinlich, und so wechselte sie schnell das Thema. Sie wußte, daß sie damit Anas Lebensnerv getroffen hatte.

»Nein, noch nicht. Morgen vielleicht.« Ana selbst hatte das Thema Arbeit und Institut so sehr verdrängt, daß sie über Marias Frage überrascht war. Was sollte sie noch dort? Über leere Flure wandern und sich in Erinnerungen verlieren? Oder etwa die Forschungen wieder aufnehmen? Jetzt, ohne Peter Koula? Das ›Ewige Leben‹ würde für immer ein Traum bleiben, für sie selbst und für alle Menschen.

»Aber du weißt, daß ich immer für dich da bin, wenn du mich brauchst. Du hast meinem Leben einen Inhalt gegeben. Auch wenn wir nicht alles erreicht haben, so war es doch eine schöne, sehr schöne Zeit. Ich bete für dich, Ana.« Die beiden Frauen nahmen sich wortlos in die Arme, als ob sie wüßten, daß dies das letzte Mal sein würde. »Nächste Woche trete ich meine neue Stellung an. Du bist jetzt ganz allein, Ana Aslan!«

Ana weinte. Aber später, viel, viel später. Als sie wieder allein in ihrer Wohnung war, ließ sie das ganze Gespräch noch einmal Revue passieren. Sie zog eine Bilanz ihres Lebens, und wie sie auch rechnete, unter dem Schlußstrich blieb immer eine negative Zahl. Alles verloren, nichts gewonnen. Was war ihr denn noch geblieben außer den Auszeichnungen und Titeln, die in einer Schrankschublade verstaubten? Ihre langjährigen Freunde und Wegbereiter waren entweder tot oder über die ganze Welt zerstreut. Von ihren hochgesteckten wissenschaftlichen Zielen war sie immer noch genauso weit entfernt wie vor vierzig Jahren.

Ana Aslan zog sich zurück. Lediglich eine ältere Haushaltshilfe duldete sie um sich.

11

An einem regnerischen Samstag im Oktober 1987 wollte sie endgültig Abschied nehmen. Nein, nicht von ihrem Leben – sie war immer noch erstaunlich rüstig, und zwar sowohl körperlich als auch geistig –, sondern sie besuchte noch ein letztes Mal ihr altes Institut. Es war eine nicht zu unterdrückende innere Stimme gewesen, die sie zu diesem Unternehmen zwang.

Von weitem wirkte alles unverändert. Als sie sich aber näherte, sah sie, daß der Putz der Fassade langsam bröckelte. Die Fensterscheiben waren schmutzig. Hier und da waren einige Glasscherben zerbrochen.

Drinnen war es düster. Das Licht anzuknipsen, erwies sich als sinnlos, elektrischen Strom gab es hier schon lange nicht mehr. Aber wozu brauchte sie auch helles Licht, wo sie doch mit jedem Zentimeter des Hauses vertraut war?

Tieftraurig ging Ana langsam, fast andächtig durch die verlassenen Gänge. Manchmal huschte eine Maus, verschreckt über die unerwartete Störung davon. Ihre Forschungslaboratorien waren noch am besten erhalten. Ab und zu, das wußte Ana, waren sie noch von Studenten der nahen Universität genutzt worden. Aber auch das war wohl vorbei, wie Ana nach einem Blick auf die dünne Staubschicht feststellte.

Sie wußte zwar nicht, was sie hier sollte, aber bereits nach kurzer Zeit fühlte sie sich wieder heimisch in diesen Räumen, die so lang ihren Lebensmittelpunkt dargestellt hatten. Planlos begann sie, in der Hinterlassenschaft des toten Peter

Koula zu stöbern, ging gedankenverloren noch einmal die vielen Forschungsberichte durch, die allesamt mit dem Vermerk ›keine feststellbare Wirkung‹ endeten.

Längst hatte sie die Zeit vergessen. Zu fasziniert war sie von den Unterlagen. Es war, als würde sich ihr ganzes wissenschaftliches Leben nochmals vor ihr entfalten. Zu später Stunde fand sie unter den vielen Listen, Studien und Aufzeichnungen den Forschungsbericht über ein klinisches Experiment, das eines ihrer Forschungsteams mit einer besonderen Kombination aus antioxydativen Vitaminen ACE, Selen, Magnesium und bestimmten Mineralstoffen in Tierversuchen unternommen hatte. Diese Testreihe – wahrscheinlich eine der letzten überhaupt – war ihr unbekannt.

Es war inzwischen dunkel geworden. Ana versuchte noch einmal ihr Glück und drückte auf den Lichtschalter. Und tatsächlich, hier war der Strom noch nicht abgestellt worden. Interessiert las sie weiter. Und obwohl dieses Experiment ebenfalls negativ geblieben war, kam ihr plötzlich ein verrückter Gedanke. Als sie später darüber nachdachte, weshalb es gerade diese Kombination war, die sie so sehr fesselte, fand sie keine Begründung.

Sollte die Lösung für die Wiederherstellung der natürlichen Reparaturfähigkeit der DNS etwa in einer ›Lebensformel‹ liegen, die die Natur selbst erfunden hat? Hat die Natur die Lösung für das Problem des ewigen Lebens tatsächlich bereits selbst vorbereitet? Jedem halbwegs begabten Wissenschaftler mußte die Erklärung ins Gesicht springen.

Ana war bekannt, daß alle Zellen altern und viel zu früh ihre Fähigkeiten zur Teilung verlieren. Der Grund: Zellernährungsstörungen. Sie wußte auch, daß nicht alle Zellen gleich und vor allem nicht gleich schnell alterten. Die Ernährungsdefizite stellen sich erst langsam, dann immer schneller ein.

Die einzelne Zelle benötigte nicht eine, sondern eine Vielzahl von Substanzen und diese auch noch in ganz bestimmten

Dosierungen und regelmäßig. Und noch etwas ganz wesentliches wußte Ana: Die Zellernährungsbedürfnisse von männlichen Zellen unterscheiden sich erheblich von denen weiblicher Zellen.

Sie las und dachte nach, las und überlegte wieder. So lange, bis ihr fast die Augen zufielen.

Da saß sie nun, die alte Frau Professor, zwischen Bergen von Akten allein in einem heruntergekommenen Labor und dachte an das ewige Leben.

Es machte sie ärgerlich, daß sie nicht mehr wie früher die ganze Nacht durcharbeiten konnte. Nur schwer trennte sie sich von Peter Koulas Aufzeichnungen, gleichzeitig sträubte sich ein Teil von ihr, in eine neue Euphorie zu verfallen.

Als sie zu Hause ankam, empfing sie eine besorgte Haushälterin. »Wären Sie in einer Viertelstunde nicht zurückgekommen, hätte ich die Polizei benachrichtigt. Eine Frau in Ihrem Alter kann plötzlich zusammenbrechen, das müssen Sie als ehemalige Ärztin doch am besten wissen.« Sie machte ein böses Gesicht. »Und was schleppen Sie da überhaupt für Akten mit? Sie sollten sich schonen!«

Nein, das war das letzte, was Ana jetzt wollte. Und was hieß überhaupt ›ehemalige Ärztin‹? Sie ärgerte sich über ihre Angestellte. »Ich habe mir Arbeit mitgebracht. Und damit Sie es genau wissen, morgen früh gehe ich wieder ins Labor.«

Eigentlich verstanden sich die beiden Frauen ausgezeichnet. So wie es nun mal ist, wenn man sich seit über zwanzig Jahren kennt. Als junges Mädchen, das stundenweise zum Putzen kam, hatte Johanna Dwuszt angefangen, mittlerweile war sie Krankenschwester, Zofe, Köchin und Gesprächspartnerin in einer Person.

Und je älter Ana wurde, um so mehr weckte sie die mütterlichen Gefühle ihrer Angestellten. Sogar das Rauchen und den Alkohol wollte sie Ana abgewöhnen. Natürlich ohne Erfolg.

»Was gibt es zu essen?«

»Schweifen Sie nicht ab, Chefin, was hat das alles zu bedeuten? Sie hatten mir doch versprochen, sich endlich zur Ruhe zu setzen. Und nun das hier.« Sie deutete auf den Aktenberg, den Ana mit aus dem Labor gebracht hatte.

»Möchten Sie alt werden, Johanna?« Ana war wie in Trance.

»Wenn ich dann so fit wäre wie Sie, warum eigentlich nicht?« kam die ehrliche Antwort. »Aber das liegt allein in Gottes Hand.«

»Aber wenn es möglich wäre, mit einer kleinen Pille täglich, hundertfünfzig oder hundertachzig Jahre alt zu werden und dabei auch noch gesund zu bleiben? Würden Sie dieses Medikament nehmen?« Seltsam, noch nie in den vielen Jahren hatte sie mit ihrer Hausangestellten über dieses Thema gesprochen.

Die Antwort kam ohne langes Nachdenken. »Natürlich, sofort!«

»Na also, dann bitte ich Sie, mich nicht weiter von meiner Arbeit abzuhalten. Machen Sie endlich das Abendessen, und lassen Sie mich allein, ich habe zu tun!« Johanna Dwuszt verstand die Welt nicht mehr, verschwand aber dennoch wortlos in der Küche.

Ana hatte sich in einen Gedanken verbissen, der sie nicht mehr losließ: Ist die gesuchte Formel so einfach und nur noch nicht bekannt, weil kein Wissenschaftler der Welt danach gesucht hatte? Hatte überhaupt jemals einer außer ihr den Mut gehabt, diesen unglaublichen Gedanken zu Ende zu denken?

Ihre Angestellte trug eine Schinken- und Käseplatte herein, dazu hatte sie frisches Brot gebacken. Ana wußte, daß es ihr gutging. Sie hatte sich im Laufe der Jahre ein finanzielles Polster geschaffen, das ihr einen angenehmen Lebensstil ermöglichte, während andere in Rumänien nicht wußten, was sie morgen auf den Tisch bringen sollten. Das Land hungerte – sowohl nach Essen als auch nach Freiheit!

»Wie haben Sie das eigentlich gemeint, das mit der Pille,

meine ich?« Wie immer aß Johanna Dwuszt gemeinsam mit Ana. »Gibt es so was wirklich?«

»Noch nicht!« Ana ließ es sich schmecken wie selten zuvor. Mehr zu sich selbst gesprochen fuhr sie fort: »Wie kommt es, daß sich beim alten Menschen bösartige Zellen, also Krebszellen, weiterhin stark vermehren können, gutartige Zellen aber langsam absterben beziehungsweise sich nicht erneuern? Was unterscheidet diese beiden Zelltypen? Nehmen wir an . . .«

»Lassen wir das Chefin, das ist mir alles zu kompliziert. Und Sie glauben, die Lösung wirklich zu kennen?« Sie schüttelte skeptisch den Kopf.

Die nächsten Tage verbrachte Ana mit intensiven Studien. Immer und immer wieder las sie die Berichte der weltweiten Vitamin- und Ernährungsforschung. Noch einmal ging sie die Forschungen zur Wirkung von Vitamin C, E und der wichtigen B-Gruppe, die euphorischen amerikanischen Berichte zur Wirkung von Selen als Schadstoffkiller und die Untersuchungen der Magnesium-Wirkung durch.

Noch einmal loderte der Forschergeist in der alten Wissenschaftlerin auf. Sie verbrachte ganze Nächte in der ernährungsphysiologischen Forschungsabteilung ihres verlassenen Labors. Sie las, stellte Berechnungen an und verwarf sie wieder. Sie telefonierte mit den berühmtesten Ernährungsforschern dieser Welt. Sie mixte Substanzen, verfütterte sie immer wieder an ihre Laborratten und wartete ab. Sie erhöhte Dosierungen, stellte neue Formeln zusammen und reduzierte sie wieder auf einige wenige Grundstoffe.

Sie arbeitete allein. Nur ab und zu brachte ihr Johanna Dwuszt etwas zu essen und kümmerte sich um die Wäsche. Anas eigene Arbeit wurde hektischer, immer fanatischer.

Aber ihre Arbeit blieb nicht lange unbemerkt. Es dauerte keinen Monat, bis sich das Gesundheitsministerium bei ihr meldete und Rechenschaft über ihre Arbeiten verlangte. Natürlich konnte niemand ein Ende der Forschungen anordnen, dies hätte zu internationalem Aufsehen geführt, aber die Bürokraten wollten informiert sein.

So war auch Ana gar nicht überrascht, eines Morgens Martha Prosnicki in ihrem Labor anzutreffen. Seit dem Tod von Peter Koula hatte sie nichts mehr von ihrer ehemaligen Referentin gehört, jetzt stand sie vor ihr. So, als wäre in der Zwischenzeit nichts geschehen. »Frau Professor, sind Sie wieder aktiv geworden?« Sie lächelte wie damals. »Ich werde Ihnen helfen.«

Ana traute ihren Ohren nicht. Würde wieder alles von vorn beginnen? »Ich brauche aber keine Sekretärin und erst recht keine Referentin. Was ich hier mache, ist eigentlich eher privat. Sie wissen doch, daß ich mich längst zur Ruhe gesetzt habe. Richten Sie das bitte ihren Vorgesetzten aus.« Noch einmal wollte sie sich nicht in ihre Abhängigkeit begeben.

»Darf ich wenigstens fragen, was genau Sie hier tun?« Interessiert blickte die Prosnicki sich im Labor um, und natürlich sah sie sofort, daß hier nicht allein für den ›privaten Bedarf‹ geforscht wurde. »Wofür brauchen Sie die zahlreichen Laborratten?«

Martha Prosnicki war immer über Anas Arbeiten informiert gewesen, und wahrscheinlich ahnte sie auch jetzt, aus welchen Gründen sie ihre Arbeit wieder aufgenommen hatte. Und natürlich war sie nur erschienen, um wichtige Informationen zu erhalten.

»Ich habe noch einige Versuche durchzuführen, zu denen Dr. Koula leider nicht mehr gekommen ist. Und wenn Sie es genau wissen wollen, ich teste die unterschiedlichen Auswirkungen von Procain auf männliche und weibliche Tiere. Es ist reine Routine.« Ana hatte nicht vor, gegenüber dieser Intrigantin mit offenen Karten zu spielen. Denn über eines war sie sich in letzter Zeit klar geworden: Sollte sie wirklich jemals die Formel des ›ewigen Lebens‹ finden, durfte sie den Diktatoren ihres Landes niemals in die Hände fallen.

Die Prosnicki ließ sich jedoch nicht abweisen. Fast täglich schaute sie im Institut vorbei. Meist unter dem Vorwand ›nach dem Rechten zu sehen‹. Und immer nutzte sie dabei die Gelegenheit, Anas Aufzeichnungen zu lesen, und ihre Versuche genau zu protokollieren. »Ich interessiere mich eben für Ihre Arbeiten.« Sie machte sich nicht die Mühe, eine einleuchtendere Ausrede zu finden.

Ana wiederum ließ sich durch nichts mehr aufhalten. Zum erstenmal hatte sie das Gefühl, kurz vor der Erfüllung ihres Lebenstraumes zu stehen. Und wenn sie sich als Wissenschaftlerin auch mehr auf Tatsachen und Beweise verließ als auf Emotionen, stieg ihre Erregung doch von Tag zu Tag.

Johanna war ihr eine große Stütze in dieser Zeit. Längst hatte sie den Widerstand gegen den plötzlichen Arbeitseifer ihrer Chefin aufgegeben und unterstützte sie, so gut sie nur konnte. Wenn Ana einmal den Mut oder die Kraft zu verlieren schien, hatte sie stets ein aufmunterndes Wort parat. »Chefin, wenn jemand in der Lage ist, diese Pille zu erfinden, dann sind Sie es. Sie dürfen jetzt nicht aufgeben, denken Sie an die Millionen alter Menschen, denen Sie noch viele schöne Jahre schenken könnten. Und denken Sie an die Millionen trauernden Kinder, wenn sie ihre Mütter, Väter oder Großeltern verlieren.«

Ana hörte diese Worte gern, sie gaben ihr neue Kraft. Und die brauchte die fast Neunzigjährige jetzt. Sogar eine schwere Grippe hielt sie nicht von der täglichen Arbeit ab, wochenlang verließ sie das Institut nicht mehr.

Ein harter Winter in Rumänien ging zu Ende. Das Volk litt unter der Diktatur Ceausescus. Aber trotz allen Leids gab es keinen Widerstand im Land, zu allgegenwärtig war die Geheimpolizei, die gefürchtete Securitate, der verlängerte Arm der Diktatur.

Täglich verschwanden jetzt Menschen in dunklen Gefängnissen, um nie wieder aufzutauchen. Andere, die den Mut dazu hatten, flüchteten aus dem Land. In den gleichgeschalteten Medien erfuhr man nichts von alledem. Neuigkeiten wurden hier nur unter vorgehaltener Hand weitergegeben und nur an Freunde, von denen man sicher sein konnte, daß sie nicht der Securitate angehörten. Mißtrauen herrschte vor.

Von ihrer Haushälterin erfuhr Ana viel von den Greueltaten. Und je mehr sie wußte, desto fremder wurde ihr Rumänien und um so größer wurde der Wunsch, sich in den Westen abzusetzen. Vergessen war der Zorn auf die Deutschen, die sie vor Jahren auf dem Kongreß in Karlsruhe so gedemütigt hatten – als ›kleine Entschädigung‹ hatte man ihr einige Jahre später das Verdienstkreuz erster Klasse verliehen, das war 1972. Was blieb war der Wunsch, endlich in Freiheit leben und arbeiten zu können.

Jetzt hatte sie zwei Ziele vor Augen: ihre Formel und ihre Freiheit!

Ende März 1988. Weiße Laborratten, gekennzeichnet als Testpopulation 34 C, künstlich vorgealterte Tiere, zeigten erstmals keine Alterungsmerkmale mehr. Obwohl sie organgemäß längst auf der Schwelle zwischen Leben und Tod stehen sollten, waren sie vital und aktiv. Sogar ihr Geschlechtstrieb war voll erhalten – vergleichbare Tiere anderer Testreihen waren längst verstorben.

Zunächst glaubte Ana an einen Zufall, vielleicht war bei der anderen Rattengruppe ein Virus für den Tod verantwortlich gewesen, und 34 C war davon nicht betroffen worden. Doch mit jedem Tag wuchs ihre Spannung. Diese Ratten wollten einfach nicht sterben!

Ab sofort galt ihre erste morgendliche Beobachtung diesen Tieren. Kontinuierlich verabreichte sie den eigentlich greisen Nagern die Injektionen, wartete auf ihren Tod und betete um ihr Überleben!

Die Ratten von 34 C lebten weiter!

So ging es Tag für Tag, Woche für Woche. Und mit jedem Morgen wuchs bei Ana Aslan die Angst, daß ihre Testergebnisse bekannt wurden. Martha Prosnicki hatte bereits nachgefragt, weshalb einige Tiere noch leben, während gleichaltrige längst tot waren. Sie hatte Aufzeichnungen vorgelegt und Ana um eine Stellungnahme gebeten.

Zunächst konnte sie ihrer Referentin noch ausweichen. Sie gebrauchte medizinische Fachbegriffe, die deren Neugier zwar nicht befriedigten, sie aber erst einmal ruhigstellten. Aber wie lange noch?

»Ihre Ratten leben ja immer noch, hat das irgend etwas zu bedeuten? Darf ich mir die Tiere mal genauer ansehen?« Lange konnte Ana nicht mehr schweigen, das wußte sie.

»Ich würde sehr vorsichtig sein.« Geheimnisvoll machte Ana eine Pause. Sie hoffte die Spionin überrumpeln zu können. »Bei diesen Tieren besteht absolute Infektionsgefahr. Ich habe sie mit einem Virus geimpft, der für den Menschen tödlich sein kann, wenn er gebissen wird.«

»Und was ist mit Ihnen?« Eine logische Frage, auf die Ana eine logische Antwort gab: »Ach, ich bin eine alte Frau, die es auf sich nimmt, zu sterben, wenn es sein muß.« Sie hoffte, für einige Tage Ruhe zu haben. »Sie sind doch noch so jung, bitte seien Sie vorsichtig.«

Ein Aufschub. Es konnte nicht mehr lange dauern, bis sich ein Biologe oder ein Mediziner des Ministeriums von der Wahrheit überzeugen wollte. Es mußte jetzt alles ganz schnell gehen.

Vorsichtig begann Ana Aslan ihre Flucht vorzubereiten. Telefonisch setzte sie sich mit Bekannten und Freunden im Westen in Verbindung. Natürlich nicht von ihrer Wohnung oder vom Institut aus, denn sie befürchtete, abgehört zu werden. Sie benutzte nur noch öffentliche Telefonzellen, obwohl sie sich auch hier nicht sicher fühlte.

Ein mit ihr befreundeter Diplomat hatte unterdessen den Großteil ihres Vermögens auf eine Bank in der Schweiz transferiert. Für ihre Zukunft war also auch finanziell gesorgt.

Die Ratten lebten immer noch!

Und die Formel? Das wichtigste Produkt ihres langen Lebens – kaum umfangreicher als eine Zeile – trug sie auf einem Zettel zusammengefaltet immer bei sich, unter der Einlegesohle ihres linken Schuhes. Natürlich hatte sie die wenigen Zeichen und Buchstaben längst im Kopf gespeichert, aber sie wollte auf Nummer Sicher gehen. Und genauso sicher war sie, daß die Formel des ›Ewigen Lebens‹ nur dem freien Teil der Welt wirklich zugute kommen würde.

Lange hatte sie überlegt, die Formel vorab in den Westen zu bringen, aber das Risiko schien ihr doch zu groß. Sie wußte um die Skepsis der Wissenschaft, um die Unabhängigkeit der Medien – sie wollte die Öffentlichkeit selbst überzeugen. Sie selbst sollte der lebende Beweis sein. Ana nahm ab sofort ihr Lebenselixier regelmäßig – täglich und zwar in sehr hoher Dosierung.

Seit dem 4. April 1988 war sie der einzige Mensch auf der Welt, der praktisch nicht weiter alterte – davon war Ana Aslan fest überzeugt.

Sie wollte die Flucht im eigenen Wagen schaffen. Ihr Ziel sollte Genf sein, wo Freunde auf sie warten würden und alles weitere organisieren wollten. Sie fieberte der Freiheit entgegen und freute sich gleichzeitig darauf, der Menschheit den endgültigen Sieg über das Alter zu schenken.

Morgen sollten alle frei sein!

Schlußbemerkung

Die Pressestelle des Gesundheitsministeriums der Sozialistischen Volksrepublik Rumänien übermittelte am 13. Mai 1988 den Presseagenturen der Welt folgende kurze Meldung: »Die Wissenschaftlerin Prof. Dr. Ana Aslan, Mitglied der Akademie Rumäniens und Trägerin höchster nationaler und internationaler Auszeichnungen, ist am 8. Mai verstorben. Die Beisetzung fand in aller Stille statt.«

»Dieser Roman gleicht einer Achterbahnfahrt – ohne Bremse!«

NEW YORK TIMES

Nach einer fehlgeschlagenen Mission hat sich Ethan Decker in die Wüste Neu-Mexikos zurückgezogen. Decker arbeitete als »Jäger« für eine der geheimsten Organisationen der amerikanischen Regierung und war mit der Eliminierung international gesuchter Krimineller beauftragt. Eines Tages spürt ihn eine ehemalige Kollegin auf, in deren Begleitung sich zwei Kinder befinden. Sie bittet Decker, die Kinder ein paar Tage bei sich aufzunehmen – und bevor der Einzelgänger Decker ablehnen kann, wird seine Kollegin mit einem gezielten Schuss ermordet. Die Kinder sind Teil eines Experimentes, das den perfekten Menschen erzeugen soll. Und es gibt eine Macht, die die Kinder mit allen Mitteln zurückgewinnen möchte ...

ISBN 3-404-15158-5

»Nichts für schwache Nerven! Man wünscht sich mehr solche Thriller.« THE TIMES

Dr. Jack Hunt zieht mit seiner Familie von Dublin nach Chicago, um dort an einer angesehenen Klinik seinen Durchbruch in der Herzforschung zu erzielen. Als sein Chef im Büro erschossen wird, wird Jack kurzerhand in dessen Position befördert. Eigentlich erfüllt sich damit ein lang gehegter Traum – der jedoch bald zum Albtraum wird, denn Jack entdeckt, dass er der schrecklichen Korruptionsmaschinerie der Pharmaindustrie hilflos ausgeliefert ist. Der Versuch, sich dem zu entziehen, hat fatale Folgen ...

ISBN 3-404-14898-3

Was tust du, wenn du niemandem trauen kannst – am wenigsten dir selbst?

In Zürich verschwindet ein junger Wissenschaftler spurlos. In Florida ermordet eine junge Frau offenbar ohne Grund und äußerst kaltblütig einen Mann und tötet danach sich selbst. Als Adrienne Cope, die Schwester der Täterin, den Fall recherchiert, stößt sie auf zahlreiche Unstimmigkeiten, eine Spur in die Schweiz – und auf den Psychiater Jeff Duran, der neben ihrer Schwester nur noch einen weiteren Patienten behandelt. Hat Duran Nikki Cope in den Tod getrieben? Adrienne ist fest davon überzeugt, bis sie feststellt, dass nichts ist wie es scheint – und ein Killer Jagd auf sie beide zu machen beginnt ...

ISBN 3-404-14823-1

BASTEI LÜBBE